外语教学质量实证研究
——以高等职业院校为例

夏宁满 著

本研究为湖南省哲学社会科学基金一般项目「教育语言学学科范式的生成与构建研究」（19YBA280）、湖南省教育厅科学研究项目「教育语言学范式论纲」（19C1506）的阶段性研究成果；同时获得湖南省教育科学规划项目（XJK19BMZ001）和吉首大学国家社科基金培育项目（19SKA16）的支持。

南京大学出版社

图书在版编目（CIP）数据

外语教学质量实证研究：以高等职业院校为例 / 夏宁满著. —南京：南京大学出版社，2020.5
ISBN 978 - 7 - 305 - 22971 - 8

Ⅰ. ①外…　Ⅱ. ①夏…　Ⅲ. ①外语教学-教学质量-研究-高等职业教育　Ⅳ. ①H09

中国版本图书馆 CIP 数据核字(2020)第 033710 号

出版发行　南京大学出版社
社　　址　南京市汉口路 22 号　　　　　邮　编　210093
出 版 人　金鑫荣

书　　名　外语教学质量实证研究——以高等职业院校为例
著　　者　夏宁满
责任编辑　徐　媛　　编辑热线　025 - 83592401

照　　排　南京紫藤制版印务中心
印　　刷　徐州绪权印刷有限公司
开　　本　718×960　1/16　印张 22.5　字数 332 千
版　　次　2020 年 5 月第 1 版　2020 年 5 月第 1 次印刷
ISBN 978 - 7 - 305 - 22971 - 8
定　　价　85.00 元

网　　址：http://www.njupco.com
官方微博：http://weibo.com/njupco
官方微信：njupress
销售咨询热线：(025)83594756

目　录

▼ 第一章

绪　论

2013 年 9 月，中国国家主席习近平在出访亚洲部分国家期间提出共建"一带一路"的倡议，引起国际社会的普遍重视和积极响应。2015 年 3 月，中国政府又在博鳌亚洲论坛期间发布《推动共建丝绸之路经济带和 21 世纪海上丝绸之路的愿景与行动》，由此正式拉开了"一带一路"的序幕。"一带一路"沿线国家多为新兴经济体和发展中国家，社会经济发展正处于上升期，对职业教育，尤其是高等职业教育需求旺盛。① 近几年的探索表明，如何通过高等职业教育为沿线国家的生产、建设、服务和管理一线培养和输送大批高技能技术型人才，突破语言障碍是一个基本前提。② 然而，高职院校语言教学，尤其是外语教学质量不高已经成为制约技术、技能外向型人才培养的重要因素，2016 年 7 月，教育部在《推进共建"一带一路"教育行动》中，正式明确将语言作为国家急需发展的领域，鼓励各国高等学校通过语言领域的革新，提高语言教学质量，促进教育资源的共享。③ 正是在这样一个背景下，促使本研究将研究的重点放在关于高职院校"外语教学质量"问题的思考上。

1.1　研究缘起

1.1.1　国家和社会对高职院校外语教学质量的关注

1.1.1.1　国家对高职院校外语教学质量的重视

我国有重视外语教学质量的优良传统，汉唐盛世的"译经运动"，晚

---

① 顾秀梅,陈彩珍."一带一路"背景下高职院校外语教育策略[J].中国职业技术教育,2017(01):64—65.

② 打造一带一路职业教育共同[EB/OL].http://edu.people.com.cn/n1c1006 - 29340234.html.2016 - 6 - 15.

③ 教育部关于印发《推进共建"一带一路"教育行动》的通知[EB/OL]. http:// www. moe. edu. cn/srcsite/A20/s7068/201608/t20160811_274679.html 2016 - 7 - 15.

清的"洋务运动",都对外语教学质量提出了较高的要求。改革开放以后,随着国家实力的增强,国际地位的提高,我国政府投入巨大力量,持之以恒地加强外语教学,外语教学质量提高明显。[1] 国家对高职院校外语教学质量的重视始于 20 世纪 90 年代,大致经历了三次比较大的转向。

第一次转向(1990—1993 年):从重视语言知识的习得转向重视语言实用技能的获得。高职院校外语教学在原国家教委高教司的直接领导下,积极转变教育思想,制定了新中国成立以来第一个指导高职院校外语教学质量的纲领性文件——《普通高等专科英语课程教学基本要求》(以下简称《基本要求》),正式确立了高职院校外语教学的目标不是传统学术意义上的语言知识积累,而是培养学生的语言实用技能。

第二次转向(1993—1997 年):从重视外语教材编写到重视外语教学质量检测,标志着高职院校外语教学进入全面发展阶段。1993 年,国家教委高教司成立专门的教材编审组,负责高职高专英语教材的编写,同时协助高教司修订《基本要求》;从 1995 年到 1997 年的三年时间,教材编审组主持编写了第一套专门用于高职高专英语教学的系列教材——《实用英语》,它在全国范围内掀起了外语教学内容和教学方法的改革热潮;1997 年,教育部高教司成立专门的质量检测工作组,负责开展高职高专英语教学质量检测工作,由于各省对质量检测的认识不足,质量检测工作没有较好推行。

第三次转向(1997 至今):从重视外语应用能力测试转向外语教学质量标准研制,从英语作为外语的通用语教学逐渐转向小语种外语教学,标志着高职院校外语教学进入纵深发展阶段。1997 年,教育部在"质量检测工作组"的基础上成立专门的质量检测组织——"普通高等专科英语课程教学指导委员会"(简称教指委),代表教育部负责外语教学质量检测标准的开发,1997 年下半年,教指委启动"高等学校英语应用能力考试"试题库建设。1998 年,部分省市开始试行"高等学校英语应用能力考试"。从 2000 年起,全国大部分省市正式推行该考试。与此同时,教指

---

① 胡壮麟.中国外语教育六十年有感[J].中国外语,2009(05):8—9.

委积极推动外语教学内部质量标准的制定,2000 年,正式完成《高职高专教育英语课程教学基本要求(试行)》(以下简称《基本要求》)的制定,2001 年 11 月,新《基本要求》获教育部批准,面向全国颁布,使高职高专院校外语教学质量评价有了统一的尺度和规范。新颁布的《基本要求》经过 2010 年、2014 年两次修订,一直沿用至今。为响应"一带一路"倡议,2016 年,教育部职业院校外语教学指导委员会要求各高职院校设置"一带一路"有关国家语种专业,开展小语种外语教学,探索小语种外语教学内容、教学方法、教学标准制定和教学质量评价等。

1.1.1.2 社会对高职院校外语教学质量的诉求

(1) 根据本研究对我国 12 所外语类高职院校招生简章的分析(表 1.1),发现大部分高职院校开设的外语教学语种都在两种以上,三种及以上语种的高职院校达到 10 所,海南外国语职业学院和江西外语外贸职业学院的外语语种多达 10 种。多语种外语教学在高职院校的大量存在,表明社会对高职院校外语教学及其教学质量有较大的诉求。

表 1.1 我国外语类高职院校外语教学种类

学校名称	外语教学种类
山东外国语职业学院	英语教学,日语教学,俄语教学*,德语教学,法语教学,韩语教学,西班牙语教学,阿拉伯语教学*
江西外语外贸职业学院	英语教学,日语教学,德语教学,俄语教学*,法语教学,韩语教学,西班牙语教学,阿拉伯语教学* 意大利语教学,葡萄牙语教学*
广东省外语艺术职业学院	英语教学,日语教学
兰州外语职业学院	英语教学,日语教学,阿拉伯语教学*
石家庄外国语职业学院	英语教学,日语教学,法语教学,韩语教学,
云南外事外语职业学院	英语教学,韩语教学,泰国语教学*
内蒙古经贸外语职业学院	英语教学,韩语教学
海南外国语职业学院	英语教学,日语教学,韩语教学,印尼语教学*,泰国语教学*,越南语教学*,德语教学,俄语教学,法语教学,西班牙语教学,
武汉外语外事职业学院	英语教学,日语教学,韩语教学,西班牙语教学,法语教学

续　表

学校名称	外语教学种类
湖南外国语职业学院	英语教学,日语教学,韩语教学,西班牙语教学,意大利语教学,葡萄牙语教学,葡萄牙语教学*
上海工商外国语职业学院	英语教学,日语教学,德语教学,俄语教学*,法语教学,韩语教学,西班牙语教学
河北外国语职业学院	英语教学,日语教学,德语教学,俄语教学*,法语教学,韩语教学,西班牙语教学,阿拉伯语教学*

（备注：* 为"一带一路"沿线国家语种教学）

（2）根据 2016 年发布的《中国外语教育年度报告》,截至 2014 年 12 月底,开设外语教学的高职院校达到 1327 所,占全国 2529 所普通高校的"半壁江山",在校外语学习者突破千万,达到 1006.6 万人；2015 年,全国高职(专科)院校 1341 所,比 2014 年增加 14 所,在校外语学习者达到 1048.6 万人,比 2014 年增加 42 万人,预示着外语学习者的数量还在增加,说明学生对外语学习的需求还在增强。①

（3）根据麦可思研究院 2016 年发布的《中国高职高专生就业报告》,在麦可思-中国 2015 届大学毕业培养质量跟踪调查中,2015 届高职高专毕业生(样本数为 12.7 万)可以从事 695 个职业,在这些职业中,毕业生认为外语在工作中的重要程度为 48%,这一水准略高于物理学(36%)、地理学(40%)、数学(40%)、电信学(42%)、生物学(45%)、社会学和人类学(47%)的重要程度,证明高职院校提高外语教学质量的必要性。② 与此同时,学生认为高职院校外语教学满足个人需要的程度为 84%,这一水准大大高于其他 12 项(总共 28 项)核心知识对个人的满足程度,与经济学与会计持平,都为 84%,意味着毕业生毕业时掌握的外语知识满足社会初始岗位工作要求的水平较高,高职院校外语教学质量满足社会

① 王文斌,徐浩主编.中国外语教育年度报告[M].北京:外语教学与研究出版社,2017:108.

② 麦可思研究院编著.2016 年中国高职高专就业报告[M].北京:社会科学文献出版社,2016:182.

③ 中国的对外援助(2014)白皮书[EB/OL].http://www.scio.gov.cn/zfbps/ndhf/ 2014/document/ 1375013/1375013_1.htm 2014-7-10

需求的程度明显增强。

（4）外语教学质量的高低一定程度上决定了高职院校自身及其服务企业"走出去"的能力和水平。无锡商业职业技术学院协助红豆集团在柬埔寨西哈努克港经济特区建立培训中心培训当地员工，广东农工商职业技术学院对泰国、柬埔寨农垦人才进行培训，宁波职业技术学院发展中国家研究院作为国家"援非"基地，对 100 多个"一带一路"沿线国家开展了 50 多期的管理研修班。根据商务部 2014 年发布的《中国的对外援助》报告，从 2001 年到 2012 年，中国帮助埃塞俄比亚发展农业职业技术教育，共培训当地 35000 名农业技术员工，1800 余名职业院校教师。这些培训均采用外语授课，客观上对输出我国职业教育模式起到了重要的支撑作用。此外，深圳职业技术学院与马来西亚科技大学、西双版纳职业技术学院；河北外国语职业学院与玻利维亚圣西蒙大学；宁波城市职业技术学院与波兰克拉科夫大学都有合作，通过合作共建语言文化培训中心，对输出我国传统的语言文化做出了积极贡献。此外，还有部分高职院校还采取吸收来华留学生的形式，通过对学生进行短期的语言培训或实施学历教育，输出我国的优质教育资源，如：北京信息职业学院招收中亚五国（哈萨克斯坦、乌兹别克斯坦、吉尔吉斯斯坦、土库曼斯坦和塔吉克斯坦）留学生实施软件工程学历教育等。

1.1.2　外语教学质量理论研究的欠缺

1.1.2.1　外语教学质量研究尚待梳理

在科学探索中，不管是科研训练有素的行家里手，还是初出茅庐的青年学者，最关注的莫过于个人所从事的研究领域。从外语教学质量的发文情况看，国外尚未发现直接以"外语教学质量"作为标题的文献，国内虽然有 2700 余篇直接以"外语教学质量"为标题的文献，但是综述性、系统性研究的文献并不多，大多数研究都是在围绕提高外语教学质量的重要性进行探讨，理论上缺乏对外语教学质量研究现状的梳理。由于这个领域可供参考的综述性文献不多，在研究者经验不足、精力有限时，有必要采取科学的文献挖掘方法，从更宽领域的文献资料和数据中找到与本研究相关的科学文献，通过识别出该领域最重要、最相关的信息，找到本研究的起点和理论依据，然而，这样的处理是否合理，仍然需要进一步的实证检验。

1.1.2.2 外语教学质量的内涵及维度尚不明晰

虽然国家重视外语教学质量，但是，当本研究开始聚焦这个问题的时候，遗憾地发现外语教学质量的基础理论研究，尤其是对外语教学质量内涵及维度的研究是欠缺的。本研究试图以教育部高职高专外语教学指导委员会颁布的《基本要求》为参照描述外语教学质量的内涵及维度。目前国内研究仅从外语学科本位出发，尚未从质量的概念出发，也没有充分体现教学质量的特征，并未完全反映外语教学质量的本质。国外多位学者讨论过外语教学质量的相关维度，但是这些维度大部分都是从外语能力的视角出发，而没有从教学质量的视角出发进行分类。本研究认真仔细地分析这些维度的含义，发现它们虽然可以反映外语教学质量的某些特征，但是并未完全反映外语教学质量的内涵，有的维度甚至偏离内涵很远。例如布罗什（BROSH H）把"兴趣与注意""个性"作为外语教学质量的维度。[①] 中山大学夏纪梅教授指出，由于学术界对外语教学质量的研究情景、研究对象和分析单元持不同的理解，以至于在外语教学质量的维度划分和内涵理解方面出现较大分歧，相关研究甚至彼此割裂、相互矛盾[②]。因此需要从质量的视角出发，科学、合理地定义外语教学质量；同时，在划分外语教学质量的维度时，需要从实际情景出发，例如，通过访谈，分析、提炼和归纳维度，也许更有说服力，然而，这样的定义及分类是否合适，仍然需要更为严密的实证检验。

1.1.2.3 外语教学质量的影响因素有待验证

关于外语教学质量的影响因素，学者们众说纷纭，莫衷一是，即便是该领域几位代表性学者，在判断外语教学质量的影响因素时仍然不完全一致。有的学者认为学习环境、教学过程、教学方法、母语干扰、情感和

---

① BROSH H. Perceived characteristics of the effective language teacher[J]. Foreign Language Annals，1996，29（2）：128.

② 夏纪梅.影响大学英语教学质量的相关因素[J].外语界，2000（04）：2—6.

动机是影响外语教学质量的因素①；有的学者认为教师发展、学习环境、课程设置、教学过程、质量评价、母语干扰和学习动机对外语教学质量的影响最大②；还有的学者则认为教师发展、学习环境、教材编写、质量评价、学习动机对外语教学质量的影响最大③；布朗（BROWN H D）认为，影响外语教学质量的因素不是越多越好，教师发展、学习环境、情感和动机是最主要的影响因素④；理查兹和罗杰斯（RICHARDS J C，RODGERS T S）认为：教师发展、质量评价、母语干扰和学习动机对外语教学质量的影响最大⑤；国内学者夏纪梅、王初明、王瑞芝等专门研究了外语教学质量的影响因素，得出来的结果也不完全相同。笔者并不认为这些研究结果完全不合适，因为在不同的文化背景下、在不同的行业情景下，影响外语教学质量的因素确实有所差别，但是这种差异不能无限扩大，如果影响因素不是相对稳定的，研究者便无法判断这些影响因素到底是什么，那么所提出的解决对策则是充满风险的或者失之偏颇的。作为一项较为深入的研究，有必要运用科学的探索方法，弄明白影响外语教学质量的因素到底有哪些，影响路径是怎样的，影响效应如何，这样的探索是否合理，仍然需要进一步的实证检验。

综上所述，正是国家持续关注、社会强烈诉求，促使本书决定开展"高职院校外语教学质量"的探索；而理论研究的欠缺，促使本书对该问题进行深入而系统地研究。可以预测，随着"引进来，走出去"国家现代职业教育战略的深入推进，提高外语教学质量在服务职业教育国际化和开放合作进程中将具有重要的推动作用，与此相适应，高规格，多元化的

---

① KRASHEN S D . Principles and practice in second language acquisition. New York：Pergamon on Press Ltd.1982.

② ELLIS R. The Study of Second Language Acquisition. Shanghai：Shanghai Foreign Language Education Press.1999.

③ SWAIN M.Three functions of output in second language learning(C). In G. Cook，&. B. Seidlhofer (Eds.)，Principle and practice in applied linguistics：Studies in honour of H. G. Widdowson (pp. 125 - 144). Oxford：Oxford University Press.1995.

④ BROWN H D. Principles of language learning and teaching[M].4th ed.Englew Cliffs NJ：Prentice-Hall，2000.

⑤ RICHARDS J C，Rodgers T S. Approaches and methods in language teaching[M] (Second Edition). Cambridge：Cambridge University Press.2001.

外语能力需求或将成为外语教学质量建设的内在要求,加强高职院校外语教学质量研究势在必行。

1.2 问题的提出与研究意义

1.2.1 问题的提出

科学研究始于问题,一切问题的提出都源于对问题表象的细致考察。[①] 高职院校外语教学费时低效现象是当下高职院校外语教学面临的现实问题,但这只是问题的表象,或者无限接近问题,并不是本书中需要解决但尚没有解决的问题。劳凯声认为,学术问题是对学术认知对象的一种未给予理论解释的矛盾或不解状态,需要建立理论进行论证和解答。学术问题必须是真问题,一是逻辑上要严谨,言之成理,持之有故,这是成为真问题的理论标准,也是最基本的要求;二是实践中能举证,证明这个问题是一个值得研究的问题,这是成为真问题的实践标准,二者缺一不可。[②] 按照这个标准,有必要将高职院校外语教学费时低效的种种表象问题上升为对外语教学质量问题的思考。

众多学者从理论上讨论过外语教学质量问题,但视角单一,研究不够全面,忽视了外语教学质量与其他学科之间的联系,本书重提这个问题,旨在探讨问题的本质,在理论上有所突破。另外,近年来,大到国家部委,小到各级各类学校,都明显意识到外语教学质量问题的存在,也出台过不少提高外语教学质量的政策,但收效如何仍然无从考证。有学者早就呼吁,大学外语教学需要以提高质量为重点,彻底改革。[③] 因此,有必要创新研究视角,重新界定外语教学质量问题,明确外语教学质量的内涵,找到影响外语教学质量的因素,最终解决外语教学质量问题。基于以上对外语教学质量问题的初步认识,本书拟从学科交叉、理论与实

---

① 劳凯声.教育研究的问题意识[J].教育研究,2014(08):5.

② 劳凯声.教育研究的问题意识[J].教育研究,2014(08):6—10.

③ 蔡基刚.为什么要对传统的大学英语教学模式进行彻底改革[J].中国大学教学,2003(11):25.

际相结合、历史与现实相结合三个视角提出需要进一步研究的问题。

1.2.1.1　问题提出的视角

视角 1：学科交叉。

学科交叉点往往就是新的科学生长点、最有可能产生科学突破，从而使科学发生革命性的变化。[①] 学科交叉是不同学科学术思想、思维方式的交融与综合，通过运用多种视角、多个学科的理论与方法才有可能深刻地认识其全部规律，形成正确完整的认识，实现科学的整体化。一般认为，外语教学质量问题只是语言学关照的领域，与其他学科没有关系，这种认识显然不适应经济社会发展对外语教学提出的要求，外语教学质量不仅仅是一个语言学问题，而且是一个横跨语言学、教育学和管理学三个学科的复杂问题。从学科交叉的视角出发，教育学是统领外语教学质量的纲领性学科，外语教学必须遵循教育教学规律，才能最终培养出社会需要的外语人才。以教育学为依托的外语教学不仅能增强外语教学作为一门学科的发展动力，而且能提高外语教学的社会适应能力，对外语教师和外语学习者的长远发展都将产生深远影响。然而，外语教学归根结底是一门关于语言的教学，语言学应该是外语教学的根本，没有语言及语言学的指导，外语教学显得空洞无物，没有任何意义。因此，研究外语教学质量，其落脚点还是提高外语作为语言的学习质量。最后，从管理学的视角认识和研究外语教学质量尽管还是新事物，但在外语教学整体陷入"费时低效"的怪圈、外语教学缺少顶层设计的背景下，加强对外语教学的管理不仅仅是现实层面上的选择，也是理论研究的重要路径和突破口。综上所述，从语言学、教育学和管理学等学科交叉的视角认识和研究外语教学质量不仅是外语教学自身发展的客观需要，也是提高外语教学质量，满足经济社会发展的需要。

视角 2：理论与实际相结合。

理论与实际相结合是认识与实践的辩证关系的体现，具有普遍的适用性。理论不能脱离实际，任何实际都不能没有理论的指导，对于应用性、操作性、实践性强的课程教学尤其如此。长期以来，我国外语教学在

[①] 路甬祥.学科交叉与交叉科学的意义[J].中国科学院院刊,2005(01):58.

语言学理论的指导下取得了长足发展,尤其在基础教育阶段,在"应试"动机的驱使下,外语教学往往能给学生带来"立竿见影"的实际效果,学生通过外语语言学习马上可以实现升学就业、出国的愿望,部分满足了学生及其家长的需求,但是在高等教育阶段,随着近几年我国高等教育规模的持续扩大,高等教育大众化进程的逐步推进,高校外语教学出现了一些新的问题:一是学习者的语言运用能力与教师教学实际投入存在较大的差距,即学校和教师在外语教学上的投入较大,而外语教学质量却不尽人意;二是许多高校盲目追求外语四级、六级高通过率和高优秀率,不惜采用题海战术和应试强化训练,严重破坏了外语教学的内在规律;三是生源质量分布随高等教育大众化的普及和招生规模的扩大变得更加复杂;四是师资队伍、管理水平和教学设施的准备不足,在某种程度上制约着高校外语教学质量的提高。因此,依靠单一的语言学理论已经无法解决上述这些新出现的实际问题。随着竞争的加剧,理论与实际的脱离更加严重。由于高校外语教学长期以来忽略了外语学习者的投入与产出,未能有效引导学习者协调好外语学习与其他专业学习的时间和精力,畸形的"四、六级考试"和各种学业应试,导致高校外语教学严重偏离正常轨道①,毕业生外语综合能力不尽如人意,在就业市场上遇到种种问题,一时间高校外语教学"功能失灵""费时低效"现象引起社会的关注。人们对高校外语教学的有效性越来越担忧、越来越质疑。尤其是在高职院校,大部分学生经过二到三年的课程学习,仍然不会开口、不会运用,更不会自学;大部分学生失去学习外语的信心,甚至放弃外语学习。高职院校外语教学质量不佳的现实与理想的教学目标之间尚有较大的差距,所培养的学生对社会需求的适应能力极其有限。因此,转变观念,与时俱进,不断学习和应用新的理论指导外语教学发展,不断探索符合高职院校外语教学实际、有利于实现高职院校外语教学目标的路径和方法,是解决和提高外语教学质量问题的重要抓手。

视角3:历史与现实相结合。

我国有史记载的外语教学始于1840年,鸦片战争之后以实施西方

———————————

① 蔡基刚.国家外语能力需求与大学外语教育规划[J].云南师范大学学报,2014(01):17.

科学教育为目的的外语教学正式进入中国教育之列,在上海等地的一些教会学校,如圣约翰书院、徐汇公学最先实施外语教学,引进西学。从 19 世纪末 20 世纪初到第一次世界大战爆发前,以外语教学为主要教学手段的基督教学堂已经初具规模,学校接近四千所,学生超过十万名。民国时期外语教学蓬勃发展,江浙一些地区甚至将外语教学延伸到小学教育阶段。从 1949 年至"文革"前,随着新中国的成立和对外交往活动的增多,全国基础教育阶段和高等教育阶段均设置外语课程,开展外语教学。从 1978 年改革开放至 2000 年,外语教学逐渐覆盖到从初等教育到高等教育的各个教育阶段,国家层面开始制定统一的外语教学大纲或者外语课程要求(简称国标),用来规范和指导外语教学实践,外语教学呈现出欣欣向荣的局面。从 2000 年至今,外语课程成为我国义务教育的主干课程和高等学校的必修课程,外语教学大规模发展,全国外语教师过百万,外语学习者近 3 亿[1],外语教学在服务国家经济社会发展方面起到积极的推动作用。与此同时,其发展速度之快也带来了很多问题。比如,教学目标不同程度地脱离我国社会发展的需求;学生外语能力不足,与国际交往中需要的外语能力尚有很大差距。根据学者鲁子问和张荣干统计,未来 20 年以内,我国大约要求 5%—10% 的受教育者具备较强的外语能力,20%—40% 的受教育者具备一定的外语能力,50%—70% 的受教育者不需要明确的外语能力,同时要求全体国民具备合理的跨文化意识。[2] 而现实情况是,我国不仅缺乏高层次的外语运用者,全体国民也还没有构建起初步的跨文化意识。与此同时,国家每年为外语教学支付的财政投入超过 70 亿,学生投入超过 34 亿,总投入超过 100 亿[3],高于历史上任何一个时期,而外语教学服务国家的战略需求与国家的投入并不成正比,这种不一致正在导致外语教育资源的巨大浪费。

从历史走向现实,随着中国国际地位的提升以及国际化程度的提高,中国正在成为世界上国际化人口比例最高的国家,生产、营销、流通、服务和管理等各产业领域一线岗位都会对高技术技能性人才提出从本

---

① 鲁子问,张荣干.中国外语能力需求调查与战略建议[M].北京:北京大学出版社,2012:2.

② 鲁子问,张荣干.中国外语能力需求调查与战略建议[M].北京:北京大学出版社,2012:224.

③ 鲁子问,张荣干.中国外语能力需求调查与战略建议[M].北京:北京大学出版社,2012:14.

土化向国际化转变的素能要求。本科院校毕业生有更多机会谋求在国际化程度较高的职场拼搏,但高职院校毕业生也不能因为院校类型不同而避开国际化大潮。改革开放之初,一个工厂可能会因为不懂外语版说明书而停工停产,而在如今的外向型经济环境下,无论规模大小,也无论是私营还是国有,身处发达地区的企业都会有比较频繁的国际贸易或合作业务,这对员工外语水平提出了更高的要求。高职院校必须主动适应国际化需求,自觉担当起让各类技术技能型人才满足不同程度国际化岗位素能要求的基本任务,提高外语教学质量必须提上议事日程。

上述三种看问题的视角促使本研究调整思维习惯,从"元问题"的角度入手,深入思考外语教学质量这个本体问题,即该问题是否成立? 为何成立? 通过对这些问题的深入思考,最终聚焦本书的研究问题。

1.2.1.2　本书研究的问题

问题一:高职院校外语教学质量的问题本质到底是什么?

鉴于高职院校外语教学质量问题可能产生于"中国情景",笔者通过中国知网 CNKI、万方数据和中文社会科学引文索引,获得了国内 2700 余篇以"外语教学质量"为标题的文献,整体上了解了国内外语教学质量研究的研究现状。但是研究进入这个阶段仍然只停留在研究的表层,这些研究到底揭示了外语教学质量中哪些共性的问题,反映了什么样的研究趋势,有无规律可循,对这些问题的回答看似主观性较强,但是作为一项学术研究,仍然需要秉持科学的探索精神,结合高职院校外语教学实际,进行仔细而谨慎的研究,从而准确地把握高职院校外语教学质量的问题本质。

问题二:如何衡量高职院校外语教学质量?

外语教学质量作为产生于外语教学实践中的独特现象,国外专门以"外语教学质量(Quality of Foreign Language Teaching and Learning)"或者相关英文检索式为标题的文献很少,国内研究该领域的学者虽然很多,但是对外语教学质量的衡量标准缺乏关注。如前文所述,尽管对外语教学质量的本质可以从三种视角去认识,但是笔者仍然无法将其与"外语教学效果""外语教学目标""外语教学效率""外语能力"等概念明确分开。由于对这些概念之间的区分存在较大难度,而现有研究又没有对其做出明确界定,因此,关于"外语教学质量"的概念和维度构成仍然需要认真而仔细的研究。

问题三:高职院校外语教学质量的影响因素及其作用机理如何?

高职院校外语教学质量既有可能受外语教师发展、外语学习环境、课堂教学过程、教学质量评价和外语学习动机的直接(单独)影响,也可能同时受这些因素的多重影响,但具体的作用机理如何,是仅仅存在五个因素分别直接影响外语教学质量,还是存在某一因素以另一因素为独立中介影响外语教学质量,抑或是某一因素以另外两个或以上因素作为多重中介影响外语教学质量,这些都需要仔细谨慎的研究。

1.2.2　研究意义

长期以来,我国高职院校外语教学质量饱受社会诟病,原因固然是多方面的,如何在现有的教学条件下,进一步加强高职院校自身的外语教学质量建设,构建外语教学质量衡量指标,找到外语教学质量的影响因素,完善外语教学质量内控机制,制定外语教学质量保障措施,对于破解外语教学本身的质量问题、助推高等职业教育教育"走出去"、贯彻落实高等职业教育教学质量保障政策等方面具有重要的实践意义。与此同时,本书从外语教学质量的现状出发,建立外语教学质量的概念框架、确定外语教学质量的路径模式和作用机制、促进外国语言文学及其相关学科的理论发展方面具有重要的理论意义。

1.2.2.1　实践意义

其一,为破解外语教学质量问题提供参考借鉴。

本书在国家重视、社会普遍诉求的背景下选题,研究本身可以说是"顺势而为"。具体而言,本书立足于对高职院校外语教学质量的现状分析,借鉴相关学科的理论和国际上成功的实践经验,根据研究结果提出保障我国高职院校外语教学质量的若干对策,可以为各种类型、各个层次的学校破解外语教学质量问题提供借鉴。由于选题本身就是一项基于实践的研究,因此可以调动广大教职员工积极参与外语教学质量保障的积极性,提高外语教学质量的管理水平和资源共享水平,达到保障和提升外语教学质量的目的,因而具有较强的生命力和应用价值。

其二,响应"一带一路"倡议,助力高等职业教育"走出去"。

本书的研究成果一方面可以为我国高职院校开展小语种外语教学、设置小语种外语课程、制定小语种外语教学标准、实施小语种外语教学质量评价提供指导性意见,另一方面,可以为高职院校"走出去"提供外语教学支持,尤其是可以为我国高职院校的外语教师和专业教师"走出去"提供外语教学的理论与方法指导,帮助他们提高外语教学质量,为助推中国职业教育融入世界职业教育体系等方面发挥有效作用。此外,本书还可以为我国传统文化输出、援外培训、境外办学等提供支持和服务。

其三,贯彻落实高等职业教育教学质量保障政策。

外语教学是高职院校教学的一部分,针对当前外语及外语教学在高职院校运行过程中的边缘化趋势,加强高职院校外语教学质量研究是确保高职院校办学条件满足外语教学需要的重要手段,同时也是贯彻落实高等职业教育教学质量保障政策的重要内容。早在 2006 年,教育部就出台《关于全面提高高等职业教育教学质量的若干意见》(以下简称《意见》)(教高〔2006〕16 号),明确提出高职院校要加强教学质量建设,发挥行业企业参与专业教学标准建设的积极性,推行"双证书"制度,加大课程改革力度,改革教学方法和手段,参照相关的职业资格标准,改革课程体系和教学内容,使"教、学、做"融为一体,切实提高学生的职业能力和实际动手能力。《意见》为本书指明了方向,如何贯彻落实国家关于高等职业教育教学质量保障政策,将直接关系到高职院校外语教学质量的目标和价值的实现,本书正是通过一项实证研究,提出保障高职院校外语教学质量的对策建议。鉴于实践中高职院校外语教学有所弱化的趋势,本书也呼吁高职院校对外语教学的投入(包括人力、财力、物力等硬件投入,更包括相应的软件投入)要得到切实地的保证,使高职院校外语教学的规模、结构与质量协调、协同发展,防止对外语教学工作的投入不足和由此造成的外语教学质量滑坡。在"质量就是生命"的理念下,教学质量是每个高职院校外语教学生存、发展和走向成功的必要条件,没有质量,就没有一切。

1.2.2.2　理论意义

其一,尽管国内探讨外语教学质量的文献较多,但大多数研究都是重复性或"碎片化"研究,缺乏系统而深入的研究,而且以高职院校作为专门探讨对象的研究甚少,从实证角度进行的研究更少。本书运用知识图谱识别了外语教学质量的研究现状,初步构建了外语教学质量的知识体系,并以高职院校外语教学作为研究对象,剖析外语教学存在的种种表象问题,提出外语教学效果欠佳的问题是外语教学质量问题这一论断,在外语教学界具有重要的理论意义。

其二,在对外语教学质量问题的研究中,对外语教学质量的概念尚无人专门研究,至今没有建立起一个明确的和统一的概念体系,外语教学效果、外语教学结果、外语教学目标、外语能力等概念经常混淆使用,本书首先采用逻辑思辨的形式明晰了外语教学质量这一概念。其次,本书通过文献挖掘的方式探索出了影响外语教学质量的五个因素:外语教师发展、外语学习环境、课堂教学过程、教学质量评价和外语学习动机,并对各个因素所代表的变量进行了较为系统的文献回顾,确定了各个因素的路径模式和作用机制,进一步丰富了外语教学质量的理论研究。

其三,本书基于三种视角构建理论框架,采用定量研究与定性研究相结合且以定量研究为主的研究方法,对外语教学领域长期关注的热点和难点问题开展实证研究,为外语教学质量研究提供新的研究思路和视角。同时,这种研究范式不仅对外国语言学及应用语言学等语言学学科的理论发展,而且对其他相关学科如教育语言学、外语教育学等的理论发展都有借鉴意义。

1.3　研究方法与技术路线

1.3.1　研究方法

笔者在修读博士学位课程和撰写博士学位论文的近六年时间内,阅读了大量的研究方法专业书籍,参加了数次境内外高级教育研究方法培训班,加深了对各种研究方法和研究工具的认识,对其适切性、边界性和可操作性有了较为深入的理解,为本研究的顺利开展奠定了重要的基础。整体上看,本研究是一项实证研究,但是在文章的某些章节,因为研究目的的需要,仍然体现出理论研究与实证研究相结合、定性研究与定量研究相结合的特征。由于各种研究方法有其自身的优点和局限性,因此,本书在研究工具的选择上也体现出一定的混合性和交叉性特征,具体如下。

1.3.1.1 方法选择

其一,文献调查。文献调查是根据一定的研究目的,通过搜集、鉴别、整理既有文献获取资料信息,全面正确地了解所要研究的问题,形成对问题的科学认识的一种理论研究方法。本研究的文献调查主要是利用浙江大学丰富的中西文数据库资源,如中国知网、万方数据、中文社会科学引文索引、Web of Science、Emerald、EBSCO、JSTOR、Elsevier 等,通过全面检索,学习和吸收相关理论和研究成果,寻找灵感,打开思路,找到切入点和突破口,形成初步的研究框架。由于外语教学质量研究是一项跨学科研究,涉及外语语言文学、教育学和管理学三个主要学科,具有鲜明的学科交叉性质,因此,有关外语教学质量的文献调查主要从这三个领域展开。对国内外语教学质量理论研究的文献进行梳理,在厘清外语教学质量研究现状的基础上,确定本研究的起点。对外语教学质量的维度及影响因素的文献进行调查,为接下来的维度及影响因素实证研究奠定理论基础。对外语教学质量保障的国际经验广泛而深入地进行文献梳理,对外语教学质量保障的内容和特点进行较为系统的综述,为本研究的对策建议奠定坚实的经验基础。对能力本位教育理论、全面质量管理理论、教学质量保障理论等相关理论的文献进行梳理,形成本研究的理论框架。

其二,问卷调查。问卷调查是围绕研究问题和研究目的,采用问卷的形式,通过实地调研,获取一手样本数据的过程,是定量研究和定性分析、归纳结论的原始素材和依据。本研究的相关问卷既有自主设计的成熟问卷,也有参照国内外相关学者的理论设计的新问卷。所有问卷的文本在设计方面均参照通行模式,由标题、导语、问题、回答方式和人口信息等部分构成;在内容安排上尽量做到简化,用语尽可能确切,避免含糊不清和模棱两可的说法,使所列问题有利于填表人员回答,从而把主要精力用于思考问题本身。所有问卷均获得了相关文献以及专家的支持,在正式调查前向被调查者说明调查目的、任务、要求和作用,讲清调查的意义,争取被调查者的充分支持和配合。根据本论文的预计完成时间和可支配经费,本研究采取方便抽样的方法,即在特定时间和地区,在活动较频繁、结构较完整的场合对回答者进行非概率问卷调查。在问卷调查的第一阶段,笔者以浙江省部分高职院校外语教师为调查对象,随机发放预试问卷 75 份,获得有效问卷 60 份,用于外语教学质量的预试分析。在第二阶段,笔者以湖北省部分高职院校外语教师为调查对象,发放问卷 800 份,回收问卷 559 份,获得有效问卷 485 份,用于探索式因子分析。在第三阶段,本研究以四川省部分高职院校外语教师为调查对象,发放问卷 900 份,回收问卷 759 份,获得有效问卷 598 份,用于验证式因子分析。为验证模型的不变性,本研究采用实务上的做法,将 598 份有效问卷随机分成基准组和验证组两部分数据,基准组数据由 280 份有效数据组成,用于验证原始结构模型,验证组数据由 318 份有效数据组成,用于模型的交叉效度验证。三个阶段一共发放 1775 份问卷,获得有效问卷 1143 份。

其三,专家访谈。专家访谈具有较好的灵活性、迅捷性和适应性,因此是一种行之有效的方法。由于外语教师群体大、分布广、差异大,任何研究都显得较为复杂,因此,有必要了解不同性别、年龄、职业、教育背景的受访者群体对外语教学质量的看法。为使访谈顺利进行,访谈前设计好访谈提纲,制定访谈原则,了解专家在职业、专长、个性和兴趣等方面的信息,并不间断保持联系,取得专家的理解和信任。在访谈过程中注意恰当提问、捕捉信息、记录内容,收集资料;访谈结束后逐一对专家意见进行数据处理,适时反馈并与专家取得沟通。本书的专家访谈主要采用面对面或者集中研讨的形式进行,个别专家也采用了 QQ、微信等远程视频聊天软件辅助进行,以此收集客观地、不带偏见的事实性材料。2015 年 7 月初至 9 月上旬,笔者就外语教学质量的维度构成对 15 位专家进行了深度访谈。2015 年 10 月就预试问卷题目的合理性与本单位教师进行了集中讨论。为鉴别研究主题归类的合理性,本研究组织了由某高职院校公共外语教研室教师和专家组成的研讨班。为确定外语教学质量测量指标的适切性,本研究组织了专家预检活动,预检活动结束后,笔者又以邮件的形式再次邀请专家对指标进行评议,收集和处理专家反馈意见,进一步改进、优化和修订各观测指标。为确定外语教学质量的影响因素观测指标,本研究组织召开高职院校外语教学质量研究专题研讨会,邀请外语研究方向的理论学者、外语教学专家、行业代表和企业雇主,围绕高职院校外语教学质量的影响因素及其观测指标进行研讨,保证了测量指标的适切性和可操作性。

其四,比较研究。比较研究是教育科学研究中一种重要的研究范式,是对两种或者两种以上的教育现象进行考察,比较异同,探寻普遍规律与特殊规律的方法。比较研究也是研究我国外语教学的基本方法,国际上许多有价值的外语教学标准都是以比较研究为基础的。本书中的比较研究分两类,一类是理论之间的比较研究,一类是实践层面的国际经验比较。前者通过对能力本位教育理论、全面质量管理理论、教育质量保障理论等一般理论的比较,找到本研究的切入点以及理论对应的研究内容;后者则通过对发达国家外语教学质量保障措施的比较,加深对我国职业教育背景下外语教学质量的认识,并根据我国的具体国情和实证结果,提出保障我国高职院校外语教学质量的措施。

1.3.1.2　工具选择

本研究一共使用了四款成熟软件,分别是 Citespace 5.0、Nvivo 10、SPSS 22.0 和 AMOS 22.0。Citespace 5.0 是美国费城德雷塞尔大学(Drexel University)信息科技学院陈超美教授主持研制并基于 JAVA 平台开发的知识图谱(Mapping Knowledge Domains)分析软件,可以客观、科学、形象地揭示知识结构方面的潜在信息及其演进规律,借此探明总体概貌、研究热点和研究趋势。本书在第二章第三节部分利用该软件对 1996 年至 2016 年近 20 年 2720 篇外语教学质量专题研究论文进行了计量分析并可视化,主要使用该软件的词频分析、共词分析、关键词共线网络分析、作者合作网络分析等高级功能。在本书第五章第一节质性访谈部分采用了 Nvivo 10.0 软件。Nvivo 是澳大利亚 QSR(Qualitative Solutions & Research)公司基于扎根理论开发的一款非结构性数据定性分析软件,在社会科学领域有广泛应用。本章用到了该软件的编码、群组、查询、建模、链接和分类等功能。本书在第五章第三节和第六章第四节采用了 SPSS 22.0 软件,主要使用了该软件的单变量及正态检定、频率表及描述性统计、因子分析、信度分析、皮尔森相关分析、收敛与区别效度分析、多元回归分析、独立样本检验、方差分析等功能。此外,本研究在第六章第四节采用 AMOS 22.0 软件对所收集的数据进行了建模,主要使用了该软件的 CFA 鉴定、信度和效度分析、回归分析、同质性检定、路径分析和交叉效度评估等高级功能。

1.3.1.3 研究方法述评

外语教学质量问题是一个综合性、复杂性问题,研究自然需要采用多种研究方法和研究工具相结合的"混合式"方式来解决。在本研究中,多种研究方法和研究工具不是限制或约束研究者的选择,而是在解决研究问题过程中使多元方法合法化的一种努力,即方法跟着问题走,凡是能够解决问题的方法就是最好的研究方法,这是本研究遴选研究方法和研究工具的基本原则。本书的研究方法和研究工具集中体现了理论研究与实证研究相结合以实证研究为主、定性研究与定量研究相结合以定量研究为主的研究思路,具有包容、多元和交叉的特点。

1.3.2 技术路线

本研究是一项基于个人教育教学实践的实证研究,在现状调查中发现问题,科学提出和界定研究问题,在理论的指导下,运用科学的方法分析问题,得出结论,根据研究结论提出对策建议是本研究的总体思路。具体而言,本书遵循"自下而上"的顺序,按照提出问题—分析问题—解决问题的路线分三个阶段进行研究(见图 1.1)。

在提出问题阶段,本研究首先交代了研究的缘起,然后通过一项实证调查,厘清高职院校外语教学质量的现状,在此基础上,提出本研究的核心问题,并从学科交叉、理论与实际、历史与现实等三个视角对问题进行学术界定,提出了研究的三个子问题,论述了研究的理论与实践意义,介绍了研究方法和技术路线。

在分析问题阶段,本研究首先对高职院校、外语教学和教学质量等相关概念进行了界定。鉴于外语教学质量的理论基础还比较薄弱,外语教学质量的基本概念还没有得到澄清,本章从几种常见的教学质量观出

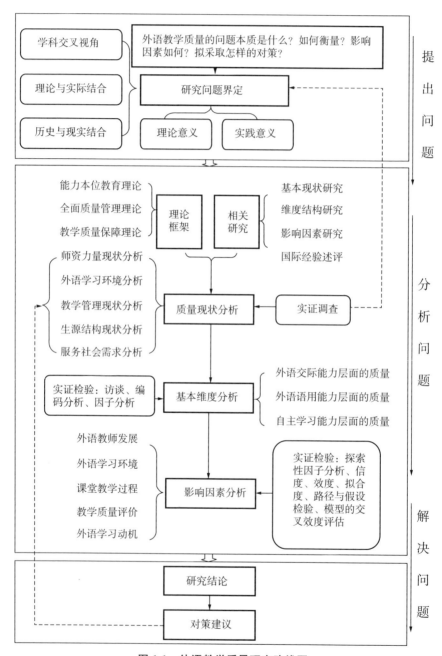

图 1.1　外语教学质量研究路线图

发,论述了外语教学应该持有的教学质量观以及外语教学质量的基本内涵。为了解前辈们和同行们在这个问题上所做的尝试,本章运用科学知识图谱明确了外语教学质量研究的学者分布、研究主题及分类,廓清了外语教学质量研究现状,明确了本研究的切入点。根据研究目的,本章对外语教学质量的维度以及影响外语教学质量的因素进行了文献梳理,并对保障外语教学质量的国际经验进行了较详细的述评,为后续研究及对策建议的提出奠定理论基础和经验基础。此外,文章还对能力本位教育理论、全面质量管理理论、教学质量保障理论的进展以及在本研究中的应用进行了较为详尽的分析,使后续研究做到有的放矢。在综述相关文献和确定理论框架之后,本书采用自下而上的思路,通过对东部地区的浙江省、中部地区的湖北省和西部地区的四川省三个省份高职院校的问卷调查,获得了反映我国高职院校外语教学质量现状的第一手资料,分析了高职院校外语教学质量在师资力量、学习环境、教学管理、生源结构和服务社会需求等诸方面的具体表现及其原因,阐释了外语教学质量的问题本质。为确定高职院校外语教学质量的维度,本研究通过一项质性访谈提出高职院校外语教学质量的维度假设,然后运用探索性因子分析和验证性因子分析对假设进行验证。为寻找到高职院校外语教学质量的影响因素,本研究运用结构方程建模,实施探索性因子分析、信度、效度验证、拟合度分析、路径分析、假设检验、模型的交叉效度评估等实证分析,明确外语教学质量的关键路径和主要效应。

在解决问题阶段,本研究根据研究结论,借鉴国际经验,结合我国国情,提出保障我国高职院校外语教学质量的若干对策建议,并对本研究可能存在的创新进行阐释,对研究存在的不足之处进行分析,在此基础上指出未来的研究方向。

▼ 第二章

文献综述

2.1 相关概念的界定

本研究涉及三个相关概念,分别是高职院校、外语教学和教学质量。由于不同学者对这些概念尚存在理解上的差异,因此有必要在文献综述之前对这些概念作较简要地解析,并依据本书的研究目的给出明确的定义,以便于后续研究顺利进行。

2.1.1 高职院校

从现有的文献看,人们对高等职业教育的定义较多,而对高职院校的定义较少。高职院校的全称是高等职业技术院校,从字面上看,高等职业技术院校的核心意义就是"高等""职业"与"技术"三个名词的组合,也就是这个简单组合便清楚地描述了高等职业院校概念的本质属性。首先是高职院校的"高等"属性。"高等性"重在区别于中等职业教育,可以理解为既是高等教育机构的一种类型,又是职业教育的高级阶段。高职院校姓"高",是普通高等教育,但它与普通本科高校在类型上不一样,也不是普通高等教育的翻版和"压缩饼干",它在本质上是职业教育。高职业院校与高等院校相比,在字面上多出"职业"二字,这正是高职院校不同于普通高等院校的"职业"属性所在。高职院校是职业院校的组成部分,它的产生同样来源于职业活动,既要满足受教育者职业发展的需求,又要符合职业活动和职业教育发展的规律。以职业活动为导向的高职院校,是为一线培养技术型、应用型高级专业人才的机构,具有服务生产、建设、服务和管理的直接性。高职院校的职业性决定了其技术性特征,注重与生产劳动相结合,强化技能训练,培养一技之长,通过技术创新,有效地促进经济社会发展和个人的全面发展,具有服务社会、服务大众的特点。

从高职院校的本质属性出发,本研究将高职院校界定为:高职院校是面向经济社会发展和个人全面发展培养技术技能型人才、使之适应某种或某类特定职业需要的高等教育机构。

2.1.2 外语教学

外语教学本质上是一种学科教学,既然是学科教学,外语教学就应该是教育学关照的对象,而不应该想当然地将其列为应用语言学的二级学科。[①]采用"应用语言学"这一术语来指称外语教学常被别人误认为外语教学是语言学理论在外语教学中的应用,因而忽略了外语教学本身的教育学特征,给外语教学与研究带来诸多不利的影响。相比较而言,用教育语言学指称外语教学较为合理。张玉华认为,用"应用语言学"指称外语教学有以下弊端:没能揭示出外语教学的本质,将一门不属于语言学范畴的学科划入语言学范围,这种错误的划分使一门相对独立学科的科学价值受到怀疑,也阻碍了这一学科的正常发展,因而外语教育学才是外语教学的真正归属。[②] 戴忠信认为,无论如何,外语教学都脱离不了应用语言学理论的指导,但是外语教学的研究范式却不是唯一的,所依赖的儿童语言发展理论与第二语言习得理论越来越成为心理学的研究领域,所依据的育人理论则属于教育学的研究范畴,因此很难定义外语教学到底属于哪个学科。[③]

外语教学中的外语与教学是两个不同的范畴。外语属于语言学,内容包括外语语音学、音系学、句法学、语义学和语用学等,要解决的问题与语言学也基本一致,都是要揭示人类语言的共性和个性,解释人类语言中复杂的语言现象。教学则属于教育学,研究教什么和怎么教的问题,有具体的研究对象,如外语学习者、外语教师、外语教材、外语教学方法和教学评估等,目的在于解决语言教学中的实际问题,属于实践领域。桂诗春认为,语言学与语言教学虽只有一字之差,其内涵却很不一样,如

---

① 俞理明,袁平华.应用语言学还是教育语言学——对二语习得研究学科属性的思考[J].现代外语,2004(03):282—293.

② 张玉华.语言教育学漫谈[J].解放军外语学院学报,1998(05):9—14.

③ 戴忠信.论外语教学研究的"教育学范式"[J].中国外语,2005(06):47—50.

果把结构主义语言学理论简单地应用于外语教学,很容易引起人们对外语教学机械、狭隘的理解,如果把乔姆斯基的生成语言学理论生硬地套在外语教学上,则造成人们认识上和实践上的混乱。因此,不能想当然地把外语教学理解为语言学理论和语言应用的简单关系。外语教学就是外语教学,有其独特的研究范式和研究领域。①

受上述观点的启发,本研究将"外语教学"界定为:外语教学是在教育学的指导下,探究教外语与学外语的规律的科学,研究内容包括教与学的目标、内容、方法、评价,以及如何将外语学习作为人的认知、行为、思维和个性发展的策略,其研究领域涵盖外语教师、外语教学环境、教学过程、外语教学评价、外语学习者等主题。

2.1.3 教学质量

在一个追求高品质生活的社会,质量于任何人而言都很重要,但它的确是一个难于界说、难于测量的概念。现代质量管理大师戴明博士认为,质量形成于全过程,散布在生产系统的所有层面,因此,质量不仅指产品的质量,还包括过程的质量和体系的质量。著名质量管理专家朱兰从用户的使用角度出发,把质量定义为产品的适用性,即产品在使用时能成功地满足用户需要的程度。全球质量运动的推动者菲利普·克劳士比认为,质量就是"零缺陷""第一次就把事情做对",其内核是"预防而不是补救"。从相关工具书对质量的定义来看,《辞海》对质量的定义是:"产品或工作的优劣程度";《汉语大词典》把"质量"定义为"事物、产品或者工作的优劣程度";《现代汉语词典》把"质量"定义为"产品或者工作的优劣程度";《牛津高阶英语词典》把"质量"解释为"a degree or grade of excellence or worth, or Something of quality is of a high standard; Good characteristics that they have which are part of their nature",意思是"优秀的等级或者程度"。

质量术语自 20 世纪 90 年代以来开始用于教育领域。格林(GREEN D)认为,教育质量在本质上是教育满足他人或社会显性或者

① 桂诗春.关于我国外语教学若干问题的思考[J].外语教学与研究,2010(04):275—281.

隐性需求的能力总和,通过一套多维的、变化的能力评价体系综合衡量教育者和受教育者符合社会发展的标准和水平[1]。我国《教育大辞典》对"教育质量"的规定是:"教育水平和教育效果优劣的程度""教育质量最终体现在教育培养对象的质量上""衡量教育质量高低的标准是看教育目标的实现程度"。从教育质量到教学质量,有学者把教学质量定义为教师的教学过程和学生的学习过程满足教学目标的程度,是一个逐步发展和不断变化的过程[2]。也有学者对教学质量的定义进行总结:教学质量是知识传授过程中所彰显的一种特性,可以作为识别教学过程是否符合教学规定的特征总和;是知识、技能与环境相关的程度;是公众对学生变化的满意度[3]。王嘉毅认为,教学质量就是受教育者(学生或者学习者)的知识能力和综合素质与事先设定的教学目标符合的程度,某种程度上说,教学质量就是教学结果,是学生受教育后的变化。[4]

受上述学者的启示,本研究将教学质量界定为:教学质量是教学目标的实现程度,突出教学满足经济发展和学习者本人明示或者隐含需要的能力特性,包括学校教学质量、学科教学质量、专业教学质量、课程教学质量等。不管哪一个层次的教学质量,最终都要通过每一门课程的教学质量实现。因此,课程教学质量是全部教学质量的基础,抓好每门课程的教学质量是学校全部教学质量的关键任务。

2.2　外语教学质量概念的引出

从目前掌握的文献看,理论界尚缺少对外语教学质量"是什么"的基本内涵研究,实践中由于不明确外语教学质量"为何物",提出的保障措施落往往落不到实处,致使外语教学"费时低效"的"顽疾"得不到有效治理。鉴于此,本研究从梳理教学质量观的发展脉络出发,弄清楚外语教

① GREEN D. What is Quality in Education [M]. Society for Research into Education&Open University Press. 1994:3—21
② 王承绪,徐辉.发展战略:经费、教学科研、质量—中英高等教育学术讨论会论文集[C].杭州:杭州大学出版社,1993:274.
③ 曹大文.教学质量保障体系及其建设.中国高教研究[J].2002(09):49.
④ 王嘉毅.教学质量及其保障与监控.高等教育研究[J].2002(01):74.

学应该持有的质量观,从而厘清外语教学质量这一概念的基本内涵。

2.2.1 教学质量观的演进脉络

2.2.1.1 西方:从市场向度走向管理向度和绩效向度

20世纪50年代后期,西方各国为满足"二战"后经济和社会发展对高等专业人才的需求,不断拓展高等教育规模,高等教育适龄人口井喷式增长,很快实现从精英高等教育向大众化高等教育的过度。此后,由于各国民主化运动的兴起,伴随而来的是高等教育的结构性失衡,生源质量的急剧下降和师资力量的严重匮乏,致教学质量出现不同程度的滑坡,引起社会各界人士和学术界的担忧。经过近三十年的发展,到20世纪末,西方各国开始建立起较为完善的教学质量提升机制,教学质量得到明显改善,很多做法成为对其他国家有益的经验借鉴。在这半个世纪的时间周期,西方教学质量观大致经历了从市场向度走向管理向度和绩效向度的转变。市场向度的教学质量认为教学即生产过程,教学的结果是生产的产品,即所培养的人才,其质量的高低交由市场说了算,学生在劳动力市场上的能力表现成为衡量教学质量的标准。因而,学生的技术应用能力和实际动手能力成为教育教学重点培养的核心能力,学校教学任务的安排、教学过程的设计和教学目标的设定均围绕学生的能力培养展开,把解决实际问题的能力摆在提高教学质量的重要位置上。但是,由于市场作用的盲目性,教学质量逐渐走向管理为主的方向,即教学向管理要质量,通过管理提升教学质量。管理向度的教学质量观是高等教育大众化时期教学质量的重要特征,随着全面质量管理理论在高等教育领域中的广泛渗透,教学质量研究的视角不单单以教学质量的最终结果与教学目标的达成度为标志,而是将教学质量放在一个多维的、全面的质量管理全景下予以考虑,把教学质量看作一个全员、全过程、全要素的系统。全面的教学质量管理依靠全员的质量意识提升,从而缺少核心的应用工具,依靠管理出质量开始聚焦组织的有效输出,即"绩效"。绩效向度的教学质量观强调对教学的投入和从教学获得的收入成正比,强调效益与效率并重,投入与产出等值,要求任何一所高等院校,在教育教学的任何一个阶段和任何一个环节中都应该清晰地阐述教学的使命和目标，并在实现目标的征途中获得收益，或者通过比较学生"起始阶段"的状态值与"终止阶段"的状态值产生的价值差，即价值增值效应，来衡量教学质量的高低。

2.2.1.2 我国：从社会功能向度走向生态系统向度

与西方的三个向度比较，我国教学质量观的演进则体现出从社会功能向度走向生态系统向度的转变。立足社会功能的教学质量观是我国高等教育从精英教育向大众化教育过渡的产物。随着我国经济增长方式和经济结构的调整，人才结构和人才培养规格发生变化，不仅需要学科知识精湛、学问高深的精英式人才，还需要会实践、懂操作的技术技能型人才，相应的教学质量观则表现为对社会需要和外部需求的适应，侧重教学质量的社会工具价值，强调衡量教学质量高低的依据和标准主要是看其对社会、经济和政治的适应程度以及其满足政府、学生和学生家长等利益相关者需要的程度。然而，过分强调教学质量的社会工具价值必然忽视教学本身以及教学与其他要素之间的联系，因而功能向度教学质量逐渐走向生态系统向度教学质量。生态系统的教学质量观是一种整体性和发展性质量观，主张以一种全面的、多维的视角综合衡量教学对社会、政府、企业、教师、学生及学生家长需求的满足程度，是一种全面质量或者共性质量。这种质量包括两个层面：教学功能层面，教学不仅要直接培养人才，还要主动推动科学研究以及科研成果的转化，主动服务经济社会的发展；教学整合层面，普通本科层次的教学和高职高专层次的教学相得益彰，共同对不断变化的社会需求作出回应。生态系统的教学质量观不是仅仅关注某一个时期、某一所院校、某一个教学部门和教学环节的教学质量，而是从系统的组织结构、所处的历史阶段和特定的学科标准分析教学主客体的需要以及教学对这些需要的满足程度。

2.2.1.3 中西方教学质量观演进之比较

在高等教育从精英教育向大众化教育过渡并逐步走向普及的过程中，中西方教学质量观在演进过程中呈现不同的特征，尽管如此，深入研究仍然可以发现两种不同教学质量观表现出来的某些共性。

共性之一：教学质量观正在从知识质量观逐渐走向能力质量观。知识质量观本质上是一种学术质量观,是以知识点的传授为核心的狭义的教学质量观,其他与知识无关的内容便不在教学质量的考虑范围之内,把追求学业成绩、考试成绩作为唯一的衡量标准。在这种情况下,教学质量直接异化为工具性的价值,造成教学质量功利化的特点。能力质量观是将能力作为评判教学质量的标准,一般是从教学质量服务的对象——顾客(学生)的角度出发的,带有浓厚的市场色彩。教学质量的首要标准就是看学校是否生产出经济社会急需的高素质人才和劳动力市场紧缺的人才产品,这些产品在激烈的市场竞争中是否展现出一定的创新能力和实践能力,是否能成为具有自我教育和自我发展的社会主体。①

共性之二:教学质量观正在从合规性质量观走向合需要性质量观,并逐步过渡到适应性的教学质量观。合规性质量观指的是教学符合国家和社会制定的质量标准的程度。在精英教育阶段,教学质量标准的制定仅从国家和社会的需要出发,很少考虑甚至忽略个人的利益和需求,其基本的指导思想便是国家利益高于一切,当个人利益与国家利益冲突,优先考虑的是国家的需要,其次才是个人的需要。这种"大一统"的质量标准在一定的特殊时期也许行得通,但是在人本主义和现实主义的实践中却带有极大的局限性。合需要性质量观是指教学所提供的服务满足顾客需要的程度,简单地说就是教学对学生及其相关者需要满足的程度,学生(主要顾客)的需要包括知识、技能、价值观等各方面的需要,如果教学能合乎这些需要,教学质量则高,反之,教学质量则差。这种人本主义的质量观强调教学对象的个性化需求和多样化需要,教学质量的高低取决于教学对需求满足的程度。适应性的教学质量观是用变化、发展的思想解决问题的一种教学质量观。由于精英主义教学质量观本质上对高等教育大众化进程的排斥,因而背离了高等教育发展的时代命题,消减了通过发展解决教育质量问题的力量,积累了大量的教学质量问题,但是人们积极转变发展观念,对大众化启动后的高等学校扩招所带来的生源质量下降和教学质量滑坡等问题仍然站在发展的立场上,相

---

① 人才培养水平是衡量高教质量的首要标准——二论学习贯彻全面提高高等教育质量工作会议精神[EB/OL]. http://old. moe. gov. cn//publicfiles/business/htmlfiles/moe/s6414/201203/132995.html 2012 - 3 - 26.

信这些发展中的问题非但可以得到解决,而且还可以加深人们对高等教育本质的认,即坚持用适应性的观念来看待教学质量问题。适应性的教学质量观要求用发展的眼光看待质量,不可脱离发展单方面思考教学质量的合规性和合需要性,更不能以质量为招牌,阻碍或限制其发展。①

综上所述,教学质量观可以归纳为两种不同的演进路径:建立在工具论基础之上的教学质量观,演进的趋势是能力质量观;建立在发展论基础之上的教学质量观,演进的趋势是适应性质量观。这两种质量观共同构成高职院校外语教学的质量观。

2.2.2 外语教学的质量观

外语教学质量本质上是学校外语课程教学质量,是学校教学质量的重要组成部分,同样需要经过教学质量目标的制定、教学过程的监控、评价和改进等程序。外语教学质量作为一门课程的教学质量,只能是局部的教学质量,而通用性"学校教学质量"是一种整体的教学质量,即"大教学质量",在范围上包括前者,外语教学质量与"学校教学质量"的主要区别还是在于其教学质量观的特殊性。

2.2.2.1 能力教学质量观

能力教学质量观以能力为中心,依据对学生能力的培养检验教学质量的高低和优劣程度,认为教学质量就是能力培养的结果,强调能力培养的基础性作用。能力培养是否真正达到教学目标所要求的能力是衡量教学质量高低的重要标准,能力培养的目标尚未达到,教学质量便无从谈起。1998 年,英国皇家文科协会发起了"为了能力的高等教育质量"运动,把能力培养作为衡量高等学校教学质量的主要标尺和重要依据,明确提出高等教育的重要目标不是教会学生"知道什么",更重要的是让学生学会"能做什么",学会评判知识,利用知识、发展和创造新的知识。在我国,由于传统文化和"学而优则仕"的考试制度影响,高职院校还是比较习惯于知识传授,以学生掌握的知识多寡作为衡量教学质量高低的重要标准,对于学生的思维能力、自学能力以及动手操作能力等实践层

---

① 张应强.高等教育质量观与高等教育大众化进程[J].江苏高教,2001(05):10.

面的能力培养没有引起足够的重视,教学质量的评价忽视对学生能力的评价。落实能力教学质量观,就是将能力培养作为提高教学质量的前提,并将其作为衡量教学质量优劣的尺度。

将能力教学质量观作为外语教学的质量观,强调将能力培养作为外语教学的质量目标,建立统一的外语能力标准是国际上的通行做法。[①] 2001 年,美国教育部和外语教育委员会修改和出版了《21 世纪外语教学目标》(Standards for Foreign Language Learning in the 21st Century)将美国 21 世纪的外语教学的质量归纳为五种外语能力,即 Communication(交际能力)、Cultures(文化能力)、Connections(连贯能力)、Communities(社区能力)和 Comparisons(比较能力)。交际能力即有效运用外语与他人对话和沟通的能力;文化能力即如何在外语教学中渗透母语和目的语文化,让学生认识和体验到文化的差异性和复杂性;连贯能力是指将外语与其他学科联系,从而获取来自其他学科的信息和知识;社区能力是指将外语应用于国内外多元社区,通过接触各种文化活动和信息资源,丰富个人生活,提升外语能力;比较能力是指母语文化与目的语文化之间的对比和比较,通过比较识别母语的角色和特征,从而提高语言预测的能力。欧盟将外语教学质量表述为个人综合能力和交际能力的培养,个人的综合能力包括学员的过往知识、专业技能、精神境界和学习能力。其中,过往知识主要指的是陈述性知识或者经验性知识,也包括理论性知识,可以通过个人或者他人的经验获取信息,这些知识构成对人类和周围世界的认知,是交际产生的基础。专业技能是指建立在某些领域程序性知识基础上的能力,包括应用能力和跨文化能力。精神境界指的是语言学习者的态度、动机、认知风格和个人性格四个层面。学习能力是指学习或体验新知识、新事物的观察力、参与力和贯通能力,包括语音能力、学习能力和发现能力三个方面。

在我国,教育部高等学校大学外语教学指导委员会颁布的最新版《大学英语教学指南》(以下简称《指南》)明确规定大学英语的教学目标

① 杨惠中,朱正才,方绪军.中国语言能力等级共同量表研究:理论、方法与实证研究[M].上海外语教育出版社,2012:13—15.

是既要满足个人的需要,又要满足国家、社会发展的期待;既要有针对性地培养学生的英语应用能力,又要培养他们具有跨文化交际的意识和跨文化交际的能力,还要注重发展学生的自主学习能力,使他们在未来的工作、学习和生活中有效地使用英语。《指南》将大学英语教学目标分为基础目标、提高目标和发展目标三个具体的教学目标,并详细规定了需要达到的能力标准。基础目标清晰地对学生要达到的能力要求进行了描述,提高目标和发展目标的能力则在"六个能够"描述的基础上有不同程度的拔高,构成了大学外语教学的总体能力要求。在对总体能力描述的基础上,《指南》又对三个级别的语言单项能力所要达到的标准做出了具体规定,每个级别的语言单项能力包括听力理解能力、口头表达能力、阅读理解能力、书面表达能力和翻译能力等五个方面的能力。

综上所述,能力教学质量观是确定外语教学质量的根本思想,坚持能力教学质量观是实现外语教学质量目标的基本前提。

2.2.2.1 适应性教学质量观

适应性教学质量观可以细分为外适性质量观、内适性质量观和个适性质量观三种。外适性质量观强调教学对学生个人综合能力和未来职业发展需要的满足程度,这种教学质量观与人才培养的目标一致,满足社会对某种特殊规格的专业人才的需要,具有极强的技术主义特征。内适性质量观是一种知识本位的教学质量观,坚持精英主义取向,主张从学科知识的角度出发,强调教学对学生知识准备、知识获取和知识增值的满足程度,对知识的获取和对真理的追求是其典型特征,坚守严格的客观性和学术性。个适性质量观则是一种个人本位的教学质量观,主张教学对学生情感、意志、品质和特长满足的程度,最大程度地发挥学生的主观能动性和自由特性,强调学生个体生命的主体性建构和学生心智的完善,鼓励学生自主学习、自我提高和自我实现。

本书认为,外语教学质量不高的主要原因还是外语教学的适应性问题:一是外语教学还不能满足经济、社会发展对学习者外语应用能力的需求,即外适性要求;二是外语教学尚不能充分满足学习者提高外语交际能力的目标需求,即内适应性需求;三是外语教学不能有效满足学习者终身自主学习能力的需求,即个适性需求。因此,提高外语教学质量,意味着提高外语教学在满足外适性需求、内适性需求和个适性需求的程度,即提高外语教学的外适性质量、内适性质量和个适性质量。教育部高等学校大学外语教学指导委员会主任委员王守仁在《继续推进和深化大学英语教学改革全面提高教学质量》一文中就《大学英语课程要求》的相关内容也表达了类似的质量要求,即高校大学英语教学始终要以培养学生的交际能力、语言应用能力和自主学习能力为目标,全面提高英语教学质量。[①] 这里的"交际能力"就是从内适应性质量的角度提出的,"语言应用能力"和"自主学习能力"则是从外适性质量和个适性质量的角度提出的。教育部高等教育司刘贵芹在《高度重视大学英语教学改革,努力提升大学英语教学质量》一文中从内适应性质量的角度指出,外语教学尚没有完全扭转部分大学生听不懂、说不出、看不明的现状,学生的语言交际能力,如听力理解能力、口头表达能力、阅读理能力等还有较大的提升空间;在外适性质量方面,外语教学主动适应国家经济社会发展的要求有待进一步提高;在个适性方面,外语教学要着力实施素质教育,提高大学生个人的责任感和敢于探索、敢于创新的精神和自学品质,提高自我学习的能力。[②]

2.2.2.2 两种教学质量观之比较

能力教学质量观和适应性教学质量观是最贴近高职院校外语教学实际的两种质量观,也是学界关注较多、认识基本一致的教学质量观。就关注的范围而言,适应性教学质量观内涵更加丰富、功能更加完备、关注范围更加广阔;能力教学质量观仅关心能力目标的达成,而对能力的价值及其作用关注较少,关注的范围相对狭窄。就两种教学质量观之间的联系来看,能力教学质量是适应性教学质量观的内在要求,适应性教学质量观以能力教学目标的实现为依据,本身就要求学生具备一定的能力,并有效发挥这种能力适应一定的需求。因此,适应性教学质量观虽然在范围上要广于能力教学质量观,但是本质上还是以能力为内容的。

---

① 王守仁.继续推进和深化大学英语教学改革 全面提高教学质量[J].中国大学教学,2006(07):57—58.

② 刘贵芹.高度重视大学英语教学改革,努力提升大学英语教学质量[J].外语教学与研究,2012(02):281—282.

因而,本研究拟根据适应性教学质量观的三个层面及其对能力的要求认识和把握外语教学质量的内涵及概念。

2.2.3　外语教学质量概念的引出

外语教学质量是一种能力质量,即外语教学满足经济、社会发展和外语学习者明确或者隐含能力需求的程度,这一认识与国际标准化组织关于质量是"实体满足外语学习者明确或者隐含需要能力的总和"的界定基本一致。外语教学的能力质量包括两个要素:一是外语教学本身的本质能力质量,二是外语教学的评价能力质量。本质能力质量即外语教学本身的特点与事实,外语教学就是第二语言的教与学,即通过教师的教促进学生第二语言学习水平提高的过程,侧重语言知识层次;评价能力质量即外语教学满足学生第二语言能力需求的总和,侧重能力层次。从语言知识层次过渡到语言能力层次,反映了外语教学以能力为标准作为衡量、判断外语教学质量高低的标准。戴曼纯认为,外语教学质量的能力尺度归根结底是学生外语能力的培养,构成外语能力的要素包括知识要素和技能要素,知识要素包括语法知识、词汇知识、语篇知识以及语言策略知识,技能要素是融语法、词汇、交际策略于一体的实际操作技能,前者是显性的、表面的,而后者则是内化的、隐性的和潜意识的。[①] 因此,外语教学质量的能力内涵可以理解为:建立在知识要素基础之上的外语交际能力、建立在技能要素之上的语言应用能力和自主学习能力,这三种能力应该成为国家和各级各类学校制定外语教学质量标准时考虑的关键因素。

从适应性教学质量观出发,外语教学质量不仅包括外语教学满足学生语言知识需要的内适性要求,而且还包括外语教学适应社会经济发展的外适性要求以及满足个人未来学习需求的个适性要求。就内容而言,内适性要求指的是学生外语交际能力的培养,外适性要求指的是学生外语应用能力的培养,个适性要求指的是学生自主学习能力的培养。提高外语教学质量意味着需要提高外语教学满足学生对外语交际能力、外语

---

① 戴曼纯.外语能力的界定及其应用[J].外语教学与研究,2002(06):412—413.

应用能力和自主学习能力需求的程度。

综上所述,本书对外语教学质量的界定如下:外语教学质量就是指外语教学为适应经济社会发展和个人需要而必须达到的能力目标总和,即外语交际能力、外语应用能力和自主学习能力三种能力的实现程度。

2.3　外语教学质量的现状研究

本部分以中国知网和中国人文社会科学数据库为数据来源,以1996—2016 年为检索时间跨度,以"篇名"为检索标准,构造"篇名"="外语教学质量""篇名"="英语教学质量""篇名"="俄语教学质量""篇名"="法语教学质量""篇名"="德语教学质量"和"篇名"="日语教学质量"等五个严格的检索式,在对检索结果进行数据清洗后,共获得近 20年(1996—2016 年)外语教学质量专题研究论文 2720 篇。按照语种划分,不同语种教学质量的发文量如图 2.1 所示,各语种加总后的发文量如图 2.2 所示,检索时间为 2016 年 6 月 12 日。

如图 2.1,从几种主要语种的外语教学质量研究发文量来看,关于英语教学质量的研究无论在年度发文量还是在发文总量上都远远超过其他几个语种,这种情况一方面与我国规模庞大的英语教师队伍和英语学习者数量有关,另外一方面与英语作为世界通用语的国际地位也有重要关系。

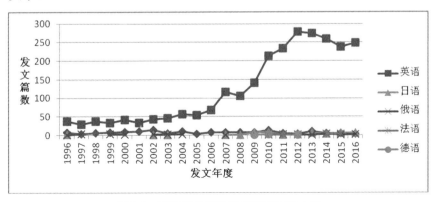

图 2.1　不同语种的教学质量研究发文量

总体上看,我国举办着世界上最大规模的外语教育,数量的增长所带来的外语教学质量问题早就引起社会的普遍关注,尤其是最近的 20年,对这一具有我国国情特征的问题的专门研究呈上升趋势。从图 2.2的统计来看,从 1996 年到 2016 年,国内专门研究外语教学质量的发文量总体上保持上升态势,尤其是在 2007 年度后,发文量出现突破性增长,2013 年达到 293 篇,是改革开放以来年度发文的最高值,从 2013 年以后的几年至现在,学界对外语教学质量的关注热度一直未减,这种情况一方面与我国高校扩招所带来的外语教学质量下降不无关系;另一方面,也与我国 2013 年以来提出的"走出去"战略以及"一带一路"倡议等有重要联系,外语教育领域对这些问题纷纷做出反应、发表观点也是正常现象。

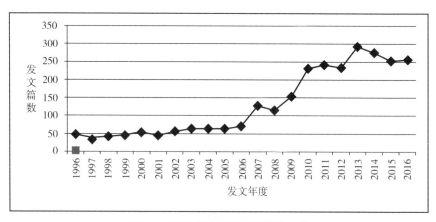

图 2.2 外语教学质量研究的发文量

在知识图谱中,一个领域的研究现状通常采用该领域内使用频度较高的关键词共现来表征,本书按照研究目的选择作者关键词和主题关键词。根据 CiteSpace 软件对数据的要求,将净化后的外语教学质量专题研究文献 2720 篇题录资料导入该软件,在其主界面建立"外语教学质量"数据分析项目(Project),在分析项目中设定完各参数使之适合本数据的分析,将时间参数 20 年(1996 年至 2016 年)分成以 4 年为时间切片的 5 个分析时区,以每个分析时区前 50%(Top 50%)的文献作为阈值条件,对 1996 年至 2016 年每 4 年出现频率最高的前 50% 的关键词进行共现分析。另外,在网络分析参数设定过程中,本研究根据本书的研究目的,以 author(作者)和主题关键词(keyword)作为数据处理的节点类型,节点连线的强度选择 Cosine(辐射强度),网络裁剪标准选择 Pruning the merged network(裁剪全部网络)和 Minimum spanning tree(最小树裁剪),运行 CiteSpace 软件进行网络共现,待网络运行稳定后,通过操作相关按钮和执行相关命令,使网络图谱窗口中的作者姓名清晰可见,通过微调和剔除一些冗余信息,最终获得近 20 年外语教学质量研究领域的作者关键词共现知识图谱(见图 2.3)和主题关键词共现知识图谱(见图 2.4)。

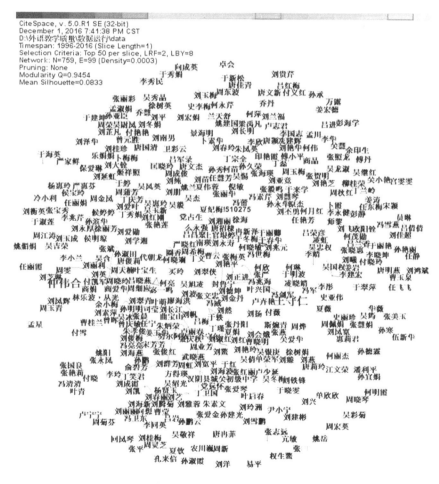

图 2.3　外语教学质量研究作者关键词共现知识图谱

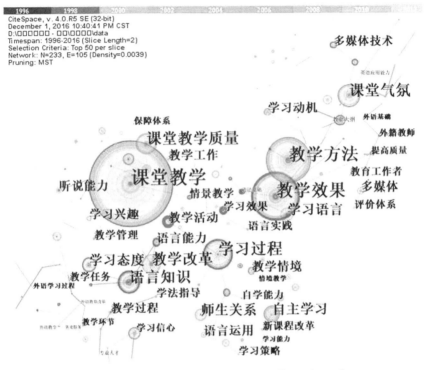

图 2.4　外语教学质量研究主题关键词共现知识图谱

　　本书根据研究目的对图 2.4 图谱中的主题关键词做进一步的分类（如表 2.1），将外语教学质量的研究现状分为 5 个大类的研究主题，分别是教师队伍研究、教学环境研究、教学管理研究、生源状况研究和社会服务研究，各个大类主题的研究内容如下。

表 2.1　研究现状的关键词整理

关键词分类	关键词内容
教师队伍	外籍教师、教育工作者
教学环境	课堂气氛、情景教学、多媒体技术、师生关系、情景教学、教学情景多媒体
教学管理	提高质量、教学方法、教学效果、课堂教学、课堂教学质量、教学管理、教学工作、教学改革、学法指导、教学过程、教学环节、评价体系、保障体系

续　表

关键词分类	关键词内容
生源状况	学习动机、外语基础、学习语言、听说能力、学习兴趣、语言能力、学习态度、语言知识、自主学习、学习能力、学习过程
社会服务	人才培养、专业人才、语言实践、语言运用、语言应用能力 新课程改革 教学标准

2.3.1　教师队伍研究

要办好人民满意的教育,关键在教师[①],教师队伍是学校教学质量提升的核心所在。师资力量是学校竞争优势的重要来源,这种优势经历了以硬件建设为基础的静态质量观,以资源为基础的组合型质量观,正在演化为以人才为基础的竞争型质量观,倾向于把人才,尤其是教师看作核心竞争力。外语教师是外语教学的组织者和领导者,学生是教学活动的作用对象,是被领导者和被组织者。外语教学质量的提高离不开好的生源,而关键在于造就一支高素质、专业化并具有竞争力的外语教师队伍。根据图 2.3 的学者共现图谱和本书对这部分学者发文的整理结果,外语教师队伍研究比较有代表性的学者如孙玉华、朱万忠、韩萍、王瑞芝、刘芝琳、王守仁、刘贵芹、仲伟合等,相关研究集中在以下几个方面。

一是教师培训。王守仁认为,关于新时期外语教师队伍建设,各级各类学校应该加强对外语教师的培训工作,外语教师本人也要自觉成为学习型教师,与大学外语教学改革同步发展,自觉加强终身学习的意识和学习能力,方能胜任外语教学工作。[②] 教育部高等教育司刘贵芹表达了同样的想法:我国对大学外语教师的培训工作仍需要加强,需要健全外语教师岗前培训和骨干教师培训制度,搭建外语教师交流平台,研讨外语教学过程中的重大理论和现实问题,建设一支师德高尚、业务精湛

---

① 刘延东强调建设高素质专业化教师队伍-为办好人民满意的教育夯实根基[EB - OL]. http://paper.people.com.cn/rmrb/htm/lnw.D110000renmrb_20170908_1 - 04.htm.2017 - 9 - 08/

② 王守仁.继续推进和深化大学英语教学改革,全面提高教学质量[J].中国大学教学, 2006(07):59.

的高素质教师队伍。[①] 二是教师的工作压力、教学任务。学者孙玉华认为,外语教师队伍建设包括两项重要内容:民主化内容,尽可能减少教师的工作压力,着力为教师营造宽松的发展环境;积极创造条件,提高教师信息化利用水平,把教师从繁重的教学任务中重解脱出来。[②] 三是教师的角色定位。清华大学王瑞芝、刘芝琳指出,外语教师需要重视影响个人外语教学质量的因素,主动调整个人在外语课堂教学中的角色,灵活运用教学方法,做善于调动学生的组织者和富有激情的表演者,重视寻找在实践中提高外语教学效果的路径和方法。[③] 四是科研能力和业务能力。当前,外语师资并不乐观,知识结构单一,科研能力薄弱,教学效果不如人意,不能适应教学发展的要求。[④] 广东外语外贸大学仲伟合认为,外语教学要以教师发展为统领,提高教师整体能力素养是保障教学质量的关键,整体能力不仅包括外语能力、教学能力,还必须具备科研能力,甚至要具备行业背景与专业知识。总之,新时期,外语教师的整体能力建设要求教师不断更新教育观念,进一步提高科研水平和业务能力。[⑤]

上述研究从教师培训、教学任务、工作压力、角色定位、科研能力和业务能力等多个方面阐明了外语教师队伍建设的重要内容,反映了当前外语教师队伍研究的重心。

2.3.2 教学环境研究

教学环境是一个由多重要素组成的复杂系统,是影响学校全部教学活动的物质和精神条件。本书的教学环境是指影响学校教学活动的物

---

① 刘贵芹.高度重视大学英语教学改革,努力提升大学英语教学质量[J].外语教学与研究,2012(02):282.

② 孙玉华.提高外语教学质量为我国经济建设培养合格人才——浅谈近年来大外俄语系教学改革[J].外语与外语教学,1992(06):30.

③ 王瑞芝,刘芝琳.影响提高外语教学质量的几个因素[J].清华大学教育研究,2003(S1):5—6.

④ 朱万忠,韩萍.加强专业英语师资培训课程建设,提高大学英语后续教学质量[J].外语界,2002(04):42.

⑤ 仲伟合.英语类专业本科教学质量国家标准指导下的英语专业创新发展[J].外语界,2015(03):7.

理和社会文化因素,前者侧重物质条件,如学校外语设施、计算机辅助外语教学实验室等,后者侧重课堂语言环境、外语文化环境、国家政策环境以及社会环境。教学环境对语言教学和语言学习的重要性不言而喻,对教学环境的研究历来受到很多学者的关注。从图2.3的学者共现图谱及作者发文整理结果看,教学环境研究比较有代表性的学者如王永军和李景银、王瑞芝和刘芝琳、王守仁、曾德军和吴平、王立非等。

　　王永军和李景银认为,课堂软环境的建设,皆在创造良好的外语学习氛围,通过开展丰富多彩的课堂活动,激发学生学习外语的热情,使学生在课堂内有限的时间内学到无限的知识,达到提高外语教学质量的目的。[①] 外语教学主要是在课堂内进行,除了动态的课堂语言互动环境的营造,还要注意静态的语言文化环境的形成,教室内外应该布置一些带有外语文化气息的图片,使学生在视角上产生学习外语的心理倾向,有助于放松情绪,全身心投入到外语学习中,从而提高教学效果。[②] 对此,王守仁认为,学校应该加大投入,建设一批外语文化体验中心,使学生适应外语生活,同时利用互联网跨越空间和非实时交互的特征,投资建立无线校园网,为学生的个性化外语学习提供机会,培养学生自主学习的能力。[③] 自主学习能力的培养关键在于教师要积极利用计算机辅助教学技术,构建学生外语自主学习的环境,使课堂教学向课外应用延伸,真正在语言运用过程中提高外语教学质量。[④] 当前,依靠政策,加强投入应该成为营造外语教学环境的重要抓手。教学设备、教学设施的投入应该充足,内部环境要符合教学和实训要求;图书资源应该包括相关学科的中外文期刊,能满足学生学习和教师教学科研的需要;网络资源完备,能满足网络学习和教学的需要[⑤]。孙云梅采用自编问卷,通过对华中科技大

　　① 王永军,李景银.与专业课同步,提高专业外语教学质量[J].高等工程教育研究,1996(01):2—8.
　　② 王瑞芝,刘芝琳.影响提高外语教学质量的几个因素[J].清华大学教育研究,2003(S1):8.
　　③ 王守仁.以提高我国高等学校教学质量为出发点,推进大学英语教学改革[J].外语界,2006(05):5.
　　④ 曾德军,吴平.探索自主学习模式,提高大学英语教学质量[J].外语界,2006(S1):38—41.
　　⑤ 王立非,叶兴国,严明,彭青龙,许德金.商务英语专业本科教学质量国家标准要点解读[J].外语教学与研究,2015(02):301—302.

学 418 名大学生的问卷调查和 6 名教师的访谈,发现课堂外语环境与外语教学质量有正向关系。良好的课堂外语环境不仅有利于调动学习者学习语言的积极性和良好的学习动机,而且使语言学习变得更加轻松活跃;一个不好的语言环境对语言的学习和教学构成极大的阻碍作用,使学习者变得沉默寡言和不善言辞或者羞于开口。①

良好教学环境的营造是提高外语教学质量的重要手段,学生良好语言能力是一定教学环境下各种因素影响共同作用的结果。教学环境是外语教学的调节器,了解教学环境的调节功能,便可以人为地营造适合学习者语言发展的环境,达到提升外语教学质量的目的。上述研究中的硬件条件、外语文化环境、计算机支持、国家政策环境和社会支持环境较大程度上反映了外语教学环境的本质。

2.3.3 教学管理研究

教学管理是对教学目标、教学过程和教学结果进行评价,并采取措施以对接上级要求的一整套制度和机制。从分工上,教学管理可以分为外部管理和内部管理,前者是机构或部门(通常是上级主管部门或者是政府委托的第三方)对学校的管理,后者是学校内部(通常是学校教务部门、院系管理机构以及基层教研室)对外语教学的管理;从管理的任务看,教学管理既包括对教学计划、教学实施的管理,也有对教师教学质量的评价、对学生学习结果的评价等。教学管理是提高外语教学质量的重要手段,从图 2.3 的学者共现图谱及作者发文整理结果看,教学管理研究比较有代表性的学者如易红、刘泽华、黄建伟、桑元峰、高超等。

由于传统的教学管理主要依附于学校和二级学院层面行政化的教学管理措施,师生的自我管理意识和质量意识较弱,导致教学管理很难在外语教学的各个环节中发挥积极的作用。外语教学管理模式太过刚性和被动,已经不适应外语教学质量提高的要求,而以现代教学理论为"纲"、以外语教学理论为"核"、以目标教学管理为"杠杆"的现代管理模式已经成为提高外语教学质量的重要抓手。新疆师范大学易红教授认

---

① 孙云梅.大学综合英语课堂环境调查与研究[J].外语教学与研究,2009(02):442—443.

为:外语教学管理应该践行全面质量管理的理论和方法,采用 PDCA 循环工作模式(Plan "计划"→Do"执行"→Check"检查"→ Assess"评价"),充分调动人的因素、过程因素和环境因素,有效提高外语教学质量。[①] 华中科技大学刘泽华在《大学英语分层教学管理与质量保证体系的研究与实践》一文中从科学教学管理的重要性出发,阐述了分层教学管理模式是大学扩招后大学英语教学质量保证体系建设的关键。黄建伟认为,[②]采用何种教学管理模式是由教育的客观规律决定的,实践证明,教学过程中通过对各种教学活动的有效管理,可以促进"教学中心"工作目标的实现。[③] 有学者提出:外语教学管理需要积极探索外语教学质量监控,参照英国和澳大利亚等国家的质量保障机制,对外语教学质量实施常态评价、第三方评价和联合督导评价,以此形成网状的质量管理模式。[④] 高超认为,采用 ISO9000 族标堆设计大学英语教学质量评价标准,可以最大限度地促进大学外语教学质量管理的标准化、过程化和规范化,最大限度地满足学生及利益相关者的需求,促进计大学英语教学的可持续发展。[⑤]

上述研究可以归纳为几个层面。一是教师参与教学管理。课堂教学的过程就是教师管理的过程,外语教学过程本身渗透着管理的成分,教学目标的设定、教学内容的选择、教学方法的应用、教学手段的运用、教学结果的评价等外语教学的每一个环节都凝聚着教师参与、教学策划、教学控制、教学反馈与改进。对此,杨明认为,教师需要将教学管理的每一个环节自觉不自觉地融化于个人教学过程中的每一个环节,形成高效的外语教学管理能力。[⑥] 二是教学评价。外语教学管理最大的问题

---

① 易红.外语教学质量的影响因素及其提高途径[J].新疆大学学报(哲学社会科学版),2003(S1):120—122.

② 刘泽华.大学英语分层教学管理与质量保证体系的研究与实践[J].高等工程教育研究,2008(S1):27.

③ 黄建伟.强化教学管理提高成人外语教学质量[J].中国成人教育,2009(01):156.

④ 桑元峰.从国际化人才培养视角探索外语教学质量监控[J].外语界,2014(05):83.

⑤ 高超.基于 ISO9000 标准的高职英语教学质量评价体系初探[J].中国成人教育,2015(22):176—178.

⑥ 杨明.构建以质量为核心的高校外语教学管理体系[J].西安邮电学院学报,2010(03):165—168.

是教学质量的评价问题。由于影响教学过程因素的多样性决定了教学评价的复杂性,而教学评价本身也是模糊和多元的,导致评价过程的客观性、公平性和有效性受到诸多质疑,给教学质量评价带来极大的困难。但是,教学管理不能没有评价,通过教学质量评价,可以对教学质量目标进行及时调整,针对教学过程中出现的问题,有利于管理层面制定改进和提高教学质量的对策。好的教学质量评价模式对教学管理起到进一步的优化和促进作用,保证教学质量评价的科学性和公正性,提高人才培养的质量。

除了以上两个层面外,管理制度建设、教学结果管理等也是反映教学管理的重要层面。总之,高质量的外语教学管理一定是教师参与、教学评价、结果管理、管理制度等各个因素同时起作用的结果,一定是有计划、有组织实施教育教学持续改进、不断实现教学目标的过程。

2.3.4　生源状况研究

在我国,由于长期以来地区经济发展不平衡,各地教育水平存在较大差异,相应地,外语教学水平也存在较大的地域差异,农村生源与城市生源升入大学后在外语水平上表现出明显的不同。[1] 生源状况研究逐渐成为外语教学质量研究中的一个重要主题。从图 2.3 的学者共现图谱及作者发文整理结果看,生源状况研究比较有代表性的学者如汪家扬和李俊峰、夏纪梅、朱荫成、王汉英、肖平平、肖新英、许燕、孙毅等。

汪家扬和李俊峰认为,我国大学外语教学对象均为成年人,由于生源结构差异,教学时数不同,大学外语教学无法达到既定的目标,因此,大学外语教学质量研究需要关注生源结构的差异,尤其是学生在基础知识、学习策略、听说能力和应用能力等方面的不同,遵从学生的认知规律和外语教学规律,稳步推进外语教学改革。[2] 中山大学夏纪梅指出:大学外语是一门公共课,修这门课程的人数众多,由于不同学生的基础知识、

---

[1]　陈葆、陈艳辉.城乡大学生英语基础与四级成绩的相关研究[J].中国成人教育,2005(06);101.

[2]　汪家扬、李俊峰.深化大学英语教学改革,进一步提高大学英语教学质量[J].外语界,1995(02);34—39.

学习方法、学习动机不同,学习效果也是参差不齐;从教育学的角度看,教师是教学行为的施予者,学生是教学行为的接收者,施予者在提供服务时需要了解接受者的状况以及接受者是否需要这一服务;从市场营销的角度看,重视学生对教学服务的购买欲和购买力,提供的教学商品是否能使本研究服务的对象有接受的欲望和行动是教学成败的关键。① 教学质量归根结底是教学对象的质量,牢固树立"以生为本"的理念、关注生源的差异是提高外语教学质量的基本前提。由于我国幅员广阔,各地区生源状况差异较大,即使是同一所学校,不同学科、专业、年级生源的外语水平也不尽相同,因此,大学外语教学需要因地制宜、因人制宜。中国石油大学朱荫成认为:生源不同,学习态度、基础知识、听说水平、运用能力、自学能力都有显著差异。② 华中科技大学王汉英和张红梅通过学生对 EFL(英语作为第二外语)课堂交际模式的认知对大学英语教学质量影响的研究,认为生源认知水平的差异是影响外语教学效果的主要原因,同时指出大学外语教学应该充分考虑生源认知模式的差异,使中学阶段和大学阶段的外语课堂教学模式有效衔接。③ 肖平平、肖新英、许燕通过农业地区的大学外语教学质量与生源关系的分析,认为随着高校的扩招,生源结构发生了巨大的变化,落后地方学校的生源逐渐变成本地考生、发达地区考生、老少边穷地区考生并存的生源结构,生源结构的改变对外语教学质量产生极大的影响,如何保证和稳步提高外语教学质量,需要充分重视来自不同地区的生源在外语基础知识、学习方法、学习动机、应用能力等方面的不同,有针对性地实施差异化、个性化教学。④ 山东大学孙毅提出,各高校要打破"千人一面"的外语教学模式,充分考虑生源地经济发展水平的不同,地理位置的差异、教育传统的区别,外语教学不能盲目套用国家标准,要因地、因时、因人而异,根据学生的基础

① 夏纪梅.影响大学英语教学质量的相关因素[J].外语界,2000(04):3—4.

② 朱荫成.分析提高大学英语教学质量的有效途径[J].广西大学学报(哲学社会科学版),2007(S2):182.

③ 王汉英,张红梅.学生对 EFL 课堂交际模式的认知对大学英语教学质量影响[J].高等工程教育研究,2008(S1):38.

④ 肖平平,肖新英,许燕.农业地区的大学外语教学质量与生源的关系分析[J].农业考古,2007(06):404.

知识、学习方法、学习动机、应用能力、自学能力等方面的不同制定符合本地和本校有利于学生发展的标准。①

高校扩招持续多年,高等教育入学率提高,更多的学生有机会接受高等教育,但是学校生源的质量出现不同程度的滑坡已经成为共识。固然,外语教学的生源差异一方面是由于外语教育资源配置存在的城乡差异所致,而更多的是由生源自身的因素差异引起,如上述研究提到的基础知识差异、学习方法差异、学习动机、听力能力、应用能力、自学能力等的差异等等,各种因素交织在一起,使提高外语教学质量难以在短时间内见到成效。

2.3.5 社会服务研究

高质量外语教学的重要标志就是服务经济、社会发展能力的增强,由于各高职院校所处的地理位置不同,各地对外开放水平、行业、企业、产业结构存在较大差异,各学校办学定位的不同,导致外语教学的方向、目标不完全一样,服务经济社会发展的能力存在差异。戴炜栋认为,我国的外语教学质量明显滞后于形势的要求,随着我国改革开放步伐的加快,社会对外语人才的需求不仅在数量上日益增大,而且在质量、层次和种类上均提出了更高的要求,外语教学需要根据社会需要,因材施教,培养出不同层次、不同专业和不同种类的外语人才,以此实现服务社会的承诺。② 从图2.3的学者共现图谱及作者发文整理结果看,社会服务研究比较有代表性的学者如张可任、桂诗春、钟美荪、戴炜栋、张雪梅、彭青龙等。

张可任就现在的外语教学质量与"文革"前的外语教学质量比照,认为不改变当前的外语教学体制,而只是停留在教学方法上的修修补补上,很难超过"文革"前的外语教学水平,因此,解决当前外语教学效率不高的问题,最根本的路径就是对外语教学体制进行改革,使之与社

---

① 孙毅.高等学校商务英语专业本科教学质量国家标准的地方性解读:国标与校标的对照[J].外语界,2016(02):51.

② 戴炜栋.我国外语专业教育60年回顾与展望[J].中国外语,2009(05):10—13.

会需求高度匹配。① 关于如何使外语教学与社会需求相衔接,钟美荪认为,首先,专业设置需要在市场资源配置的前提下,考虑特定地区、特定行业的特定需求。其次,教学标准需要考虑就业单位或者劳动力市场对工作过程、工作岗位的要求。再次,课程建设有必要考虑与工作环节、社会实践环节对接。最后,人才培养注重分类和分层次人力资源的要求,使应用型、职业型学校与普通高校实现匹配协同发展。② 上海交通大学彭青龙也提出类似的观点,认为外语教学质量标准的制定必须紧密结合本地区社会经济发展需要,体现于专业设置、教学标准、课程设置和人才培养标准制定过程中。③ 由于外语学科本身偏重理论层次,要做到完全与社会需求对接存在一定困难。对此,桂诗春认为,鉴于外语学科的特点,如果从社会语言学的视角出发,外语教学存在两个基本指向,一是课程设置的专门化,即"为实现特定目标的外语教学"(简称 ESP: English for Special Purposes),以较短的时间获得更大的效果;二是课程大纲的功能化,即摆脱教学大纲的条条框框,采取有意义的情景教学达到教学语境化(contextualization)。根据这两条基本指向,外语教学不仅可以做到早出人才、快出人才,而且可以通过语境化教学服务一定的社会需求。④ 上海外国语大学戴炜栋、张雪梅认为:必须尽快建立起适应外语学科教学的质量保障体系,该体系可以由教学标准、评估标准和专业测试三部分立体式组成,在指标设计上尽可能做到与社会充分需求充分对接。⑤

　　上述研究可以进一步归纳为四个层面的对接。层面一,外语专业设置与社会需求对接。层面二,教学标准主动与工作过程对接。层面三,

① 张可任.谈外语院校的培养目标与提高教学质量的关系[J].外国语文教学,1980(02):2.
② 钟美荪.实施本科教学质量国家标准,推进外语类专业教学改革与发展[J].外语界,2015(02):2—6.
③ 彭青龙.论《英语类专业本科教学质量国家标准》的特点及其与学校标准的关系[J].外语教学与研究,2016(01):116.
④ 桂诗春.开展应用语言学研究 努力提高外语教学质量[J].外国语(上海外国语学院学报),1979(01):57.
⑤ 戴炜栋,张雪梅.英语专业教学测试、英语专业教学发展及教学质量监控体系[J].外语测试与教学,2011(01):25.

课程体系与工作环节对接。层面四,人才培养规格与社会对人力资源的要求对接。因此,高职院校外语教学应该立足区域经济和社会发展的需要,服务区域优势进出口行业和产业,培养具有鲜明的外语特色、熟悉生产、服务、建设、管理一线工作过程的技术、技能型专门人才,为区域经济社会发展提供人才支撑和智力支持。戴炜栋认为,外语教学与社会对接,关键是根据我国加入世贸组织以后面临的新形势和国家对各类高、精、尖外语人才的需求,加紧制订具有前瞻性的外语教学发展规划,保障外语教学质量;另外,高、精、尖外语人才固然受到各用人单位欢迎,但业务过硬的中级应用型外语人才也是必不可少的,在这方面,高职院校外语教学应该有所担当。[①]

2.4 外语教学质量的维度结构

鉴于前文已经对外语教学质量的基本概念和研究现状进行了分析,但是外语教学质量的结构如何,由哪些维度组成仍然是一个谜团。结合本书的研究目的,本研究拟对外语教学质量的维度结构作更为深入和细致的论述。

2.4.1 外语教学质量的双维结构

外语教学质量的双维结构在语言测试的心理测量—结构主义方法(The Psychometric-structural Approach)时期最为流行,学者们习惯于把外语教学质量等同于外语能力的获得程度,将外语能力拆分为语言技能和语言成分两个维度,前者包括听、说、读、写、译等活动,后者包括语音、词汇、语法等语言要素,而听、说、读、写、译等语言技能层面的活动都要涉及语音、词汇、语法等语言要素,这样就形成了语言技能和语言成分交织而成的外语教学质量双维结构。

双维结构的主要代表人物是卡罗尔(Carroll B J),他于 1980 年在 *Testing Communicative Performance: An Interim Study* 一书提出了

---

① 戴炜栋.立足国情,科学规划,推动我国外语教育的可持续发展[J].外语界,2009(05):8.

语言能力分为语言技能和语言成分两个维度的理论,由于其重视听、说、读、写、译等语言活动过程中对各种语言成分的理解与运用,对外语教学的评价产生了极其重要的影响,意味着外语教学质量的高低可以通过测试学生掌握语言技能和语言成分的情况予以判断。[①] 卡罗尔的双维结构测量 10 个方面的内容,分别是:语言结构知识(句法和形态学)、词汇使用知识(词汇和惯用语)、语音辨识(音素、音位和超音段特征)、语言表达(音素、音位和超音段特征)、朗读(把符号转换成声音)、书写(把声音转换成符号)、听力理解质量(速度和准确度)、口语表达质量(速度和准确度)、阅读理解质量(速度和准确度)、写作质量(速度和准确度)。

2.4.2　外语教学质量的三维结构

如表 2.2 所示,国际著名学者巴克曼(BACHMAN L F)从语言角度提出了外语教学质量的三维度结构模型,即学习者外语能力由语言能力(Language Knowledge)、策略能力(Strategic Competence)和生理心理机制(Psycho Physiological Mechanisms)三个维度构成,语言能力维度包括施为能力、语法能力(词汇、词素和句法)、社会语言能力和语篇能力;策略能力包括评价、计划和实施;生理心理机制包括模态、接受、产出、通道和口语等五部分内容。[②] 普遍认为,巴克曼的三维结构划分更为科学,实践中使用最广,影响也最大,被公认为制定语言教学标准的重要参考框架。英格拉姆(INGRAM D E) 和怀利(WYLIE E C)分别从真实的语言运用出发,借鉴多个机构量表,对完成任务需要具备的语言水平进行分级,最终形成了由语言交际能力、社会语言能力和职业外语能力等 3 个维度构成的量表。其中,语言交际能力维度主要测试第二语言听、说、读、写四项技能对日常生活需要的满足程度;社会语言能力维度主要测试四项技能对简单的社交活动和日常事务的满足程度;职业外语能力维度主要测试四项技能对职业领域的需要和大部分正式及非正式

---

① CARROLL B J. Testing Communicative Performance: An Interim Study[M]. Oxford: Pergmamon Press,1980:48 - 71.

② BACHMAN L F . Fundamental Considerations in Language Testing[M]. Oxford: Oxford University Press,1990:146 - 179.

场合交际需要的满足程度。英格拉姆和怀利提出的维度经过数次的信度和效度的验证,比较成熟,对本研究有重要的参考价值。[1][2]

表 2.2 外语教学质量的三维结构

学者及文献	维度构成
Bachman L F(1990)	语言能力、策略能力、生理心理机制
Ingram D E(1989) Wylie(2002)	语言交际能力、社会语言能力、职业外语能力

如表 2.3 所示,在我国,外语教学质量的维度的主要体现在各级各类学校外语教学大纲和教学指南等政策性文件之中。就普通高校而言,20世纪 60 年代的语言政治化大纲、20 世纪 80 年代初期的结构主义大纲、20 世纪 80 年代中期的功能主义大纲、20 世纪 90 年代的交际语言能力大纲和进入新世纪 2004 年、2007 年、2015 年统一的大学英语课程《要求》和《指南》等,都对外语教学要达到的要求(标准)有明确的规定,部分地反映了外语教学质量的维度结构。1962 年,教育部颁布了我国第一本《英语教学大纲(试行草案)》,将培养学生的科技阅读能力、普通翻译能力和科技写作能力作为衡量外语教学质量高低的标准,受当时国内政治形势和外语师资、教学设施的限制,大学外语课程处于多头指挥、管理涣散的状态,《大纲》对全国大学英语教学的指导、规范和管理作用极其有限,外语教学的要求并未完全达到;从 1980 年到 1986 年,高校外语教学大纲规定了外语教学在听、说、读、写、译等基础知识方面达到的具体标准,体现了外语教学质量的内适性要求,表现出重知识传授而轻能力培养的特征;从 1999 年开始,伴随着我国社会经济结构的大调整以及高等学校向多学科、综合化方向发展步伐的加快,大学外语教学逐渐改变过去"重知识掌握、轻能力培养"的倾向,开始重视外语交际能力、综合应用能力和外语自主学习能力的培养,反映了国家对外语教学质量的重视。总体上看,从 1962 年到 2017 年,教育部共颁发 8 个大学外语教学大纲,

---

① INGRAM D E. An Introduction to the Australian Second Language Proficiency Ratings [J].Competency Based Education,1979 ;57.

② WYLIE E C. An Overview of the International Second Language Proficiency Ratings (ISLPR) [C/OL].http:// www. griffith. edu.au/center/call/content4.html.1999 - 12 - 25.

对我国外语教学在不同时期要达到的要求都做出了具体的规定,如果说这些规定体现了外语教学质量的结构维度,那么这些维度仍然只是从外语学科出发,并没有从质量的角度出发,还没有上升到对满足个人需求和国家需求的层面。因此,这个所谓的"三维结构"模式仍然需要进一步的论证。

表 2.3 普通高校外语教学大纲所体现的质量维度表

年度	文件名称	所体现的质量维度
1962	《英语教学大纲(试行草案)》	科技阅读能力、普通翻译能力、科技写作能力
1980	《公共英语教学大纲(理工科)》	阅读能力、写听能力、翻译能力
1985	《大学英语教学大纲(高等学校理工科本科用)》(85)教高一字 004 号	阅读能力、听译能力、写说能力
1986	《大学英语教学大纲(高等学校文理科本科用)》(86)教高一字 010 号文件	阅读能力、听的能力、写说能力
1999	《大学英语教学大纲(修订本)》(高等学校本科用)	阅读能力、听说写译能力、信息交流能力
2004	《大学英语课程教学要求(试行)》教高厅〔2004〕1 号	英语综合应用能力、交际能力、自主学习能力
2007	《大学英语课程要求》教高厅〔2007〕3 号	英语综合应用能力、交际能力自主学习能力
2015	《大学英语课程指南》教高厅〔2015〕3 号	英语综合应用能力、交际能力自主学习能力

2.4.3 外语教学质量的多维结构

如表 2.4 所示,卡纳莱(CANALE M)从语言的角度提出了外语水平四维度模型,即语法能力(Grammatical Competence)、社会语言能力(Socio-linguistic Competence)、话语能力(Discourse Competence)和策略能力(Strategic Competence),其中,语法能力维度包括词汇、语言规则、造句、读写、读音和拼写;社会语言能力指的是形式和意义的得体性;话语能力包括连贯和一致;策略能力指的是言语的修辞效果。[①]布罗什

---

① CANALE M. From Communicative Competence to Communicative Language Pedagogy [A]. Richards J C and Schmidt R.W.Language and Communication[C].London:Longman.1983.

(BROSH H)从外语有效教学的角度提出五维度模型,内容包括互动、教学方法、组织、兴趣与注意和个性;① 热内斯和厄普舍(GENESSE F, UPSHUR J A)则提出十维度模型,内容包括对学生的影响、信息处理、教师效能、师生关系、小组互动、教学难度、教学结构、反馈、学生参与度和综合评价。②

表 2.4 外语教学质量的四维结构

学者及文献	维度构成
CANALE M (1983)	语法能力、社会语言能力、话语能力、策略能力
BROSH H(1996)	互动,教学方法,组织,兴趣与注意,个性
GENESSE F, UPSHUR J A(1996)	对学生的影响、信息处理、教师效能、师生关系、小组互动、教学难度、教学结构、反馈、学生参与度和综合评价
NORTH B, SCHNEIDER G	口语任务、理解能力、互动策略、口语质量

诺斯和施耐德(NORTH B, SCHNEIDER G)在 *Scaling descriptors for language proficiency scales* 一文中采用 Rasch 等级量表(Rasch rating scale model)将外语教学需要达到的标准分为口语任务、理解能力、互动策略和口语质量等 4 个维度③,各个维度的内容如下。

口语任务维度包括七个方面的内容。能获取和处理日常生活中的琐事;能提供并解释相关信息;能在话语互动或者咨询中采取行动,或者转向其他话题(依据交际的需要);能进入一个陌生的、但事先未充分准备的话题,并能作简单地介绍;能保持一段时间的对话或讨论,但是很难准确表达自己的喜、怒、哀、乐等情感;能以一种简单的形式组织一个活动,探讨感兴趣的话题,表达同意、不同意、观点和信仰;能寻找和回应自己所熟悉的观点,能描述自己的家庭成员、教育背景、现在的工作状况。

---

① BROSH H Perceived characteristics of the effective language teacher[J]. Foreign Language Annals,1996,29(2): 127.

② GENESSE F, UPSHUR J A. A Classroom-based Evaluation in Second Language Education[M]. Cambridge :Cambridge University,1996.

③ NORTH B, Schneider G. Scaling descriptors for language proficiency scales [J]. Language Testing, 1998 (15): 217 – 262.

　　理解能力维度包括三个方面的内容。能整体上理解一个自己所熟悉的、简洁而标准化的演讲;能理解母语者意思清楚、简单、没有口语化表达和复杂信息的发言;能听懂演讲者进一步的转换和解释。

　　互动策略维度包括六个方面的内容。能自然地参与对话和讨论;能重复别人的观点使话题持续进行下去;能将一些常规术语按照关键词顺序进行澄清;能改变或者整合一种新的表达,要求获得反馈;能用一些简单的单词或者短语传达个人希望获得纠正的概念;能够准确定义他人不容易记住的某些概念或者某些特征,当别人混淆了时态和某些表达,个人有纠偏的意识。

　　口语质量维度包括十个方面的内容。尽管语法问题和词汇问题修补现象明显,但是谈话持续进行;能够流畅地表达自己的观点;能处理熟悉环境下不可预测的因素;能在结构化的环境下就话题进行互动;能将短小而离散的元素连接成一组连贯的话语;具备基本的语言知识可以处理日常的琐事,但是通常情况下会选择使用更好的语句表达意义;有足够的词汇处理日常琐事和熟悉的话题;能够准确地使用一些简单的结构,但是在整体上出现一些错误;有规则意识,但是很难辨识语调的细微差别,很难做出合理回应;有正式和非正式区别的概念,但是很难区分出对方正式或者非正式的元素。

　　卡纳莱和诺斯等学者的维度分析对于制定外语教学质量标准提供了很好的参照和借鉴,对语言教学也有一定的意义,但是,这些维度仍然只是从语言本身出发,对语言的价值与功能,尤其是对语言服务个人需求和社会需求考虑较少,因而并未反映外语教学的本质;布罗什和热内斯等学者从语言教学的角度提出的维度比较接近外语教学内适性质量和外适性质量,但对个适性质量考虑欠缺,仍然显得零碎,概括性不够。

　　在国内,本研究通过对教育部2000年和2010年颁发的高职高专外语课程要求的梳理,发现高职高专外语经过教学近二十年的发展,已经初步形成了一个相对稳定的四维度结构体系(见表2.5)。其中,2000年《高职高专教育英语课程要求》体现了高职院校外语教学质量的四个维度,即外语教学质量由基础知识;英语技能;口头和书面交际;听、说、读、写、译能力等组成;2010年《高等职业教育英语课程教学要求》体现的四个维度分别为:外语运用能力、综合文化素养、跨文化意识和自主学习能力。从外语教学质量的概念出发,2000 年的《要求》仅停留在外语学科知识层面,仅反映了外语教学质量的内适性要求,对外适性要求和个适性要求涉及较少。2010 年的《要求》完全打破学科知识维度,突出跨文化意识的培养,将职场和行业背景下外语应用能力和自主学习能力作为衡量标准,有利于培养学生的外语综合应用能力,为个人就业竞争力和可持续发展能力打下必要的基础,符合高职院校培养高素质技能型人才的总目标,与新时期国家对高职院校外语教学的总体要求较为一致,为本书最终确定外语教学质量的维度提供了重要参考。

表 2.5　我国高职院校外语教学大纲所体现的质量维度表

年度	文件名称	所体现的质量维度
2000 年	《高职高专教育英语课程要求(试行)》	基础知识、英语技能、口头和书面交际;听、说、读、写、译能力
2010 年	《高等职业教育英语课程教学要求》	职场外语运用能力、综合文化素养、跨文化意识、自主学习能力

总体上,在外语教学质量结构维度的研究方面,语言能力和策略能力这两个构想比较成熟,是国外学者普遍接受的维度,其他维度:如语法能力、理解能力等,仅出现在个别研究中,在理论研究和实证结论层面没有得到普遍认同;从国内情况看,本科高校和高职院校虽然办学类型不一致,生源结构存在极大差别,但是对外语教学的要求并没有实质性的差异,都体现了从外语基础知识的获取向外语听、说、读、写、译五项能力,交际能力、应用能力和自主学习能力演进的轨迹,但是这些要求(维度)仅从外语学科出发,尚未从质量本身出发,还没有完全触及外语教学质量的本质,因而有进一步研究的必要。

通过对反映外语教学质量结构维度相关文献的回顾,本研究基本明确了外语教学质量的维度范围,由于这些维度与本书关于外语教学质量概念的界定存在出入,因此不能直接套用既有学者和相关机构的维度,或者简单地对其维度进行取舍,而是要在合理借鉴既有研究成果的基础上,根据我国高职院校外语教学的具体情况,科学、合理地提炼属于高职院校外语教学质量的组成维度,因此,未来有待于深入研究。

2.5 外语教学质量的影响因素

影响外语教学质量的因素很多,学者们并未达成一致的意见。本研究采用科学知识图谱的方法获得影响外语教学质量的关键因素,步骤如下。

第一步:数据收集。

本研究以美国科学情报研究所 ISI 开发的数据库 Web of Science 核心合集(SCI-EXPANDED,SSCI,A&HCI,CPCI-S,CPCI-SSH,ESCI,CCR-EXPANDED,IC)为数据源,通过构造如下检索式:标题:(foreign language teaching) OR 标题:(foreign language learning) OR 标题:(foreign language teaching and learning) OR 标题:(the second language teaching) OR 标题:(the second language learning) OR 标题:(the second language teaching and learning) OR 标题:(foreign language instruction) OR 标题:(the second language instruction) OR 标题:(L2 learning) OR 标题:(L2 teaching) OR 标题:(L2 teaching and learning) OR 标题:(FL teaching) OR 标题:(FL learning) OR 标题:(Teaching of Foreign Languages) OR 标题:(Teaching and learning of Foreign Languages) OR 标题:(learning of Foreign Languages),设置时间跨度"Timespan"= from 1996 to 2016,时间切片(Time Slicing)为一年,以 cited author(被引作者)作为数据处理的节点类型,经过数据清洗,共获得该领域核心论文为 2053 篇,检索时间为 2016 年 12 月 1 日。Citespace 5.0 参数配置及网络运行结果见表 2.6。

表 2.6 参数配置及网络运行结果

时间切片	节点阈值	空间总量	节点数	空间连线总量	时间切片	节点阈值	空间总量	节点数	空间连线总量
1996	Top50	5	5	10/10	2007	Top50	418	50	88/88
1997	Top50	10	10	20/45	2008	Top50	613	50	100/231
1998	Top50	290	50	100/205	2009	Top50	825	50	100/226
1999	Top50	165	50	100/160	2010	Top50	1121	50	100/201

续　表

时间切片	节点阈值	空间总量	节点数	空间连线总量	时间切片	节点阈值	空间总量	节点数	空间连线总量
2000	Top50	178	50	100/196	2011	Top50	1715	50	100/371
2001	Top50	113	50	100/198	2012	Top50	1616	50	100/347
2002	Top50	271	50	100/218	2013	Top50	2490	50	100/294
2003	Top50	228	50	100/244	2014	Top50	2484	50	100/291
2004	Top50	139	50	100/134	2015	Top50	4734	50	100/463
2005	Top50	218	50	100/174	2016	Top50	3598	50	100/555
2006	Top50	151	50	87/87					

第二步：数据分析。

运行 Citespace 5.0 软件，绘制该领域的高被引学者知识图谱（见图 2.5），然后按图索骥，运用 Google 学术镜像搜索工具，结合本书的研究内容及研究目的，进一步获得学者的高被引文献（见表 2.7）。

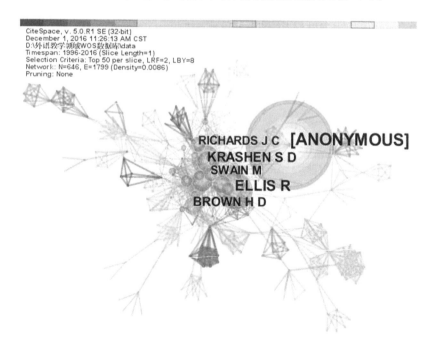

图 2.5　外语教学领域高被引学者知识图谱

（备注：ANONYMOUS 为文献未署名的高被引学者群）

表 2.7 外语教学领域高被引文献

学者	论著题目	文献来源	被引次数
Krashen S D (1982)	Principles and practice in second language acquisition	Pergamon on Press Ltd.	13642
Ellis R (1994)	The Study of Second Language Acquisition	Shanghai Foreign Language Education Press	17860
Swain M (1995)	Three functions of output in second language learning	Oxford University Press	3503
Brown H D (2000)	Principles of language learning and teaching	Prentice-Hall	14851
Richards J C (2004)	Approaches and methods in language teaching	Cambridge University Press	9777

另外,通过对国内 2720 篇文献的分析与整理,本研究发现国内已有作者对外语教学质量的影响因素进行过专题研究(见表 2.8),这为本研究作出正确判断提供了重要参考,从而为最终确定外语教学质量的影响因素提供重要的理论依据。

表 2.8 外语教学质量的影响因素专题研究文献整理

学者	论文题目	文献来源
夏纪梅(2000)	影响大学英语教学质量的相关因素	《外语界》
王初明(2001)	正确认识外语学习过程是提高外语教学质量的关键	《外语与外语教学》
王瑞芝等(2003)	影响提高外语教学质量的几个因素	《清华大学教育研究》
易红(2003)	外语教学质量的影响因素及其提高途径	《新疆大学学报(哲学社会科学版)》
杨先明等(2004)	大学英语教学质量的影响因素分析	《武汉科技学院学报》
肖辉等(2004)	影响大学英语教学质量之相关因素的实证分析	《江苏外语教学研究》

续　表

学者	论文题目	文献来源
周成俊(2005)	澳门私立中文中学英语教学质量的影响因素与校本管理对策	华南师范大学硕士学位论文
杜鹃(2008)	大学英语教学质量保障体系研究	武汉理工大学硕士学位论文
闫秀霞等(2013)	高等学校专业英语教学质量影响因素的实证研究	《山东理工大学学报(自然科学版)》
徐福文(2013)	高职公共外语教学质量的影响因素及增效策略	《无锡商业职业技术学院学报》

通过对国外该领域 5 位高被引作者的文献挖掘以及国内 10 篇专门研究外语教学质量影响因素的文献分析,进一步提取共核要素(见表 2.9),获得了影响外语教学质量的 5 个重要因素,分别是:外语教师发展、外语学习环境、课堂教学过程、教学质量评价和外语学习动机。相关研究成果在 2.5 节剩余部分加以综述。

表 2.9　外语教学质量的影响因素文献整理

学者	外语教师发展	外语学习环境	课程设置	教材编写	课堂教学过程	教学方法	教学质量评价	母语	情感	外语学习动机
Krashen (1982)		√			√	√		√	√	√
Ellis (1994)	√	√	√		√		√	√		√
Swain,1995	√	√		√			√			√
Brown,2000	√	√							√	√
Richard (2004)	√						√	√		√
夏纪梅(2000)	√	√	√	√	√	√	√			
王初明(2001)								√	√	
王瑞芝等(2003)	√	√			√	√				
易红(2003)	√	√								
杨先明等(2004)		√			√		√			
肖辉等(2004)	√	√	√				√			√

续　表

学者	外语教师发展	外语学习环境	课程设置	教材编写	课堂教学过程	教学方法	教学质量评价	母语	情感	外语学习动机
周成俊(2005)		√		√						√
杜鹃(2008)	√	√	√		√	√				
闫秀霞等(2013)	√				√		√			
徐福文(2013)	√				√	√	√	√		

2.5.1　外语教师发展研究

一般认为,外语教师发展就是外语教师通过理论学习和实践,使教师职业知识、教育知识和教学能力不断发展,教育教学水平持续提高,并不断走向规范化、专业化的过程。有学者认为,教师发展是在实践基础上的整体性和内部性反思,并通过借鉴他人的经验和理论达到规范化、专业化的目的[①];还有学者认为,外语教师专业发展是指教师完成职前准备后所参加的专业发展培训和教学指导实践经验的组合,一般需要借助他人和社会的力量完成再培训和再教育最终达成依靠自我资源实现发展的目标。[②] 受上述观点的启示,本书认为,外语教师发展就是外语教师以自我发展的内部需求为发展动力,在外部制度安排下通过专业实践、自我反思使自身的专业水平、实践能力和教学技能持续改进和不断完善的过程。

相关研究一方面强调发展过程的内生性和自觉性,由教师本人根据职业和专业发展需要,激发教师内部的成长动力,自觉发展,自我发展,本质上是教师内在知识结构不断更新、演进和完善的过程,也是教师内在素质的拓展和规范化、专业化意识养成的过程。[③] 而这个过程往往不

---

① LISTON D P, Zeichner K M. Reflective teaching: An introduction[M]. Routledge, 2013.

② WALLACE M J. Action research for language teachers[M]. Ernst Klett Sprachen, 2006.

③ 叶澜等.教师角色与教师发展新探[M].北京:教育科学出版社,2001:16—28.

是外在强制的,需要外语教师本人在教学生涯发展过程中通过心理体验获得,需要教师自觉按照规范化、专业化的要求把握课程内容、理解教学本身的知识以及对教学法的掌握①,是外语教师的智力、思维、经验和知识可持续发展和综合素质拓展的过程。②另一方面突出发展内容的丰富性和全面性,教师发展既包括知识结构的不断完善和专业素养的不断提升,又包括职前职后、多领域、多方向的发展。华莱士(WALLACE M J)认为,教师发展已经形成多种发展模式,如技艺型模式(the Craft Model)、应用型科学模式(the Applied Science model)和反思型模式(the Reflective Model),这些模式通过实践与反思的不断循环,使原来的理论知识和实践经验不断冲撞和萃取,从而获得专业化的职业能力。③

此外,部分研究还指出外语教师发展制度的强制性和目的性,教师发展不能仅仅靠教师自发式发展,还需要外部环境的强制性推动,助推教师知识积累和技能提高,从而适应一定阶段经济、社会发展的需求。有学者从外在的制度和体系安排如何推动外语教师职业成熟的角度对外语教师发展进行研究,认为外语教师应该适应教书育人的新观念、新要求,主动接受职业再教育或者再培训,从而获得专业发展和职业走向成熟④;也有学者从教师之间合作的视角研究教师专业发展,认为教师发展的关键模式在于教师之间的合作发展或者称共同发展,目的在于激发教师的发展意愿,夯实教师的发展能力,保证教师发展的可持续性,有利于学校教育教学改革朝有利于教师、有利于学校和有利于社会的方向

---

① SHULMAN,.Knowledge and teaching: Foundations of new reform[J]. Harvard Educational Review,1987: 1 - 22.

② LANGE D L. Implications of theory and research for the development of principles for teaching and learning culture in second language classrooms [J]. Culture as the core: Perspectives on culture in second language learning, 2003: 271 - 325.

③ WALLACE M J. Training foreign language teachers: A reflective approach[M]. Cambridge: Cambridge University Press, 1991.156 - 165.

④ FREEMAN D. The hidden side of the work: Teacher knowledge and learning to teach. A perspective from North American educational research on teacher education in English language teaching[J]. Language teaching, 2002, 35(1): 1 - 13.

发展。①

2.5.2 外语学习环境研究

关于外语学习环境的称谓,国内外似乎没有做出严格的区分,有学者称外语学习环境,有学者称外语教学环境,有学者称外语课堂环境,为讨论方便,本书将这三种提法统一归并为外语学习环境。有学者认为,外语学习环境是外语学习者学习和使用目的语国家和社团语言的环境,表面上看是语言环境,本质上是认知语境,是语言发生的心理环境②;也有学者认为,外语学习环境本质上还是语言环境,即学习者接触目的语的语境③;相对而言,斯特恩(STERN H)的定义较为全面,他认为,外语学习环境就是指学习者学习和使用目的语的环境,与学习者母语环境形成对比,往往需要学习者或者使用者发挥主观能动性主动去掌握。④

著名语言学家克拉申(KRASHEN S D)指出:外语学习不能没有语言环境,离开语言环境,学习者可理解性输入的数量和质量都会不同程度地受到影响,外语学习的效率会大打折扣。⑤关于外语学习环境的研究集中在以下三个方面。

其一,相关研究强调学习任务在建构外语学习环境中的重要性,在解决任务的过程中,充分发挥教师作为引导者的功能,调动学生参与任务解决的积极性,从而形成具有平等性、开放性和挑战性的学习氛围,激发学生的求知欲和创新精神。斯特恩认为,外语学习环境可以视为教育环境和语言环境组合,其主要任务就是教师合理分配学习任务,让学习

---

① HARGREAVES A. Mixed emotions: Teachers' perceptions of their interactions with students [J].Teaching and Teacher Education,2000,16(8):811 - 826.

② LINDFORS J W. The classroom: A good environment for language learning[J]. Enriching Esol Pedagogy: Readings and Activities for Engagement, Reflection, and Inquiry, 2002: 303.

③ BIALYSTOK E. Bilingualism in Development: language, literacy and cognition[M]. Cambridge: Cambridge University Press,2001.

④ STERN H.Fundamental Concepts of Language Teaching[M]. Shanghai:Shanghai Foreign Languages Education Press,2003.

⑤ KRASHEN S D. Second Language Acquisition and Second Language Learning[M].Oxford: Pergamon,1981.

者在现代网络环境下了解和吸收国内外最新的语言信息,给学习者提供充分的语言训练和语言使用的机会,从而增加学习者的语言自信和语言素养。[①] 但是,在外语学习环境的营造中,教师的作用绝不仅仅是布置学习任务,而是尽可能地为学生提供诸多的学习条件和使用机会,如为学习者提供国外社会关注的有价值的信息等,使学生获得较为理想的外语环境。

其二,相关研究强调学习者平等参与课堂环境营造的重要性,关注促进外语学习者语言发展的各种支持条件。关于课堂参与,舒曼(SCHUMANN J H.)认为,外语学习环境对于外语学习的重大意义在于它为语言学习提供了内容丰富的语言材料和训练场所,为目的语学习者平等参与课堂获得充分的反馈和矫正的机会,可以进一步适应目标语社团或群体的文化,从而使语言学习得到不断的强化并逐渐巩固[②]。关注师生之间的平等对话与沟通对师生双方认知、动机、情感等精神环境的构建具有重要意义,不仅师生交流应该在具体的语言环境中进行,而且课堂教学必须同时考虑两种紧密联系的关系,即语言关系和环境关系。[③]有学者认为,语域是语言在不同场合产生的变体,是语言发生的场域和语言风格的集合,任何课堂参与都应该在语域中,即具体的文化环境中进行。[④]

其三,关注外语学习环境的各种支持条件。首先是情景支持,海姆斯(HYMES D H)认为,外语学习环境属于语言环境的范畴,对其概念的理解必须建立在语言环境的基础之上,而语言环境的构成极其复杂,

① STERN H.Fundamental Concepts of Language Teaching[M]. Shanghai:Shanghai Foreign Languages Education Press,2003:76 - 112.

② SCHUMANN J H.The pidginization process:a model for second language acquisition [M].Rowley,MA: Newbury House,1978:3 - 15.

③ FIRTH A,Wagner J. Second/foreign language learning as a social accomplishment:Elaborations on a reconceptualized SLA[J]. The Modern Language Journal, 2007, 91(s1): 800 - 819.

④ HALLIDAY M A, Hasan R. Language, context, and text: Aspects of language in a social-semiotic perspective[J].Tesol Quaterly,1980,21(2):353 - 359.

需要根据不同的情景确定其核心构成。[①] 有学者认为,在所有的支持条件中,教师支持最为关键。外语教师需要积极转变角色,意识到外语不是教师"教"出来的,而是学生通过自己"学"出来的,虽然教师的作用不能被无限放大,但是教师的支持作用需要得到进一步的发挥,例如教师可以为学习者创造外语学习的环境,引导学生学习,外语学习的效率就会提高[②]。庄文中认为,教师本人及其教师对学生差异的重视是营造语言学习环境需要关注的重点。教师本人的因素主要是教师的语言素养、知识结构和道德情操等;学生的差异主要体现在学生的自学能力差异、学习兴趣差异和语言思维差异,教师教学的个性化和学生学习的个性化在创设外语学习空间,促进学生认知、动机、情感长远发展有重要意义。[③]

2.5.3 课堂教学过程研究

课堂教学过程是课堂教学中教师的教和学生的学相互作用的过程,是一个从输入、过程、输出到反馈构成的学习链。[④]

广义的教学过程是指学生从报名注册、入学教育、教学准备、课程学习直至毕业实习到最后就业的过程,是一个从输入、过程、再到输出的教学全过程。根据这个过程:如果学校类型相同的不同学校学生的学习效果不同,那么产生这些差异的根源则在于学校输入的不同,学校工作的重点则是找到输入的不同并有针对性地投入。[⑤] 依据这个模式,学校可以通过对学校系统属性的分析,测量输入系统对输出系统带来的变化,反映输入和输出之间的度量关系,为教育政策制定者探测最佳决策方案提供可靠依据。某种程度上,教育领域的输入、过程和输出是一个逐渐

---

① HYMES D H Foundation of Sociolinguistics: An Ethnographic Approach[M].Philadelphia:University of Pennsylvania Press,1974.

② CORDER.Language distance and magnitude of learning task[J].Studies in Second Language Acquisition,1978: 27 - 36.

③ 庄文中.师教学语言的功能、语言环境和基本要求[J].语言文字应用,1994(03):54—58.

④ 李宇明.语言学习异同论[J].世界汉语教学,1993(01):1

⑤ CENTRA J A, Potter D A. School and Teacher Effects: An Interrelational Model[J]. Review of Educational Research,1980,50(2): 273 - 291.

更新的过程,不但可以用来分析作为整体的学校系统的输入和输出,还可以用来分析微观领域的课堂输入和输出,所关心的变量不仅仅是输入和输出变量,而且也包括过程、监控和反馈等干扰变量。[①]

关于输入、过程与输出,克拉申认为,第二语言课堂教学过程中需要加强"可理解输入",即输入学习者能看到、听到和感触到的语言材料,这些材料的难度既不能低于学习者目前掌握到的语言知识,又不能高于现有的知识水平和接受能力,大概与学习者的语言实际状态持平。[②] 束定芳指出:我国大学外语课堂教学过程缺乏创新,课内外教学过程缺乏有效衔接,目标模糊,评估标准不科学也不合理,因此外语课堂教学理论应该关注课堂教学过程的功能、形式、结构和有效评估。[③] 文秋芳在详细阐述外语课堂教学过程中"输出驱动-输入促成假设"理论的基础上,认为外语课堂教学过程中在充分发挥教师的主导作用和学生的主体作用的前提下,通过对输出的分析,制定学习策略,可以在输入过程中促成学生输出目标的实现。[④]

关于监控、反馈与改进,克拉申认为,潜意识语言知识是真正的语言能力的体现,语言学习中获得的知识对潜意识知识的形成起到一种监控作用,对语言能力形成有极大帮助。语言教学过程中的监控是外部组织对语言教学过程的管理和控制,促进语言知识的获得,进而促进语言能力的形成。[⑤] 学者戴运财和戴炜栋指出:我国外语教学不缺输入,而学生输出不高的原因与对教学的反馈有关,因此外语教学应该提供适当的反馈措施才能促进第二语言系统的发展,通过建立反馈机制,促进教师自

———————

① COHN E,Millman S D,Chew,I K.Input-output analysis in public education[M]. Cambridge,MA：Ballinger,1975.

② KRASHEN S D. The input hypothesis：Issues and implications[M]. Addison-Wesley Longman Ltd,1985.

③ 束定芳.继续推进和深化大学英语教学改革[J].外语教学与研究,2014(03)：446.

④ 文秋芳."输出驱动-输入促成假设"构建大学外语课堂教学理论的尝试[J].中国外语教育,2014(02)：3—12.

⑤ KRASHEN S D. The monitor model for adult second language performance[J]. Viewpoints on English as a second language，1977：152－161.

愿改进教学,从而提高教学质量。①

外语学科的特点决定了外语教学的活动是在课堂内进行,课堂教学过程是课堂内的外语教学过程,从形式上看是一个纵向的过程,由教学输入、教学过程、教学输出、教学监控和教学反馈的教学链构成,通过互动达到系统学习知识、掌握技能和提高素养的目的。

2.5.4 教学质量评价研究

一般认为,教学质量评价是指依据一定的教学目标,采用恰当的评价手段,检查教学结果是否达到教学目标、是否满足教学对象发展需求而做出的一种价值判断。通过教学质量评价,教师可以对教学问题产生的来源和需要改进的地方做出判断,从而有针对性地采取一些对策和方法提高教学质量。

关于教学质量评价的研究聚焦两个大的层面:一是教学质量评价的过程性,认为教学活动的过程、教学活动相关的过程以及活动资料和信息的收集过程都是评价的重要内容。教学质量评价就是对教学活动中的各个过程,如课程组织、辅助教学、课堂沟通和教学方法等活动的信息收集、分析和提供的过程。② 不管是对教学活动的评价过程,还是对教学信息提供的过程,教学质量评价都着眼于信息收集的过程、教学优化的过程和决策判断的过程。有学者较为重视语言课堂教学质量评价中的课堂沟通,认为师生围绕问题所在的范围和领域,采用共同的话语体系,使用具体的字、词和句子进行信息传递,因而,语言沟通的效率决定了语言学习质量的高低。③ 有学者比较关注学习结果评价,认为教学质量评价就是对教学是否实现课程和教学大纲所规定的教学目标的评价过程,

---

① 戴运财,戴炜栋.从输入到输出的习得过程及其心理机制分析[J].外语界,2010(01): 23—30.

② CROABACH,L J.Evaluatioa for Course Improvement[J]. New Curricula,1964:233 - 234.

③ LEE J F, VANPATTEN B. Making Communicative Language Teaching Happen. Volume 1: Directions for Language Learning and Teaching[M].McGraw-Hill, Inc.,1995.

学生的学习结果与效果是评价教学质量的重要标准。^① 除了过程性,教学质量评价还具有鲜明的目的性。教学质量评价是事先设定评价观测指标,通过对任务难度、学习负担和学习结果的评价形成教学决策和价值判断,目的在于实施教学质量改进。因此,过程性和目的性是教学质量评价的基本属性。

通过对教学质量评价的过程性和目的性的分析,本研究认为,教学质量评价就是为达到教学目标,依据一定的标准,对教师的课程组织、可提供的辅助支持、课堂沟通、教学方法、学习结果、任务难度和课业负担等是否满足教学对象发展需要所做出的价值判断过程。

2.5.5　外语学习动机研究

20 世纪 60 年代以来,人们对学习者的个体差异加以关注,作为学习者个体差异的一个重要组成要素——学习动机开始引起人们的重视。动机一词不仅在日常生活中,还是在学术研究中都是一个频繁使用的术语,诸如,"做某事的动机,说某话的动机,问题研究的动机等"。动机实际上是人们对自身或者他人言语和行为之所以不同所提供的一种解释。加拿大著名语言学家加德纳(GARDNER R C)从社会心理学学出发,把外语学习动机定义为外语学习者出于语言学习的愿望或者满足实际的需要所作付出的努力达到的程度。^②

加德纳认为,外语学习动机包括融合型动机(Integrative Motivation)和工具型动机(Instrument Motivation)两种,融合型动机是学习者具有融入目标语社团的强烈愿望和兴趣,希望加入目标语社团、了解目标语社团的文化、习俗和生活习惯,通过有效沟通和全方位接触成为目标语社团中的一员;工具性动机是指外语学习者外语学习的工具性价值取向,即把外语作为一门升学、求职和晋升和提高社会地位的中介,通过外

---

① TYLER R W. A rationale for program evaluation[M]//Evaluation models. Springer: Dordrecht,1983: 67 - 78.

② GARDNER R C.Social psychology and second language learning: the role of attitudes and motivation[M].London: Edward Arnold,1985.

语考试、获得外语等级或资格证书是这部分人的外语学习动机。[①]

多内(DORNYEI Z)从主流动力心理学出发将外语学习动机定义为外在的工具性动机和内在的发展性动机相结合,并内化为个人学习目的和目标定向的一种学习动力和强烈愿望,包括外在动机(Extensive Motivation)和内在动机(Intrinsic Motivation)两种;外在动机是在某种工具性目的的驱使下,为了考证、毕业、身份、未来发展等才学习外语,而并非个人的兴趣、愿望所致;内在动机是学习者本人出于个人的习惯、爱好和愉悦,本着沟通和交际的需要才决定学习外语,包括刺激型内部动机、知识型内部动机和成就型内部动机;内外在动机并非完全对立,外在动机的多层性决定了外在动机向内在动机转化的层次性和序列性,外在动机转化为内在动机存在多重条件,学习者的语言焦虑就是一个重要的限制条件,在一定的条件下,外在动机会对内在动机施加影响,也有可能转化为内在动机。[②]

埃里斯(ELLIS R)认为,在所有的外语学习动机中,工具性动机和融入型动机是维持外语学习、保证外语学习效果的重要组成部分,而在后续的研究中,融入型动机更加重要。[③]

布朗指出,工具型动机和融入型动机不是互相排斥的,外语学习者倾向于持有一种动机或两种动机组合完全是基于自己的情感和目的所做出的选择。[④]

不同学者关于外语学习动机的研究反映出一些共同认识。一是在外语学习过程中,学习者的学习需求、学习兴趣、学习目的以及目标定向等是决定外语学习动机的重要条件。二是在不同外语学习动机的转换过程中,学习者的自我效能、语言焦虑、学习信念等因素又是限制学习动

① GARDNER R C.Social psychology and second language learning: the role of attitudes and motivation[M].London: Edward Arnold.1985:145-157.

② DORNYEI, Z.Motivation in second and foreign language learning [J]. Language Teaching,1998(31):117-135.

③ ELLIS R Second Language Acquisition: Motivation[M].Shanghai :Shanghai Foreign Language Press,1997:75-76.

④ BROWN H D. Principles of language learning and teaching[M].4th ed.Englew Cliffs NJ: Prentice-Hall,2000. 172-186.

机顺利转换的重要因素,即选择哪一种学习动机不是问题的关键,学习者对外语学习的价值应该抱有正确的认识,保证学习的时间和精力,激发自我效能,努力消除语言学习的种种焦虑和不利因素,是激发外语学习动机、提高学习质量的重要策略。

2.6　外语教学质量保障的国际经验述评

质量保障是高等教育大众化时期的重要举措,许多国家纷纷构建适合本国国情的教育质量保障体系,一些国家的政府甚至把建立高等教育质量保障体系作为国家高等教育改革的制度和法律,使高等教育的办学质量落到实处。外语教学作为高等职业教育的重要组成部分,在推动高等职业教育国际化方面发挥着举足轻重的作用,同样需要实施强有力的质量保障。国际上,尤其是欧盟和美国等发达国家在外语教学质量保障方面积累了丰富的经验,为我国开展外语教学质量保障活动提供了重要的借鉴。

2.6.1　制定统一的外语教学质量标准

2.6.1.1　美国外语教学质量标准

为提高外语教学质量,教育发达国家都重视制定统一的外语教学质量标准。1996 年,美国颁布了历史上第一个外语教学质量标准——《面向 21 世纪的外语学习标准》(Standards for Foreign Language Learning: Preparing for the 21st Century)(以下简称《美标》);1999 年,美国外语教学委员会组织专家对《美标》进行修订并颁布实施,修订后《美标》一直沿用至今。

(1)《美标》的指标构成

《美标》包括五个核心指标。一是语言交流(Communication),要求学生能参与对话、提供和获得信息、表达情感和交流思想;能听懂和翻译各种话题的书面和口头语言;能与听众和读者就各种话题交流观念和思想。二是相关知识(Connections),要求外语学习与其他学科相联系以获得相关信息,能通过外国语言及其文化的学习获得信息,并能通过现有信息找出明显的观点。三是比较能力(Comparison),具有对所学语言和文化本质的洞察力,通过比较目的语国家语言与本国语言以达到理解语言本质的目的,通过比较目的语文化和本国文化达到理解文化的目的。四是社团活动(Community),能用外语参与国内外的多元文化社区活动,学生在校内外均能使用外语,把学习外语当作乐趣和充实自我的手段,使学生成为终身的外语学习者。五是文化沟通(Cultures),了解目的语国家的语言和文化,获得关于目的语国家的语言和文化的语言信息,掌握信息所承载的观念及其与本国之间的关系,并对其观念进行深入理解。除了这五个维度,《美标》还对语言系统(Language System)、交际策略(Communicative Strategies)、文化内容(Culture Content)、学习策略(Learning Strategies)、其他学科的内容(Content From Other Subjects)、批判的思考能力(Critical Thinking Skills)和技术运用(Technology)等做出了具体规定。

(2)指标分级

美国外语教学委员会(ACTFL)对《美标》五个核心指标进行能力分级,将语言能力定位于"0级、0级(加)、1级和1级(加)、2级、2级(加)、3级、3级(加)、4级、4级(加)、5级"等11个等级。根据跨语言等级测算(ILR)分析,"0级"代表"无能力","0级(加)"代表"记忆性能力"、1级代表"基本能力"、1级(加)代表"基本能力(加)"、2级代表"有限的工作语言能力"、2级(加)代表"有限的工作语言能力(加)"、3级代表"一般的职业语言能力"、3级(加)代表"一般的职业语言能力(加)"、4级代表"高超的职业语言能力"、4级(加)代表"高超的职业语言能力(加)"、5级代表"母语者语言能力"。

美国外语教学委员会在跨语言等级测算(ILR)的基础上,将上述5个核心指标11个等级进一步确定为5个级别,分别为"初级""中级""高级""超级"和"特级"。以外语听力教学为例,在初级档,"初级低"被描述为"能听懂孤立的字或者日常生活中常见的短语","初级中"被描述为"能听懂高度语境化的词或者短语,通常一次只能听懂一个词","初级高"被描述为"能听懂基本的与个人生活密切相关的句子,在有语境提示的前提下,一次能听懂一句,理解非常不稳定"。在中级档,"中级低"被描述为"能听懂个人和社会语境中与日常生活密切相关的简单句子,一次一句,理解仍然不稳定","中级中"被描述为"能听懂个人和社会语境中与日常生活相关的简单话题,尽管有些误解,但是可以理解大概意思","中级高"被描述为"能听懂个人和社会语境中高级连贯的语篇主旨大意"。在高级档,"高级低"被描述为"能听懂个人较为熟悉的事实和细节,但是理解不稳定","高级中"被描述为"能听懂常规的记叙和语篇,并能基于情景和主题进行判断","高级高"被描述为"能听懂任何长度的记叙和描写语篇,但是理解上会有脱节"。超级被描述为"能听懂语言复杂的扩展话语和学术语篇,不仅能正常理解,而且能作出适当推论"。特级被描述为"能听懂各种形式和语域高度专业化的话题,能听懂隐含和推知信息以及细微差别,具有外语鉴赏能力"。

2.6.1.2 欧盟外语教学质量标准

2001 年,欧盟颁布《欧洲语言教学和评估共同参考框架》(Common European Framework of Reference for Languages: Learning, Teaching, Assessment,简称 CEFR) (以下简称《欧框》)。《欧框》是欧洲理事会及其所属语言政策司历经 10 年编制完成的全欧洲外语教学质量标准。由于《欧框》全面总结了语言教学和二语习得的基本理论,科学地描述了语言能力并提出了外语教学的共同目标,在语言政策层面上对欧洲各国都产生了极大影响,为欧洲各国制定外语教学质量标准提供了参照,成为外语教学大纲设计、考试评估、教材编写、教师培训的重要依据。《欧框》不仅促进了欧洲理事会一系列语言政策的推广和落实,加强了整个欧洲多元化语言的联系和交流,而且极大地影响了世界各国外语教学质量标准的制订。

(1)《欧框》的维度构成

《欧框》由两个大的维度构成。维度之一是交际能力,主要内容包括三个方面。一是具备语音、词汇、语法和意义四个方面的语言知识和应用能力,交际具有一定的深度(语法的准确度、音位的掌控度、词汇和书写的熟练度)。二是了解反映社会关系的语言标记、语言习惯,包括习语、方言、口音等。三是善于抓住发言机会,善于就发言主题适当发挥,具有参与、控制言语交际的能力和运用外语完成各种交际任务的能力,口语表达自如,具有意义上的逻辑性和语法上的准确性。维度之二是综合能力,主要内容包括三个方面。一是获得关于目的语国家日常生活、人际交往、风俗人情、宗教信仰等方面必要的知识,识别母语文化与异域文化之间的异同,具有跨文化交流的意识。二是具有在目的语国家工作、生活的跨文化交际技能和实用性技能。三是积极的人生态度、学习动机、认知方式和性格特质。

(2)指标分级

《欧框》指标分级的三个原则。一是突出交际能力原则,相关指标应该有利于促进人们对彼此社会、文化和身份的共同理解和尊重;能通过语言(包括非通用语言)的相互了解,保持文化和生活的多样性;能有效避免因为语言交流问题所带来的边缘化危险。二是突出语用能力原则,相关指标应该紧密联系欧洲社会发展实际,能应付激烈的国际流动和日益紧密的国际合作,体现外语教学对社会建设的"有用性"。三是自主学习原则,相关指标应该要求学生能辨识和模仿新的语音,有意识地切分语流中的意义片段,善于在合作和交流中学习,运用新的媒介和资讯辅助自主学习。

在上述三个原则指导下,《欧框》从语言能力的角度将外语教学质量由低到高分成 A、B、C 三个一级指标,A 代表基础等级、B 代表较高等级、C 代表熟练等级;根据各个等级所达到的能力标准,语言能力又可细分为 A1、A2、B1、B2、CI、C2 等六个二级指标。《欧框》采用"Can Do"即"能做某事"的描述语(Descriptors)来描述日常生活中完成具体任务的语言能力,如"能理解日常表达和一些简单句子,能表达个人日常生活的简单需求,能自我介绍或者简单问询、能理解相关单独句子和常用短语、能理解别人讲话的要点和主旨"等,体现出鲜明的"语言行动导向"。

除了欧盟和美国,其他国家,如澳大利亚 1995 年开发了 ISLPR 量表(International Second Language Proficiency Ratings),从语言角度将外语教学的质量分为六个等级:零基础、第二语言交流、社会交往、职业初级、职业高级和职业精通。加拿大 2000 年制定了 CLB 量表(Canadian Language Benchmarks),主要由 4 个维度构成,分别是:社会交际能力(Social Interaction)、指示能力(Instruction)、说服能力(Persuasion)和信息能力(Information),每个维度分别描述了学习者听、说、读、写四项应该达到的能力标准,每一项能力由低到高分为初级、中级和高级等三个等级,每个等级分又为初始、发展、足够、流利四个级别。

2.6.2 积极推动外语教师专业发展

为推动外语教师发展,保障外语教学质量,美国自 20 世纪 50 年代以来着手制定统一的外语教师专业标准。1955 年,美国外语计划委员会制定了《美国中学现代外语教师资格》,规定了外语教师在听、说、读、写以及语言文化分析和专业准备必须达到的初级、中级和高级要求。80 年代,美国政府颁布《英语作为一门新语言的教师标准》,就教师应知应会的三个层面作出具体规定,包括教师对学生的背景、学习规律、学科知识掌握、文化敏感性等方面的把握程度、教学过程的优化度、教师反思等内容。2002 年,美国外语教师协会与全国外语标准委员会联合颁布《美国外语教师协会外语教师准备计划标准》,是美国迄今为止最新、也是最具有标志性的外语教师质量标准,由语言、语言学和比较部分,文化、文化和跨学科部分,语言习得、教学实践部分,外语学习标准与教学融合部分,语言与文化识别部分以及教师专业化等六个部分组成,每个部分按照接近标准、符合标准和超过标准等三个方面进行具体描述。

欧盟教育与文化部于 2002 年颁布《外语教师的培训:欧洲的发展》,提出欧盟官方通过为外语教师提供语言共核知识、技能和价值观的培训提高外语教师质量。2004 年颁布《21 世纪欧洲外语教师教育纲要》,提出外语教师发展的 40 项要求和 11 个具体的操作案例,并围绕外语教师教育课程设置、外语教师知识、外语教师技能发展和外语教师价值观等 4 个方面提供统一的教育基准。

2.6.3 以学习者外语能力培养为中心

以学习者外语能力培养为中心包括两个方面的内容:一是以学习者为中心,重视学习者参与质量保障;二是聚焦学习者外语能力的培养。

2.6.3.1 "以学习者为中心"

"学习者中心"即以学习者本人对外部世界、对学习活动和学习者自身的态度及所持的行为为思考的起点,重视学习者的学习态度、人格、性别和过往经验等因素在保障外语教学质量中的作用及影响。为践行"以学习者为中心",欧盟重视学生参与质量保障机构的治理、绩效评估以及质量保障的全过程,以此增强高等教育质量保障的透明度,为学生了解和选择高等教育提供重要依据。

欧盟 1999 年的《博洛尼亚宣言》积极倡导"以学习者为中心"的理念,关注学生"学到了什么""能做什么""具体发生了哪些变化",以及这些变化与劳动力市场需求的关联程度,从而形成对高校办学水平和人才培养质量的整体认识,实现欧洲范围内的高等教育质量保障。此外,2003 年的《柏林公报》、2007 年的《伦敦公报》《埃里温公报》以及 2015 年由欧洲高等教育质量保障协会(European Association for Quality Assurance in Education ,ENQA)制定的《欧洲高等教育质量保障标准与指导方针》也强调了"以学习者为中心"这一原则的重要性。"以学习者为中心"的内涵包括如下两部分内容。

(1)以学生的学习和未来可持续发展为核心,从评价教师教得如何到学生学得如何转变,通过赋予学生充分的话语权和选择权,调动学生参与教学过程的主动性和积极性,彰显学生在质量保障中的中心地位。

(2)以培养学生的创新能力和创新精神为目标,将学生的需求作为专业设置和课程开发的依据,充分重视学生发展在质量保障中的核心地位,以学生为中心营造支持和促进学生成长的环境。

在"以学习者为中心"的理念下,欧盟重视语言学习者的个体差异性和生命世界的丰富性,鼓励学生根据自己的经验创新发展学习内容,主动建立外语知识与其他专业知识的联系,善于根据自己对外语的需求有针对性地培养所需要的外语能力,提高利用外语解决实际问题的水平,在实践中形成一定的外语能力、实践能力和创新能力。

2.6.3.2　聚焦学习者多语种外语能力的培养

欧盟拥有 50 多种语言,在欧共体建立之时,法、德、意、荷、比、卢 6 个创始国用的是 4 种官方语言;2007 年扩大成 27 国时,官方语言变成了 22 种,(德语、英语、丹麦语、西班牙语、芬兰语、法语、希腊语、意大利语、荷兰语、葡萄牙语、瑞典语、爱沙尼亚语、匈牙利语、拉脱维亚语、立陶宛语、马耳他语、波兰语、斯洛伐克语、斯洛文尼亚语、捷克语、罗马尼亚语和保加利亚语)。据统计,欧盟的语言互译组合多达 380 余种。与此同时,欧盟特别重视学习者外语能力的培养。欧盟规定:除母语外,公民必须加强外语学习,能用两种及以上语言进行交流,各国应该向移民提供学习和接收国外语言的机会。为此,欧盟委员会把外语能力作为终身学习所需的关键能力之一,具体包括两个方面内容。

一是母语交流能力。母语交流能力是指以口语和书面语(听、说、读、写)形式表达和说明概念、思想、情感、事实和观点;能以得当和创造性的方式在各种社交和文化背景下交流;能在教育、培训、工作、家庭和闲暇生活中进行较流利的语言互动。

二是外语交流能力。外语交流能力是指根据个人的希望或需要,在适当范围的社交和文化背景中以口语和书面形式了解、表达和说明概念、思想、情感、事实和观点的能力以及在不同文化间理解和调解的能力。

2.6.4 重视外语教学质量保障的外部性

在 20 世纪 60 年代的美国,社会由工业、技术社会向生产性服务业社会过渡,教育相应地从"精英主义"向"大众化"过渡。外语教育工作者亲眼看见了个人专业与社会转型带来的冲突与碰撞。外语不再是纯知识化的表征,社会更关注其实际应用,教学形式发生了根本变化。外语语用能力的培养正式成为美国外语教学的重要目标和外语教学质量的衡量标准。不仅如此,美国还将外语能力作为加强国家安全、推动国家外交和外贸的重要抓手,并在 911 事件之后得到持续强化。

如何保障外语教学质量,使之有效服务国家战略,成为美国外语教学外部质量保障的重要内容。2003 年,美国众议员 Rush D. Holt 向国会提交《国家安全语言法案》(National Security Language Act),首次从国家安全层面提出对外语专门人才、特别是对关键语言人才的需求。2005 年,参议员 Akaka 向国会提交《国家外语协调法案》(National Foreign Language Coordination Act),建议美国设立国家外语协调委员会,设立国家语言主任,协调统一外语能力标准的制订,在外交、国防、军事等关键部门培养外语专业人才。同年,美国国防部发表《国家外语能力行动倡议》(A Call to Action for National Foreign Language Capability),提出建立全国统一的外语能力标准计划。2006 年,时任美国总统布什正式发布《国家安全语言计划》(National Security Language Initiative),并将这个计划列入国家战略计划的一部分,主要涉及国防、外交、情报等专业领域,内容包括:掌握关键语言、培养关键外语人才和培养外语师资等。2008 年,美国教育部正式发布《提高美国外语能力:国家安全语言计划初步方案》(Enhancing Foreign Language Proficiency in the United States: Preliminary Results of the National Security language Initiative)报告,重点开展针对国家安全目标的外语教学,确立国家安全外语能力标准,重新定位外语教学在国家安全中的地位和作用。

美国的外语教学外部质量保障与其教育外部质量保障一脉相承,其教学质量认证标准由全美专业教学标准委员会(NBPTS)委托美国教学标准委员会制定和实施。全美一共有 11 个全国性的鉴定机构、8 个地方性的鉴定机构以及 61 个专业评估认证机构。这些机构都是依法建立,独立于政府,以不同形式进行认证的中介机构。为避免认证形成无序状态,美国成立高等教育认证理事会(Council for Education Accreditation,CHEA)负责对全国认证机构的管理以及认证机构之间、认证机构与院校之间矛盾的协调。通过认证和认可,构成了完整的教学外部质量保障体制。

对于欧盟各国而言,重视外语教学质量保障的外部性是本国教育质量保障的一个重要组成部分。随着欧盟一体化进程的不断加快,各国经济社会发展要求进一步整合劳动力市场,从而降低失业率,实现人力资源的优化配置。由于历史和地缘的原因,工人的专业技能和工作经验长期在他国得不到公正对待,职业资格证书得不到适当承认,严重地阻碍了劳动力的自由流动。欧盟认为,建设统一的资格框架,提高职业资格认证透明度,使资格框架互相衔接,使职业资格证书能彼此互认,要求外语发挥重要作用。

随着欧盟一体化、国际化趋势的加强,欧盟各成员国把加强外语教学、提高外语教学质量作为做大做强教育领域的战略。在欧盟各国看来,外语使国家与更广阔的世界保持联系,是欧盟了解世界的桥梁,因此要具有国际视野,培养学习者理解外国市场、语言和不同文化的技能。为此,采用更为系统的工作策略强化外语教学,加强成员国之间相互交流和经验共享,以欧洲层面大家认可的定义为各成员国提供解决方案、模式和标准。立陶宛、奥地利、斯洛文尼亚等国家的职业教育与培训机构将语言学习整合到课程方案中;法国通过增加投资力度、由政府负担社会保险和工资成本的方式来激励学徒加强外语学习,提高其跨国流动性;丹麦要求所有专业的课程方案中都要包含至少一个以外语为基础的国际项目,或开设一门以外语讲授的国际课程;芬兰高中阶段的职业教育与培训核心课程中就包含了国际化和流动的外语课程;爱尔兰职业教育与培训计划与欧盟达·芬奇计划结合起来,从该计划中获得资金以支持外语学习,从而实现学员国际流动。

根据上文对外语教学质量保障国际经验的综述,结合本书的研究目的,本研究提出以下四点思考。

思考之一:关于外语教学质量标准的制定。

外语教学质量标准的制定一定要兼顾多样性、可接受性和可操作性,这关系到外语教学质量的目标是否最终落地。由于全国范围的外语教学质量评价标准尚没有建立起来,而不同地区、不同类型、不同层次高校的外语教学质量评价主观性过强,对多样性、可接受性和可操作性考虑不够,由于主观设想游离客观现实太远,导致评价标准的可考核性弱,外语教学质量的预期结果几乎无法实现。

首先,在外语教学质量维度的选择上,尽管国外还没有大范围采纳外语教学质量这个术语,通常将外语教学质量称为外语教学水平、外语教学效果等,相关研究也并未直接采用交际质量、语用质量和自主学习质量这三个术语来标示外语教学质量的维度,但是经过分析,本研究认为不同的称谓并不影响外语教学质量的本质,外语教学质量在逻辑上至少包含这三个维度是完全成立的。从这三个维度出发,使不同的机构和个人都可以找到自己可以追求、可能实现的质量目标,可以充分发挥维度在外语教学质量评价中的作用。

其次,在外语教学质量评价的指标构成上,我国可以考虑根据不同地区学生学习需求的不同层次设置相应的指标,如基础层次对应学生基本的学习需求,可以设置一般的外语交际指标;提高层次对应较高的外语学习需求,可以根据外语在专业领域、职业领域以及国家对外交流等领域的应用设置相应指标;发展层次可以根据特殊需要设置某些可供学习者自行选择的指标。

思考之二:关于外语教师队伍建设。

由于种种原因,我国目前统一的外语教师标准还没有建立起来,外语教师的外语业务水平和科学研究能力尚不能满足高等教育学科、专业激烈竞争需要。在服务经济社会发展中,由于其赖以存在的学科和专业、课程建设处于劣势,外语教师的身份认同及其工作价值受到一定程度的影响,长此以往,教师缺少获得感、成就感,并对自己能否完成教学目标持怀疑态度,对保障和提高外语教学质量带来了负面影响。

为此,必须充分重视外语教师发展对于保障外语教学质量的重要作用。一是要重视外语教师的培养,着力打造一批知识面广、外语学科能力强、教学基本功扎实的外语骨干教师,从而引领专业外语教学的发展。二是教师本人需要根据自己的教学理念、性格特征和道德操守等具体情况,对自己的知识结构、业务水平、教育教学能力统筹规划,确定奋斗目标。三是参加培训,通过接受持续的训练,提升教师的专业素质和外语水平,持续不断改进教学方法、更新教学内容,自觉地改进教学实践。

思考之三:关于学习者外语能力的培养。

"以学习者为中心"是欧盟教育质量保障的重要特征,也是外语教学质量保障的重要抓手和切入点。在外语教学中,切实做到四个转向:从"教师中心"转为"学生中心",从"被动学习"转为"主动学习",从"学科中心"转为"就业中心",从"理论教学"转为"实践教学",鼓励学生通过课余自我学习、主动学习,培养和提高自主学习能力。实施以学习者为本、以学习者的学习为中心是教育质量保障的重点,这既关系到人才培养目标的实现,同时也关系到教育教学过程的质量。关注学习者,就是关注学生的未来发展,也是关系到教学质量提高和人才培养目标的实现。外语教学应该坚持能力为重,强化能力培养,在学会知识技能的过程中提高实践能力、学习能力和创新能力。

提高学习者语言能力应该成为外语教学质量保障的重要内容,这既是对传统上以语言知识作为外语教学质量高低标准的有力批评,也是对高素质、复合型外语人才需求的积极回应,同时也是坚持能力本位教育价值观的体现。整体上看,外语教学质量保障需要进行能力范式的调整,即从外语知识范式过渡到外语能力范式,从外语技术技能的被动适应向外语能力的主动构建转变。

"以学习者为中心",聚焦外语能力培养,实践中还应该关注外语学习者学习基础和学习需求的差异性、学习者的主观能动性以及学习者学习状态、学习水平和学习兴趣不断变化的实际,了解外语学习者的学习动机、学习毅力、性格特征,帮助学习者树立持久的学习动机和持之以恒的学习态度,帮助找准学习的坐标和个人的定位,增强学习者学习外语的自信心和面对学习困难的承受力。

思考之四:关于外语教学质量保障的外部性。

美国和欧盟各国均通过外部力量保证外语教学质量。美国依靠中介组织发挥质量保障的桥梁作用,中介组织通过协调、评判、沟通等手段,发挥其协助政府监管、提供咨询服务以及跟民间的社会沟通作用,可以减少政府对微观教学不必要的干预。此外,社会中介组织的独立性、自律性和公益性等特征,可以在教学涉及的一些模糊或者边界领域独立发挥其裁决功能,起到缓冲和调节的作用,有利于全面保障教学质量。相比较而言,欧盟各国则利用政府主导保障外语教学质量,依靠政府权威实施,侧重发挥政府在外语教学质量保障的主体作用。

在我国,外语教学外部质量保障组织不管是在研究层面还是在实践层面都还比较薄弱,独立运行的中介组织偏少。近几年成立的外语教学指导委员会挂靠在教育部,具有中介的性质,但主要靠的还是行政权力,能独立发挥的作用还比较有限。另外,我国外语教学行业中介组织数量偏少,外语教学服务行业和企业的能力还很弱,外部质量保障组织体系不成熟,还存在运行资金短缺、官办色彩浓厚、自律性差,服务意识欠缺等等问题,实践中往往政事不分、政企部分,还没有能力承接政府转移出来的职能。中介组织作为外语教学外部质量保障的实施者和组织者,所涉及的具体机构和团体具有多元性,运行过程极具有复杂性,如何使多元保障主体体系化,如何进一步统筹政府对外语教育的管理,促进政府职能转变,最大程度低调动社会中介组织参与外语教学质量保障的积极性,是未来外语教学质量保障需要思考的问题。

▼

第三章

理论框架

3.1 相关理论

3.1.1 能力本位教育

能力本位教育(Competence Based Education)源于世界职教领域的改革,20世纪80年代以后,能力本位教育逐渐成为世界职教领域改革的潮流,因其与职教联系紧密,能力本位教育因此又被称为能力本位教育与培训(Competency Based Education and Training)(CBET)或者能力本位职业教育(Competence Based Vocational Education)(CBVE)。

关于能力本位教育的定义有多种,哈里斯等学者(HARRIS R, GUTHRIE H,HOBART B.et.al.)认为,能力本位教育是能力标准化教育,以学员的培训结果达到行业中具体的要求为准,知识水平只是一个组成部分,但不是最重要的部分,能力的提升是教育活动的最终目的。[①]赫尔曼和凯尼恩(HERMANN G. D, KENYON J)认为,能力本位教育就是就业教育,是以工作岗位或者职业群的知识与技能为教育目标,通过对工作领域需要的能力进行量化,然后进行学习领域的课程整合实现。[②] 贝克(Burke J)认为能力本位教育是基于一系列工作岗位的要求,实施资格与职业转换,以便于节约学习资源促进职业流动的一种教育形式。[③] 我国学者姜大源认为,能力本位教育是以能力为基础的教育,培养

① HARRIS R., Guthrie H, Hobart B. et. al. Competency-based Education and Training: Between a Rock and a Whirlpool, South Melbourne[M].Brisbane: Macmillan Education Australia PTY Ltd.,1995.

② HERMANN G. D, Kenyon J. Competency-based Vocational Education: Case Study [M]. London: Further Education Unit. 1987.

③ BURKE J.Competency Based Education and Training[M].London:The Falmer Press, 1989.

学生掌握实用的从业知识,养成职业所需要的从业能力,从业知识和从业能力应该贯穿能力本位教育的始终,贯穿学校课程开发和教学的全过程,并成为评价课程教学的重要标准。① 黄日强则认为,能力本位教育是一种以满足企业需求为目标,以培养学生实际能力为主的职业教育,它以全面分析职业角色和职业活动为出发点,以提供企业和社会对培训对象履行岗位职责所需要的能力为基本原则,强调学员在学习过程中的主导地位,核心思想是如何使学员具备从事某一职业所必需的实际能力。② 和震认为,能力本位教育中的能力 概念已经超越了心理学领域的能力(Ability)含义,含有"适合、胜任、称职"的意思,以达到能力标准为目标,具有可测量性,因此,能力本位教育实际上就是指培养学生,使学生具备胜任职业所需的知识、技能和态度等综合职业能力昧结果的教育。③ 石伟平认为,能力本位教育代表了当今世界职教改革的模式和方向,既是一种模式,又是一场运动,有其深刻的历史基础和广泛的国际背景,不是完美的范例,而是逐渐成熟的体系。④ 受上述定义的启示,能力本位教育是以学生的职业能力、就业能力为导向,凸显对学生综合能力的培养,强调以操作技能为本,以能力培养为中心的教学体系。从当前我国高职院校外语教学改革的趋势来看,这种认识更符合我国高职院校外语教学的质量要求,也符合能力本位教育的发展趋势。

3.1.1.1　理论的基本内容

一是能力过程论。由于个体差异,不同学生对上岗水平所需要的知识和技能需求不同,不同学生的学习速度不同,需要的时间则不一样,假设给他们以充分的时间,大多数学生都能达到所要求的能力,所以,学生是否掌握某一种能力由学习过程决定。二是能力分层论。通过对职业所需要的能力进行分层,在一项任务的胜任力经评定被确认之后方可进入下一任务的学习,以便获得下一个层次的能力。学生可以根据自己的学习速度对学习材料进行编序,按照从比较容易达成的学习目标到比较

① 姜大源.生存与发展—能力本位的现代职教学思想的基点[J].职教论坛.1996(02):9.
② 黄日强.能力本位职业教育的特征[J].外国教育研究,2000(05):56—58.
③ 和震.论能力与能力本位职业教育[J].教育科学,2003(04):48.
④ 石伟平.能力本位职业教育的历史与国际背景研究[J].外国教育资料,1998(06):19.

困难达成的学习目标分阶段实现,完成一阶段学习目标便立刻进行测验,及时反馈,便可进入下一阶段学习。三是能力可测论。在对职业任务分析的基础之上,采用测量手段在真实的职业环境中对学生的能力测量,然后根据标准参照测验结果比较后分级,其结果便是学生在某个职业岗位上的能力。四是能力标准论。即在进入某项职业之前构画一个工作角色,建构一张完成那个角色所需要的全面的、合乎逻辑的、有结构的能力图,这个能力图就是能力标准;也可以是通过某种形式的职业分析,在学生参与职业培训计划之前就向其公布,使其明确要达到的标准以及达到标准需要遵循的路径。

3.1.1.2 能力本位教育理论的发展脉络

能力本位教育理论的发展可以划分为探索期、发展期和变革期三个阶段。

探索阶段的能力本位教育可以追溯到工业革命时期。工业革命后的技术发展与国际竞争的激烈状况对教育尤其是职业教育提出了较高的要求,教育部门越来越重视对所需要的实用技能进行教育与培训。这个时期,美国开发出了《行业说明与职业索引》,将各行业分成一系列的"工种",在对工种进行任务分析的基础上按照工作难度制订出一份教学用表,学生的学习计划严格按照教学用表执行,一旦学生能够胜任某一难度的工作,就可以根据教学用表的安排进入下一个阶段的学习。

发展阶段的能力本位教育开始于 20 世纪 20 年代。受泰勒管理思想的影响,能力本位教育强调对学生培训的管理,提出在培训过程中把学习任务分解成若干个最初的任务,然后再对各任务做能力分解,确定学生通过完成任务获得能力,完成一种任务后进入下一个任务,直到形成所需要的某种能力。这一时期的教育实践对能力本位教育的发展产生了重大影响。

能力本位教育进入变革期是在二战后,一些国家开始重新设计基于能力本位教育的职业培训体系以及一些具体的培训计划。以美国俄亥俄州州立大学为例,该校国家职教研究中心在 1949 年开始进行能力本位的职教师资培训研究,在十年中开发出了一套由 100 个单元组成的能力本位职教师资培训计划,到 1977 年,已有 23 个州通过立法,规定对在职教师进行能力本位教育培训。直至今天,还有许多州认为这是向年轻人或成人提供有效职业教育与培训的主要手段。在英国,能力本位教育一直被作为改革英国职业教育的关键手段,在实践中采用"功能分析法"作为开发能力标准的最佳方法,英国的雇主与求职业人员大多对这种能力本位的职业资格标准持肯定的看法。德国早在 1969 年就开始研究能力本位教育,将《职业培训法》作为能力本位职业教育与培训双元制的依据,通常在 3 年的学程中把企业培训与部分时间制的学校教育有机地组合起来。澳大利亚于 1990 年就能力本位教育系统的原则与实施在政府与产业团体之间协商,正式将能力本位职业教育纳入澳大利亚职业教育与培训体系。另外,许多亚洲国家,如韩国、泰国、斯里兰卡、新加坡、印尼等国家出于工业发展的需要,对能力本位职业教育充满热情,开始在不同的教育阶段实施能力本位教育。

3.1.2　全面质量管理

全面质量管理的概念最初是由美国通用电气公司质量管理部部长费根堡姆博士(C. A. V. FEIGENBAUM)于 20 世纪 50 年代提出。他在 1961 年出版的著名的《全面质量管理》(Total Quality Management)中将全面质量管理定义为"在一个企业内各部门中作出质量发展、质量保持、质量改进计划,从而以最经济的水平进行生产与服务,使用户或消费者获得最大的满意程度"。这里所指的"全面"是相对于统计质量控制中的"统计"而言的,即只用严格的数理统计方法是无法满足现代的质量要求的,必须综合运用多种方法,即通过企业管理的手段,以求"在最经济的水平上并考虑到充分满足顾客要求的条件下进行市场研究、设计、制造和售后服务,把企业内各部门的研制质量、维持质量和提高质量的活动构成为一个有效体系"。国际标准 ISO 9000834021994《质量管理和质量保证术语》对全面质量管理做出了科学而严密的界定,即"一个企业以质量为中心,以全员参与为基础,通过让顾客满意和使本企业所有成员及社会受益者达到长期成功的管理途径"。受上述定义启示,全面质量管理就是企业全体员工、所有部门齐心协力,以顾客满意为目标,综合运用各种管理技术、专业技术和数理统计的方法经济合理地开发、研制、生产、销售以及提供服务的经济活动的总和。

3.1.2.1　全面质量管理理论的基本内容

一是标准化。标准化工作是质量管理的基础。标准是在充分协商的基础上产生的，是对科学技术和经验加以消化、融会贯通、综合概括和系统优化的过程。首先，标准所反映的不是局部和片面的经验，也不能仅仅反映局部的利益，也不能凭少数人的主观意志和行政命令，而应该同有关人员、有关方面进行认真的讨论，经各方协商一致，并在一定范围内共同遵守。其次，标准的内容应该具有科学性、实践性，还应该体现出一定的民主性。

二是统一化。统一是标准化活动中内容最广泛，开展最普遍的一种形式。统一的目的是为消除不必要的多样化而形成的混乱，便于建立共同遵循的秩序。统一的实质是使对象的形式、功能或其他技术特征具有一致性，并将这种一致性通过标准以定量化的方式确定下来。不同级别的标准是在不同范围内进行统一，不同类型的标准从不同角度、不同侧面进行统一。当然，"统一"也并不意味着一统到底、统到只有一种，有时是限定一个范围，有时又是规定几种情况。标准的作用归根结底来源于统一，来源于必要的、合理的统一规定。如果客观事物不需要进行科学的、合理的、有效的统一，标准便失去了意义。

三是计量化。计量化工作是保证测量、化验分析的量值准确和统一，确保技术标准的贯彻执行，是保证产品质量的重要手段。没有科学的计量，就无法监测质量的好坏，全面质量管理也就没有确凿的依据，只有经过质量检验、测试和分析，才能对产品的质量进行充分的全面管理。计量工作的基本任务就是统一计量单位制度，保证各行各业所使用的计量器具和仪器仪表的量值准确可靠，为经济建设和国防建设服务。

四是信息化。质量信息化是全面质量管理的一个重要内容，质量信息化是指反映产品质量和供、产、销各环节工作质量的数据，包括原始记录及在产品使用过程中形成的各种数据和资料。全面质量管理的活动过程实际上就是质量信息的流动过程。质量信息可以及时地反映影响产品质量的各种因素和生产技术经营活动的原始状态、产品的使用情况以及产品质量的发展动向。

五是 PDCA 工作模式。全面质量管理方法的基本工作思路是 PDCA 循环的工作方式。PDCA 循环是由美国质量管理专家戴明首先提出来的,因此,通常也称为"戴明循环法"。PDCA 循环反映了质量管理活动应遵循的科学程序,包括 4 个阶段。计划阶段(P):调查分析现状,找出存在的问题,分析问题产生的原因,找出主要因素,针对主要原因拟定措施,制定计划。实施阶段(D):执行贯彻计划和措施。检查阶段(C):检查计划执行的效果。总结和处理阶段(A):包括两个方面的内容:其一,总结经验教训,肯定和巩固成绩、处理差错,对照标准,指出应该怎样做和不应该怎样做;其二,把遗留问题转入下一个循环去解决,作为下一轮循环的目标。

3.1.2.2 全面质量管理理论的发展脉络

全面质量管理从提出到现今,大体上经历了两个重要的时期。一是 20 世纪 50 年代,全面质量管理理论处于萌芽期。由于科学技术的迅猛发展,人们对于产品质量的要求越来越高,因此出现了"现代产品"的概念。"现代产品"对质量的要求,注重于产品的价廉物美、经久耐用等一般性能,强调产品的可靠性、安全性、可维修性和经济性等要求。二是 20 世纪 60 年代初到现在,全面质量管理理论进入变革期和发展期。由于消费者利益保护运动开始兴起,质量立法、产品责任、适量保证等宏观控制和管理活动成为社会性课题,使得企业对质量管理越来越重视,一方面,企业逐渐改变把质量管理工作交给质量控制工程师和技术人员的传统做法,提倡企业全体员工参与管理;另一方面,改革质量管理单纯依靠质量检验和数理统计的做法,强调全要素、过程化管理,以适应新形势下管理的需要。

3.1.3 教学质量保障

教学质量保障源于质量保障,是在现代质量管理和现代教育评价思想指导下,根据教学质量保障对象的需要,把对教学质量产生重要影响的教学管理活动有机地联结起来,形成的一个能够保障和稳定提高教学质量的有效的整体。

美国高等教育认证委员会把教学质量保障定义为政府或机构对办

学质量持续评审的过程；澳大利亚学者哈曼（HARMAN G.）认为，教学质量保障是学校主动为外部利益相关者提供担保和证据，承诺学校执行严格的质量管理过程，保证教学质量和人才培养质量达到既定目标和用人单位的要求；[①]英国学者格林（GREEN D.）认为，教学质量保障就是学校通过建立教学质量保障框架，在学校组织和特定机构的统一领导下，依据一定的制度和程序，通过对教学活动必备条件的质量监控、教学活动过程的问责和教育活动质量结果的评价，对外部社会和学生本人保证教学质量可以达到的程度和水平[②]；澳大利亚学者大卫（LIM D.）认为，教学质量保障就是保持和提高教学质量的一切政策、标准和过程。[③] 综上所述，教学质量保障就是学校向学校内外关于人才培养的职责和人才培养的效果实现预定目标的组织承诺，通过对教学和管理环节中影响人才培养职责和人才培养效果的因素进行系统性、全面性、立体式的"关照"，形成一个保证和改进教学质量的有机整体和持续提高教学质量的过程。一般而言，教学质量保障包括内部教学质量保障和外部教学质量保障两个组成部分。

3.1.3.1 内部教学质量保障

内部教学质量保障是一种自我保护，更是一种自我发展的长效机制，是指学校为提高自身教育教学质量而采取的系统管理的过程，是一种推动教育教学质量持续改进和不断提高的管理机制，是为了使学校领导确信学校的教育教学满足学生、家长、政府和社会等利益相关者质量要求所开展的系列活动。内部教学质量保障一方面通过质量承诺、质量管理使外部关系人相信学校致力于提高自身质量，免受其干预，以此获得充分的自治权利；另外一方面出于自身合法权利和自身利益的保护，建立自我改进和自我提高的管理机制，着力提高教育教学质量。内部教学质量保障内容如下。

① HARMAN G. The management of quality assurance：A review of international practice [J]. Education Quarterly，1998，52(4)：345 - 364.

② GREEN D. What is Quality in Education［M］. Society for Research into Education&Open University Press. 1994：3 - 21.

③ LIM D. Quality assurance in education in developing countries[J]. Assessment & Evaluation in Education，1999，24(4)：379 - 390.

首先,内部教学质量保障认可多元教育质量观和质量标准,坚持学校形成适合自身实际和发展水平的质量观和质量标准去评价自身的教育教学质量;有强烈的沟通协商意识,皆在形成质量共识和全校性质量文化,让全体师生员工形成质量是关键、质量就是生命的质量意识;主动就现有的质量措施和质量目标达成共识,适应学校颁布的各种质量规范和质量程序,形成人人重视质量的良好氛围;强调质量生成的过程控制,由传统的分部门、分科室的科层式质量管理模式到全面的、系统的质量管理,由传统的仅关注质量结果向质量形成的过程转变;既要坚持自我价值导向,又要兼顾利益相关方的发展,不再追求非此即彼的共同质量标准,而要把满足利益关系人的需要作为内部质量保障的重要目标。

其次是内部教学质量保障组织的建立。广义的内部教学质量保障组织包括五个互相联系、互相制约的子系统,分别是:质量保障决策指挥系统、信息处理系统、评价诊断系统、信息反馈系统和辅助服务系统。其中,质量保障的决策指挥系统的主要任务是根据学校总体的发展战略,明确学校教育教学质量保障的总目标;制定学校内部关于质量保障的各种政策、规章制度以及激励师生员工参与质量保障的激励性措施,协调学校内部各个职能部门以及各个院系在质量保障中的角色定位;保证学校教学质量保障活动有条不紊地进行,建立学校质量保障活动的信息发布程序,公开信息渠道和信息所涉及的内容,负责解释因信息不对称和信息失真等问题带来的种种矛盾和纠纷。信息处理系统主要是指由学校教务部门牵头,由专门负责教学信息管理的人员收集和统计学校教学活动方面的反馈信息,为决策指挥系统的科学决策提供数据和信息支持。评价诊断系统由学校负责教学的副校长牵头,由校教学委员会成员、教研室主任、统计测量专家和资深教师组成的评估小组负责信息的甄别、分类、统计、判断与诊断,找出问题存在的原因,提出改进的措施。信息反馈系统由信息管理部门和各职能部门组成,主要任务是将评价诊断的信息及时反馈给教师和学校领导,并取得与教师和学校领导的充分沟通。辅助服务系统主要由热爱教育教学工作的教职工和学校职能处室的工作人员构成,其主要任务是促进学校质量文化的形成和师生员工质量意识的形成。

最后是内部教学质量保障机制的形成。内部教学质量保障的机制是指内部教学质量保障框架的构成、框架内部各要素的功能及其相互关系的确定。从运行模式上看,内部教学质量保障一般可以分为计划模式、服务模式和监督模式三种。计划模式是指学校将行政管理的功能发挥到极致,运用行政手段将内部教学质量保障框架的各个部分统一起来,统一智慧,统一行动。服务模式是指学校管理部门以指导和引导的形式,通过协调各部分之间的关系维持框架的运行。监督模式是指以监控的方法去处理各部分之间的相互关系。从功能上看,可以将内部教学质量保障机制划分为激励机制、控制机制和保证机制三种。激励机制就是调动内部全体师生参与质量保障活动的主动性和积极性的一种机制。控制机制则是保证内部教学质量保障框架有序、规范运行的一种机制。保证机制则是为内部教学质量保障框架正常运行提供软件和硬件条件的机制。这几种机制之间不是截然分开的,而是你中有我,我中有你,互相交织、互相渗透在一起的。

3.1.3.2　外部教学质量保障

外部教学质量保障作为全部教学质量保障的前提条件,体现和反映教学质量发展的方向和水准。外部教学质量保障依靠外部力量促进人才培养、科学研究以及社会服务,使各教学要素相互作用、相互影响,其最终目标是提升内部教学质量。外部教学质量保障的基本内容如下。

首先,外部教学质量保障的本质是外部评估活动。外部教学质量保障活动的成员主要来自利益相关方,政府或者社会中介组织,通过对内部教学质量监控与反馈的活动,评估教学目标的实现度或者说与社会要求的契合度,以此为契机,检查教学在教学质量输入、教学过程实施和教学质量输出过程中存在的问题,最终达到改进和提高教学质量的目的。

其次,外部教学质量保障是一种组织行为。高等教育要获得充足发展,必须在政府、市场和大学之间作出理想抉择,"政府—学术—市场"构成的三角权力关系已经构成影响高等教育进一步发展的主要力量。建立外部质量保障组织体系已经成为高等教育可持续发展的重要举措。近现代的高等教育系统与欧洲的中世纪大学开始有本质上的区别,各国高等教育已经彻底告别昔日的"象牙塔",正在被一双"越来越看不见"的市场之手把控,国家、市场与院校自治是保障高等教育发展的影响力量,三种力量的不同配置是外部质量保障组织建立的依据和基础。[1]

最后是外部教学质量保障机制的形成。一是支持中介组织主导外部教学质量保障,国家则通过税收和资金支持和鼓励中介组织的发展,但需要经过政府部门的层层严格审批,以保证其符合法律要求和公共利益。二是通过约束机制来规范社会中介组织的行为,通过对中介组织财务活动的监督来规范其运行,通过对中介组织进行绩效测量和评价,并定期向社会举行信息发布,接受大众监督。三是明确中介机构的主要职责。中介机构的职责是协助教育行政主管部门评估高校教学质量和办学水平,分析高校教学中存在的主要问题,制定评估标准,组织专业培训和资质认证,开展院校交流,理论与法规政策研究等,为政府相关职能部门提供决策咨询服务。

3.2　理论的应用分析

3.2.1　能力本位教育理论在本书中的应用分析

本研究聚焦的两个重要领域,一是高职院校,二是外语教学。这两个领域在主要教学质量的设定上都有一个共同的特征,即以能力为本位,强调"能力"在教育教学过程中的核心地位和重要作用,突出学生技能的培养。正因为如此,采用能力本位教育理论比较适合本书的研究目的。刘利平和黄朝晖认为,长期以来,我国高职院校外语教学模式沿袭普通高校的外语教学理论明显,根据高职院校实际,有必要将能力本位教育理论作为开展高职院校外语教学的指导思想。[2]

高职院校是培养生产、建设、管理、服务第一线的技术应用型人才,强调知识、技能的针对性和实用性,这一点似乎已经取得共识,但是,当前学科本位的思想在高职院校外语教学中仍"根深蒂固",能力本位的外语教学模式还停留在观念层面上。例如,课程教学从内容到方法、手段、

---

① 田恩舜.试论高等教育质量保证中的三种力量[J].高教探索,2005(03):17.
② 刘利平,黄朝晖.建立能力本位的高职英语教学模式[J].中国高等教育,2009(06):50.

教学模式等仍在延续基础教育阶段知识的传授模式,没有彻底向能力转换,极其不利于外语技能型人才的培养,导致毕业生的就业和岗位能力不佳。因此,高职院校外语教学有必要从根本上对"学科本位"的价值取向持谨慎态度,坚持能力为本位的指导思想,突出对学生外语能力的培养,即在教育教学中,坚持以能力教学为主线,而不是以学科知识体系为核心,即使有必要补充新知识,而所传授知识必须为能力的培养服务,注重如何利用所学的知识和技能解决实际工作中的问题,并有所创新。我国学者杨泉良认为,能力标准是高职教育最重要的标准,"能力中心"寓意高职院校的知识传授和技能积累必须以提高能力为出发点,外部社会评价与内部教学评价都应该以学生的能力水平为重要指标。① 客观而论,传统高校追求的是知识传授的系统性和理论性,现代高职院校的知识传授虽然没有完全打破传统高校的知识传授模式,但是在观念上已经取得明显好转,即坚持能力导向,根据能力的形成安排教学内容。

外语教学作为高职院校教学的一个重要组成部分,不同于其他层次和类型的学科教学,具有鲜明的职业性和工具性,因此,能力本位教育理论比较适合高职院校外语教学。从进入 21 世纪以来教育部颁布的《高职院校外语课程大纲》或者《高职院校外语教学指南》所规定的外语教学目标来看,外语交际能力、外语应用能力和自主学习能力等三大能力始终是高职院校外语教学的培养目标,表明能力本位教育理论很早就渗透到高职院校外语教学过程中。从本书的研究目的出发,外语教学质量三个层次的质量(即内适性质量、外适性质量和个适性质量)也都是以能力达到的程度进行描述的,说明能力本位的教育理论可以作为研究外语教学质量的理论基础。

首先,外语教学的内适性质量层面。某种程度上,高职院校外语教学内适性质量就是高职院校外语教学知识目标的实现程度,即外语交际能力目标的实现程度。运用能力本位教育理论促进高职院校外语教学内适性质量的实现,即在外语教学、管理过程中,始终坚持以交际能力为本位,强调以培养学生的实际交际能力为基本原则,让学生能用外语进

---

① 杨泉良.职业教育教学质量的能力标准[J].淮北职业技术学院学报,2014(01):66.

行交际。为此,必须构建体现高职教育的特点、基于能力本位的外语交际能力评价体系,彻底改变过去高职院校外语教学重理论、轻技能,重结果、轻过程的评价方式,准确引导学生交际能力的发展。通过开展以交际能力为本位的高职院校外语教学质量内适性评价,能够让社会真正了解高职院校外语教学质量,真正起到促进外语教学改革、推动教学与管理水平提高和人才培养目标的实现。因此,能力本位教育理论不仅可以有力地促进高职院校外语教学课堂教学水平不断提高,而且可以培养出符合社会需要的外语高技能型人才,保证和全面提高高职院校外语教学内适性质量,使其进入良性循环。

其次,外语教学的外适性质量层面。高职院校外语教学外适性质量就是高职院校外语教学服务国家战略和经济社会发展的能力目标的实现程度,主要体现在使用外语的能力层面。能力本位所强调的能力本身就是指个体所具有的一种状态,一种能在动态的社会环境、职业环境和生活环境中采取专业化的、全方位的并勇于承担个人与社会责任的行动适应周围环境的水平。蔡基刚认为,现行《外语教学大纲》不适应国家培养国际竞争力的战略需求,一个根本的原因在于外语教学应循守旧,缺少对国家责任的担当,未来外语教学必须主动适应国家和社会的需求,真正使外语成为国际交流的工具。[①] 以能力本位教育理论作为高职院校外语教学外适性质量的理论基础,强调外语课程的开发和设置密切联系行业、企业的重要性;突出学生在学习过程中的主体地位,以培养学生的实际工作技能为主要任务;重点考核学生的动手操作能力、分析解决问题的能力、自主独立和交往合作的能力以及服务经济社会发展的能力等。以能力本位教育理论推动高职院校外语教学外适性质量不断提高,符合高职院校外运教学的本质特征,其导向鲜明,能够引导高职院校外语教学培养出符合社会实际需要的毕业生,使高职业院校外语教学融于整个社会系统之中,主动适应社会需要。

最后,外语教学的个适性质量层面。外语教学的个适性质量是外语

---

① 蔡基刚.高等教育国际化背景下的外语教学评价体系调整[J].外语电化教学,2013 (01):3.

教学满足学生本人未来可持续发展需求的程度,主要体现在外语自主学习的能力层面。外语自主学习能力可以满足个人未来专业学习、国外深造、工作就业和发展的现实需要,为个人知识创新和潜能发挥提供基本工具,为迎接全球化时代的挑战做好准备。对于高职院校外语教学而言,在能力本位教育思想的指引下,学生不仅可以形成外语自主学习的习惯和工具性能力,同时使学生具备一定的职业能力,如专业能力、方法能力和社会能力。专业能力包括工作方式方法、对劳动生产工具的认识及其使用、对劳动资料的认识等,是职业业务范围内的能力。方法能力包括制定工作计划的步骤、解决实际问题的思路、独立学习新技术的方法、评估工作结果等,是独立学习,获取新知识、新技能的能力。社会能力,是指从事职业活动所需要的行为能力,包括工作中的人际交往能力、组织能力、群体意识和社会责任心等。

能力本位教育理论是本书的核心理论之一,其思想贯穿本研究的始终,尤其对于厘清高职院校外语教学质量的概念、维度,提出高职院校外语教学质量保障对策具有重要的指导作用。从理论在本书的分布情况看,该理论主要分布在第二章第二节外语教学质量的内涵辨析、第五章第二节高职院校外语教学质量的维度假设的提出以及第七章第二节对策建议三个部分。

3.2.2 全面质量管理理论在本书中的应用分析

对比全面质量管理模式的多样性和教育质量管理模式的多样性,对比工业生产质量管理的历史发展与教育教学质量管理历史发展的相似性,将全面质量管理作为改造传统教育质量管理模式的理念引入教育教学领域是可行的、也是适合的。用全面质量管理理论指导高职院校外语教学质量研究是将外语教学质量问题提升到高职院校外语教学改革与发展的战略层面,借鉴和运用全面质量管理的理论和方法,将其运用于高职院校外语教学质量的全员参与、全过程管理和全方位评价之中,让外部社会和内部师生员工持续受益和满意。

首先,在全员参与层面。一般而言,外语教师和外语学习者是参与高职院校外语教学质量建设最重要的组成人员,按照全面质量管理理论,这种认识就具有明显的狭义性,高职院校外语教学质量的参与人员不仅涉及外语教师和学生,还涉及社会用人单位以及与学校密切相关的行业和企业,他们是外语教学质量保障真正的"参与者",也是外语教学质量的受益者。传统的外语教学质量管理仅仅聚焦的是教师和学生,而忽略了其他因素,习惯于对外语教师教学工作进行例行检查,以学生的期终成绩考核教师教学质量的高低,全凭管理者的个人经验行事,缺乏全面的质量管理理念,系统性和计划性不强,造成教学组织内部各项工作质量的不平衡,各个部门或个人之间工作边界模糊,彼此之间互相推诿,从而影响整体外语教学质量的保持和提高。坚持全面质量管理的思想就是倡导以小组形式全员参与,转变传统的层级管理模式,由过去领导进行决策而员工依照方案实施,转变为调动一切利益相关人员主动参与到质量管理活动的每个环节。

其次,在全过程管理层面。要保证高职院校外语教学质量,就必须对整个教学过程,特别是影响教学质量的关键过程与因素加以控制,并不断地改进教学质量。高职院校外语教学质量全过程管理不仅包括微观课堂教学的全过程管理管理,而且包括外语人才培养、科研与社会服务的全过程管理,不仅关注输入、输出质量,而且要把输入、过程、输出质量综合起来进行全方位的衡量、评价。高职院校外语教学通过收集利益相关者对外语教学质量的反馈信息,经过"教学输入—教学过程—教学输出—教学反馈"全过程的质量持续改进与提升,使高职院校外语教学质量保障形成一个闭合的环路。总之,全面质量管理理论就是要对高职院校外语教学活动进行全过程的监控,使外语教学的组织结构、程序和资源有机结合,实现从输入到输出全程的质量持续改进与完善。

最后,在全方位评价层面。运用全面质量管理理论,建立能体现高职院校外语教学特点的、较为完备的校内外语教学质量评价体系。首先要根据外语教学自身特点和培养目标要求进行调研,制定相关的评价指标,再对相关人员实行培训。然后建立负责质量咨询、评价等各项质量管理工作的专门机构,对照指标进行评价。外语教学质量评价包括实现全面质量管理所需的质量评价政策、机构、程序以及其他资源,它的建立应激发相关人员树立视提升外语教学质量为个人内在需要的意识,促使全体人员共同为提升质量而努力,从而保证最终成功实施全面质量管理。

全面质量管理理论作为全文的核心理论基础之一,对于制定全面、系统的质量保障策略,建立科学性、规范性和系统性于一体的外语教学质量保障长效机制有重要的应用价值。该理论主要运用在本书第七章第二节的对策建议部分。

3.2.3　教学质量保障理论在本书中的应用分析

其一,内部教学质量保障理论的应用分析。

内部教学质量保障的内容主要涉及学校层面、教师层面、学生层面等三个层面。高职院校外语教学内部质量保障的核心任务就是在这些层面建立起质量依存关系,形成全要素、网络化的、覆盖各个层次的质量保障。

学校层面的外语教学内部质量保障,主要指学校外语教学质量保障体系建设的完备情况,涉及学校外语教学质量保障的目标、框架、规划和氛围等四个方面。在目标方面。学校的外语教学质量目标是否与地方经济、社会发展要求相适应,与学校发展战略目标以及人才培养目标究竟有多大关联。在框架方面,学校整体层面的外语教学质量保障框架是否满足学生全面发展的要求。在规划方面,学校整体层面的外语教学质量保障规划是否科学明确、是否具有可操作性、实际执行效果是否明显等。在氛围方面,从学校整体层面出发,学校的外语教学质量文化建设,师生外语教学质量意识的培养、对学校外语教学质量的制度设计认同度以及对质量保障的参与程度都是学校层面营造外语教学质量保障氛围的首要的、基本的内容。

教师层面的外语教学内部质量保障主要研究外语教学师资队伍建设的科学性、可行性如何,主要包括师资质量保障的外部环境、考核标准、保障机制和建设规划等方面。首先,外语教学师资质量的保障是否有持续、有力的外部环境作为支撑。其次,是否有明确的外语教学师资考核标准。第三,是否建立了常态化的外语教学师资质量保障机制。最后,现有的外语教学师资质量建设规划是否有利于外语教学师资队伍在结构、数量和水平等层面获得持续稳步地提升等。

学生层面的外语教学内部质量保障主要研究外语教学是否有利于学生的外语自主学习能力和可持续学习能力的提升;是否满足学生职业能力和创业能力的提升;是否注重创意和创新,重视因材施教,注重分类培养和分层次教学;对学生的抱怨和投诉是否建立了响应机制;学生的事故是否得到有效控制;学生对外语教学的满意度是否逐渐提高;对于弱势群体的外语学习者是否建立特殊的帮扶机制等。

其二,外部教学质量保障理论的应用分析。

运用外部教学质量保障理论,需要从整体上把外语教学放在教育系统性发展的大背景下来考察,研究中介组织和政府如何深度参与外语教学外部质量评估体系,建立健全既相互制约又相互协调的权力结构和运行机制,充分地体现外语教学与外部互通互联的效应,使外语教学更好地适应社会和服务社会。

首先是中介组织研究。随着政府自身行为的规范、职能的转变以及权力的逐渐下移,社会中介组织介入职业教育的发展已经成为必然趋势。因此,要将外部教学质量保障理论应用于高职院校外语教学质量保障,对中介组织的研究就具有重要意义。一方面研究高职院校在鼓励扶持,配套管理,以及发展有利于行业中介组织存在的可行性;另一方面研究如何培育中介组织的规范性、独立性、中立性、公益性、公平公正性和权威性,使其切实履行好政府转移的职能,对政府、高校和社会担负起应该承担的责任,包括法律责任、经济责任、社会责任和道德责任等。

其次是政府作用研究。外语教学早已不是单纯的语言教学,需要承担着服务国家战略和对外交流的重要职能,具有明显的政治属性。高职院校外语教学的质量保障责任属于政府,是高等职业教育的政治属性决定的,这样的政治属性使高职院校外语教学的外部质量保障带有浓厚的行政色彩,其价值取向、政策制定、指标选取都是政府政治的需要,体现的是政府的意志。因此,运用外部教学质量保障理论,研究如何发挥政府的主体的作用,使高职院校外语教学在服务"一带一路"以及职业教育"走出去"等战略过程发挥作用是本研究的一个重点。

教学质量保障理论的核心是形成共同的教学质量价值,针对教学过程出现的问题进行质量保障,以形成质量保障的科学化、程序化和信息化。从内容上看,外部教学质量保障和内部教学质量保障共同作用,推动教学质量保障常态化机制的形成。在实践上,教学质量保障对指导外语教学质量的持续提高具有不可替代的现实意义。教学质量保障理论作为指导本研究形成对策的理论基础,其应用主要分布在本书的第七章第二节对策建议部分。

▼

第四章

外语教学质量的现状

4.1 问卷设计

外语教学"费时低效"的印象在社会上早已形成,人们对大众化时期高校外语教学质量表现出极大的"不满"①,主要体现为:投入增加了,为什么人们的心理预期和学生的外语实际水平与应用能力之间的差距还在扩大? 受教育机会增加了,为什么学生整体的外语水平与个体的外语水平仍没有大幅度提高,个体之间的外语水平为什么存在较大的不同? 这些疑问时至今日一直未得到满意的解答,已经引起社会的普遍关注。为回应社会的要求,自 1999 年高校扩招以来,教育部普通高校外语教学专业指导委员会已经于 1999 年、2004 年、2007 年和 2015 年先后 4 次调整和推出新的外语教学大纲或课程要求,教育部高职院校外语教学专业指导委员会也在 2000 年和 2010 年先后两次重新制定了高职高专外语课程教学指南。从 2013 年开始,教育部又开始启动研制国家层次的外语教学标准,希望为提高我国高校外语教学质量保驾护航。这些宏观层面的举措虽然比较及时,实践中也正在逐渐产生效果,但是这些措施都是自上而下的,对一线外语教学的具体情况的关注仍然较少。而外语人才的培养、外语能力的提高都是从最基础的外语教学开始的,某种程度上说,基层外语教学本身的质量最终决定国家整体层面的外语教学质量。鉴于此,本研究采用自下而上的思路,对我国东部地区的浙江省、中部地区的湖北省和西部地区的四川省等三个省份的高职院校外语教学开展问卷调查,试图获得反映高职院校外语教学质量现状的第一手材料,以此作为的本研究的数据基础。

---

① 鲁子问.外语教育规划:提高外语教育效率的可能途径[J].教育研究与实验,2006(05):41.

4.1.1 预试问卷设计

为使整个问卷调查有的放矢,在正式问卷调查之前,笔者对以前自主设计和参与设计并使用过的问卷进行了系统性的整理,以便发现问卷设计过程中可能出现的问题。笔者先后自主设计和参与设计过12份问卷,这些问卷可以分为三类:一是教师压力问卷调查,如高职院校外语教师职业倦怠调查、高职院校外语教师科研压力调查;二是高职院校生源情况调查,如高职院校外语专业生源调查、高职院校学生外语学习动机调查;三是教学管理调查,如高职院校外语课堂教学管理调查问卷等。通过对这些问卷的设计,以及后续的调查实施、数据处理与统计分析,笔者对问卷设计实务有亲身感受和充分了解。在分析了上述问卷后,结合本研究的目的,笔者确定将"高职院校外语教学质量现状"调查问卷分为"高职院校外语教学质量现状"和"个人背景"两个模块,其中,"高职院校外语教学质量现状"按照教师队伍现状、教学环境现状、教学管理现状、生源结构现状和社会服务现状等五个层次进行设计;"个人背景"模块按照性别、单位名称、职称和年龄等四个层次进行设计。在与本单位教研室教师讨论的基础上,笔者完成了预试问卷的设计(见附录1第一部分),并于2015年10月以浙江省高职院校公共外语教师为调查对象进行了预调查,本次调查一共发放纸质问卷75份,回收问卷72份,剔除不合规范的答卷12份,获得有效问卷60份。

4.1.2 正式问卷设计

预调查发现,预试问卷题目"FA 6教师听说能力有待提高""FA 7教师读写能力有待提高"均存在双重或者多重含义,受访者很难准确回答这两个问题。以"FA 6教师听说能力有待提高"为例,的确,外语教师本人外语听说能力强是外语教学质量高的具体体现,但是这个题目并没有明确指出是中文听说能力,还是外语听说能力,可能给受访者带来困惑。此外,在外语能力分类中,听的能力和说的能力是两种不同的能力,一般是分开描述的,笼统地说"听说能力"实际上是将二者混为一谈,不利于受访者回答,即使研究者获得了填答信息也无法准确解释。为此,在正式问卷设计中,笔者删除了这两个题目,将师资力量层次原来的 8 个题目调整为 6 个题目,同时对问卷题目进行了重新排列。此外,教学管理层次题目"MA 5 课程设置随意性大"与社会服务层次的题目"课程体系与工作环节脱节"在内容上有雷同,不能反映本构面的特征和关心的问题;"MA 6 外语教学管理确实重要"区分度不高,对于这个常识性问题的回答可能千篇一律,没有任何变化,不能给研究者提供更多更有用的信息,也会给后续的数据处理带来很多麻烦。例如,该题目的方差太小无法获得统计结果,导致项目分析需要进行数据删除等,才能应用于大范围的正式调查中。为此,正式问卷略去了这个题目,原来的 6 个题目变为 4 个题目。

经过讨论,本研究最终形成"高职院校外语教学质量调查问卷(正式版)"(见附录 2 第一部分)。调整后的高职院校外语教学质量调查问卷由两个模块,24 个题目组成。

4.2 调查过程

4.2.1 样本选取

本调查是一项教学质量调查,涉及的学科知识较多,用到的概念也较为专业,尽管教学至少涉及教师和学生两个方面,但高职院校的学生对于问卷题目的认识,尤其是对某些专业术语的理解能力仍然有限,根据研究条件和研究目的,本研究将调查对象确定为高职院校公共外语教师。理论上,调查对象涉及的总体应该是全国高职院校外语教师,但是获得这样的研究对象总体既不可能也没有可操作性。本研究从总体中抽取一定量的样本达到同样的研究目的,这样不仅可以减少人力和物力的消耗,而且有利于对样本进行深入研究,以提高研究的准确性和可靠性。[①] 本书采取非概率抽样,即便利抽样的方法,在遴选抽样区域时充分

---

① 秦晓晴.外语教学问卷调查法[M].北京:外语教学与研究出版社,2009:141.

考虑数据的代表性、可得性和有效性,便于抽取足够的样本量。由于笔者求学阶段的同学和朋友主要分布在湖北和四川两地的高职院校外语教学战线,对这两地的外语教学信息较为灵通,与他们沟通也较为容易。另外,笔者的学士学位和硕士学位分别在湖北和浙江取得,在校期间与两省的职业院校接触较多,并在多所职业院校实习过,对这两省的职业教育外语教学较为了解,至今与这些院校还保持着联系,获取数据相对容易。笔者毕业后在浙江从事高职院校外语教学 15 年,对浙江省高职院校外语教学了解甚多,获取数据没有任何困难。根据方便取样的原则,本研究选择东部地区的浙江省、中部地区的湖北省、西部地区的四川省三个省份的高职院校外语教师作为调查对象,根据需要在研究的不同阶段实施问卷调查。

4.2.2　调查实施

2015 年 10 月,笔者利用参加浙江省大学外语教学研究会高职高专分会的机会对浙江省高职院校外语教学质量现状进行了集中预调查,根据调查结果缩减了少量问题。2016 年 1 月至 6 月,7 月至 8 月,笔者利用假期学术会议分别完成对湖北省和四川省等两个省份的高职院校外语教学质量现状正式调查。两次正式调查均获得了会议主办方的同意和大力协助,并在会议现场向参会教师说明调查的目的、意义以及填答所需时间,调查结束,由受访者将答卷放在座位上,由会议志愿者统一将问卷回收。

4.3　结果及分析

本次高职院校外语教学质量状况调查分三轮进行,涉及我国东、中、西三个区域共 1775 名高职院校外语教师,发放调查问卷 1775 份,排除无效问卷,一共获得有效问卷 1143 份,利用 7 个等级的李克特量表编码法进行编号,1—很不同意、2—不同意、3—较不同意、4—中性(没意见)、5—有点同意、6—同意、7—非常同意,基本分析如下。

4.3.1　教师队伍现状分析(见表 4.1)

表 4.1　外语师资现状频率表

	很不同意	不同意	较不同意	中性	有点同意	同意	非常同意
FA 1 学校重视外语教师发展	16.5	25.4	32.5	4.9	7.9	8.7	4.1
FA 2 外语教师教学任务繁重	6.7	11.2	10.8	8.9	22.5	14.4	25.5
FA 3 外语教师的工作压力大	3.2	2.5	4.2	6.5	24.4	36.5	22.7
FA 4 外语教师角色定位模糊	2.2	3.7	6.9	10.2	16.8	26.8	33.4
FA 5 外语教师科研能力欠缺	1.7	4.2	8.9	10.6	20.4	15.6	38.6
FA 6 教师外语能力急需提高	5.3	8.9	7.8	9.7	14.7	26.3	27.3

　　高职院校外语教师是高职院校师资队伍建设的重要组成部分。以笔者所在的浙江省为例,截至 2015 年底,全省一共有 47 所高职院校,各校担任公共外语课程的教师平均数为 25 人,公共外语教师和专业外语教师的总和占到本校教师的 15% 以上。从全国来看,伴随着 20 世纪 90 年代以来高等职业教育的迅速发展,外语教师数量急剧增加,师资队伍建设取得了较大的成绩,但从调查的结果看,超过一半的外语教师认为学校并不重视外语教师发展,不同意率达到 74.4%。出现这种情况的原因固然与学校整体层面的师资发展政策调整有关,但根本原因还是在于外语教师自身:有行业从业经验的外语教师数量偏少,在职外语教师对相关行业、企业的发展状况了解不多,尚不具备学校要求的真正的“双师”素质,所任教的课程始终是“公共课”,而不是“专业课”,因此,外语教师不受特别重视,在学校资源有限的情况下,外语教师可能有被边缘化的趋势。另外,各地区对外开放水平的差异以及外语教学与经济、社会发展的适应性不佳等原因也是直接或间接导致学校不重视外语教师这一群体的重要原因。

　　调查中发现有 62.4% 的教师认为教学任务繁重。大部分公共外语教师既要承担外语公共基础课程的教学,还要讲授面向全校学生开设的选修课,如行业外语课程、专业外语课程等,外语教师疲于备课、上课、作业批阅和课后辅导,学校外语教师的教学任务繁重已经是不争的事实。

83.6%的外语教师认为工作压力普遍较大。原因有以下几个方面。第一,社会上持外语本族语的外籍教师越来越多,加上社会上大量的外语培训机构涉足校园,在激烈的竞争环境下,学生对外语教师的期望值越来越高,无形中给教师施加了极大的工作压力。第二,绝大部分外语教师都是普通本科高校外语专业毕业,从学校转到学校,没有经过行业和企业的历练,不熟悉行业发展动态,不具备企业一线工作经验,知识结构不能满足高职院校外语教学要求。第三,外语教师缺少对职业教育基本特征和外语教学特殊性的认识,教学中还在沿用初、高中老一套的学科教学方法,很难适应高职院校"适度、够用"的技能型教学,在学生要求越来越高,教师考核越来越严的情况下,教师的工作压力自然越来越大。第四,由于存在东、西地区差异,东部地区高职院校外语教师课时略显充足,西部地区课时严重不足,在学校院系调整过程中,部分高职院校将下设的外国语学院或者外语系改名为"人文学院"或者"基础部",有的院校甚至暂停开设外语专业和外语课程,有的院校出现多名教师争抢一个教学岗位的情况,有的院校外语教师因为课时不足被迫转岗,部分院校外语教师最基本的教学时数得不到保障,工作压力重重。

在有限的教学时数中,外语教师必须转变教学观念,纯语言教学已经无法适应高职教育的发展要求。从职业教育教学规律出发,外语教师应该行使其作为教学组织者、教学控制者、教学检测者和教学咨询者的职责,在教学过程中设计和组织教学活动,控制活动完成的时间和节奏,并对活动开展情况给予恰当的评价和反馈,帮助和激发学生发表个人的观点,培养学生的语言能力,同时找到解决问题的线索和方法。然而,从调研的情况看,77%的外语教师对于自己在教学过程中扮演的角色存在认识上的模糊。

在科研工作方面,调查结果显示,74.6%的教师认为个人科研能力欠缺。部分教师少有机会参加理论培训、学术会议或者与同行交流,很少去图书馆、学术中心浏览专业杂志和阅读相关教学资料,很少对个人的教学经验进行有意识地系统性反思,主动发现问题和研究问题的意识不强。总之,由于教学任务繁重,工作压力等因素,很少有精力专心于科研工作。通过知网搜索,发现外语教师发表论文的数量并不多,不仅如此,结合职业教育实际的本土化探究更少。

在"以学生为中心"的现状下,学生评价很大程度上决定教师质量的评价坐标下,要做到完全让学生满意确实不容易,而外语教师有时不受学生欢迎的重要原因有几个方面。首先,教师的外语水平还做不到无懈可击,外语水平还没有获得学生的真正认可。其次,外语教师缺少对其他知识的吸收,孤陋寡闻,说服不了学生,无法赢得学生的信任和支持,简言之,就是除了会讲语法没有什么可以真正启迪人家思考和智慧的灼见,真正的外语能力还有所欠缺。^① 调查中发现,68.3%的教师认为个人的外语能力急需提高。由于外语教师缺少真正体验外国文化和生活的机会,在质和量的方面均不足以应对外语教学,课堂上底气不足,多数情况下只能凭借感觉和经验来应付"差事",因而无法正确引导学生提高外语能力。^②

4.3.2 教学环境现状分析(见表 4.2)

表 4.2 外语教学环境现状频率表

	很不同意	不同意	较不同意	中性	有点同意	同意	非常同意
EN1 硬件设施应采用外语配合标示	1.7	4.2	18.4	19.7	18.4	16.7	20.9
EN2 学校积极营造外语文化软环境	8.5	12.9	10.7	16.2	21.9	18.4	11.4
EN3 外语教学缺少支持与服务环境	6.2	12.7	18.6	16.3	17.4	12.5	16.3
EN4 国家政策层面重视外语教学	3.2	5.2	8.7	14.9	23.4	29.2	15.4
EN5 高职院校外语教学面临危机	3.0	1.3	2.3	6.8	10.4	30.5	45.7

56%的教师认为,学校的硬件设施最好采用外语配合标示。现实情况是:高职院校教学场所和生活场所均缺少外语标示以及相对应的外文说明,学校图书馆可以提供的纸质期刊和音像资料中,外文的较少,即便在外文学院的外语教研室、外语实训室或外语学习中心,日常教学中的

---

① 刘润清.英语教师论一堂课的五个境界[J].英语教师,2010(12):4.
② 颜静兰.外语教师跨文化交际能力的"缺口"与"补漏"[J].上海师范人学学报(哲学社会科学版),14(01):138.

各种告示、板报、墙报和通知也很少用外语书写,缺乏外语标识,学生直接接触外语的机会有限,缺乏对外语的感性认识。

51.7%教师认为学校应该积极营造外语文化软环境。当前校园文化环境中缺少对外语环境的营造,缺乏对各种外语群团组织,如外语兴趣小组、外语角、外语俱乐部、外语沙龙等的扶持,课外外语活动较少,学生缺少外语操练的机会。此外,课堂外语环境营造不够,部分教师缺少创造课堂外语环境的意识,连课堂上常用的提示语、引导语以及简单的师生交流也很少用到外语,而是习惯于先用汉语,再将汉语翻译成外语,人为减少了学生正常用外语进行听说的机会,违背了外语教学规律,贻误了外语学习的时机,造成了教学资源的极大浪费。

由于信息技术的发展,学校外语教学的手段、方法、教学内容以及教学评价的方法都在悄然发生变化,外语教学的过程也产生了很多不同于传统外语教学的特征,现代技术的媒体支持与服务环境在外语教学中尤其重要。然而,46.2%的教师认为当前外语教学缺少媒体支持与服务环境。从目前利用的情况看,部分外语教师只会使用一到两个简单的功能,缺少对会话、测试、讨论等稍微复杂功能的了解和使用,没有充分发挥现代信息技术的作用。

68%的教师认为,国家从政策层面重视外语教学。一般而言,如果国家的外语政策与规划是积极的和支持性的,表明国家更重视外语,那么外语环境是开放的,外语所发挥的作用也会更大,对外语教学也是极其有利的。反之,如果这种政策是排斥和抑制性的,那么外语环境不可能很好,其对外开放水平、对外交往和国际化程度有限,对外语教学也是不利的。改革开放近40年以来,国家非常重视外语,外语教育成为推动现代化进程的重要策略,外语教学也因此获得空前的发展机遇,外语教学具有良好的政策环境。

然而,就在2015年,教育部颁布新的《高职院校外语教学大纲》,规定公共课外语教学时数由原来的3年360学时减少到180学时以内,外语教学课时由原来的每周4课时缩减到每周2课时以内,课时减少导致外语教师基本的工作量得不到保证,收入受到影响。更为严重的是,课时大幅度减少,在其他条件没有根本性变化的前提下,原先拟定的教学目标就无法实现。另外,随着专业设置、课程设置等权力的下放,有些省份高职院校也正在酝酿暂取消开设外语课程的计划,外语教学的整体环境不容乐观,86.6％的教师认为,高职院校外语教学将面临"出局"的危机。

4.3.3　教学管理现状分析(见表4.3)

表4.3　教学管理现状频率表

	很不同意	不同意	较不同意	中性	有点同意	同意	非常同意
MA 1 外语教师参与教学管理	19.2	25.7	18.4	6.3	9.2	16.3	4.9
MA 2 管理与成绩无直接关系	2.8	6.7	12.5	25.7	14.7	18.4	9.2
MA 3 外语教学管理制度缺位	1.2	3.1	5.2	16.8	17.6	29.5	26.6
MA 4 外语教学评价模式落后	2.8	2.3	3.2	17.2	26.4	29.2	18.9

　　教学管理对外语教学的影响虽然表面上无法察觉,却是客观存在的。要使外语教学过程高质高效,具备一定的教学管理水平也是必要的。尽管这种管理是潜意识的,但必须对外语教学过程做出适时、有效的反应。然而,调查中63.3％的教师不同意教师参与教学管理。原因在于:长期以来,教学管理问题对高职院校外语教学而言往往一个容易被忽视的问题,教师们普遍存在一种认识偏差,认为教学管理是学校教学管理部门、二级学院(系)教学管理人员和教研室负责人的职责,与自己无关,教师只要把课教好就行,没必要参与教学管理。

　　42.3％的教师甚至认为教学管理与成绩无直接关系。这种认识的产生有两层原因,一是部分教师认为学生的成绩是教师教出来的,如果与管理有关系,那也是间接的关系。二是比分教师认为学生的成绩是学生自学获得的结果,而教学管理是可有可无的。这种认识上的偏差所带来的是管理上的经验主义、教条主义的盛行,缺少对教学管理的理论性认识,实践中又缺少主动参与教学管理工作,仅依靠服从指令性的行政命令已成为外语教师参与管理的思维定式和既定模式。

　　教学过程和管理过程几乎并行发生。教学过程有条不紊、循序渐进都需要相应的教学管理制度与之匹配。调查中,73.7％的教师认为外语教学管理制度缺位。这种情况与传统上对教学管理制度的不重视和偏见有关。一是相关部门没有根据外语课程的特点制定具有针对性的教学管理制度,如外语课堂教学管理制度、外语课堂教学评价制度等,导致外语教学环节缺少有效地监管。二是现有教学管理制度松散,很难真正起到约束作用,自觉性不够强的教师利用制度上的漏洞,不认真备课,授课、辅导、批改作业,不认真对待学校和相关管理人员对自己的教学评价和反馈,我行我素,教学缺少原则性和责任性。

调查中74.5％的教师认为,现有的外语教学评价模式落后。原因如下,一是部分学校尚未结合本校实际制定教学质量评价指标。二是教学评价指标过于单调、死板,重数量、轻质量,部分指标主观性太强,存在内容偏颇,评价对象和评价目标尚不明确等问题。三是评价过程不透明,缺少有效监督,严重挫伤了外语教师的积极性。四是缺少对学生的过程性评价、形成性评价,而是以一次期末考试的终结性评价评定学生的学习效果,忽略了学生综合素质的发展,抑制了学生的学习兴趣和学习欲望,不利于学生的全面发展。

4.3.4　生源结构现状分析(见表 4.4)

表 4.4　生源结构现状频率表

	很不同意	不同意	较不同意	中性	有点同意	同意	非常同意
RE 1 理论基础知识不足	4.4	4.1	5.3	6.8	28.3	24.6	26.5
RE 2 外语学习方法欠缺	4.6	7.6	4.2	9.4	14.6	22.4	37.2
RE 3 外语学习动机缺乏	1	5.1	4.1	8.8	22.3	20.4	38.3
RE 4 外语听力能力较弱	1.9	1.3	1.7	8.7	19.5	18.5	48.4
RE 5 外语应用能力薄弱	6.6	4.2	4.9	6.9	10.3	25.9	41.2
RE 6 自主学习能力较弱	3.2	3.8	6.7	7.9	9.4	33.4	35.6

调查发现,79.4％的教师认为学生的理论基础知识不足。高职院校的学生主要是由"普高生"(普通高中毕业生)、"三校生"(中等职业学校毕业学生)和"五年一贯制"学生(初中毕业生和成人教育学校毕业生)构

成,生源结构复杂,入校前以外语基础知识学习为主,如简单的语法、词汇和语篇知识,理论基础知识略显不足。

74.2%的教师认为高职学生外语学习方法欠缺。大部分学生缺少对学习方法的提炼,没有形成适合个人实际的学习方法,外语学习常常是疲于应付;网络学习资源利用率低,缺少主动利用现代化、信息化手段提高外语学习效率的理念;外语学习还停留在传统的"背单词、背语法和题海战术"层面。

81%的教师认为学生外语学习动机缺乏。大部分学生受初、高中学习方式的影响,学习仍以考试为导向,对外语学习缺少学习热情和学习动力,学习提不起兴趣,主动成分少,被动成分多,学生对外语学习的意义认识不足,缺少适合个人的目标和计划,学习懒散,竞争意识不强。

86.4%的教师认为学生外语听力能力较弱。学生虽然掌握了一定的语法和词汇知识,具备了一定的阅读能力,但是外语听能力相对较弱,尚不能从简单的外语交际中获取信息,更难准确、流利地表达自己的想法。受初始学习基础的影响,大部分学生外语学习后劲不足,听不懂,也说不出,交际及语用能力薄弱。还有部分学生由于深层次的外语学习障碍,索性放弃外语学习。

77.4%的教师认为学生的外语应用能力薄弱。一是部分学生在课堂上忙于看板书,课后忙考试,不知道要学什么,也不知道如何学,外语学习完全沦为记单词、做习题、考试过关的简单轮回,应用能力欠缺。二是缺少应用外语知识的强烈愿望,很少主动参与外语实践活动,如各种大型的国际展会、贸易洽谈会,缺少练习外语的机会,应用能力低下。

高职生源构成的复杂性导致外语学习水平的多层性和外语学习需求的多样性,客观上给外语教学目标制定、活动安排和教学实施等方面带来了一定的困难。在教学时数限制、教学资源有限的情况下,外语学习主要依靠学生在课外自主学习。由于部分学生缺少明确的外语学习计划,自我控制能力较差,很难对个人外语自主学习做出适当的评价。调查中有78.4%的教师认为学生自主学习能力较弱。

4.3.5 社会服务现状分析(见表 4.5)

表 4.5 社会服务现状频率表

	很不同意	不同意	较不同意	中性	有点同意	同意	非常同意
SN 1 教学标准与社会要求脱节	4.6	4.4	6.1	6.2	26.1	28.2	24.4
SN 2 课程体系与工作环节脱节	6.4	2.7	5.4	1.9	28.4	22.4	33.7
SN 3 人才规格与社会需求脱节	3.7	5.6	8.2	6.8	23.7	35.2	31.8

高职院校教育教学服务社会需求能力的加强既是新常态下社会经济发展的需要,也是高等职业院校夯实内涵建设,提升自身实力,实现社会价值的关键所在。

78.7%的教师认为教学标准与社会要求脱节。由于学科本身的原因,教学标准的开发主要还是由学校说了算,很少考虑满足和服务社会的需求,教学内容主要还是外语听、说、读、写、译等五大部分,缺少与社会的融通和对接,与社会需求之间依然存在较大的距离。

84.5%的教师认为课程体系与工作环节脱节。部分学生在校期间学习的重点仍然是外语文化基础课程的理论学习,即使让学生参加社会实践,其目的也是为佐证课堂上传授的理论知识,大部分学生并没有真正意识到技术技能训练对于高职院校学生的重要性。重理论,轻技能是课程体系与工作环节脱节的重要原因。

85.7%的教师认为人才规格与社会需求脱节。部分高职院校还是在沿袭普通本科高校学术型人才培养模式,把高职人才的培养作为本科的"压缩饼干",还没有从根本上转向技能型人才培养,导致所培养的人才"高不成、低不就",与社会对人才规格的需求相差甚远。

4.4 讨论

4.4.1 关于教师队伍现状的讨论

截至 2016 年 12 月底,全国 1345 所高职院校一共有 67567 名外语教师,外语教师虽然规模庞大,但是外语教师在专业素质、职教理念、行业技能、语言能力等诸方面都存在进一步提升的空间。大部分外语教师,尤其是初入职教师,本身缺少其他学科或专业系统的知识结构和方法训练,更缺少企业或行业一线工作经历和实践锻炼,教育教学能力、科研与社会服务能力与利益关系人的要求还有较大距离。由于自身学科和专业的限制,教师服务经济、社会发展的能力也普遍较弱,师资力量不足已成为制约高职院校外语教学质量的关键,因而,外语教师不是多了,而是出现了极严重的结构性失调。这些问题表面上看是师资力量不足问题,实际上是高职院校外语教师与高职院校转型发展的大局不相适应的问题。

4.4.2　关于教学环境现状的讨论

不管是外语教学的"硬"环境,还是"软"环境,不管是国家层面,还是在院校层面,外语教学的环境都有待进一步优化。随着改革开放的深入和经济的快速发展,社会需求发生了巨大变化,营造良好的外语教学环境,提高学生的外语能力逐渐成为需求,但是这些需求正在被长期以来以"四、六级考试"为目标的外语应试教学所消解,导致高职院校外语教学即"费时"又"低效"。这些问题表面上看是外语教学环境缺乏问题,实际上反映的是微观层面的外语教学环境与宏观层面的外语教育规划不匹配问题。

4.4.3　关于教学管理现状的讨论

无论是从事高职院校外语教学的教师,还是教学管理人员,在应对学生数量增长对传统教学管理模式提出的挑战方面还缺乏清晰的认识和有效的对策,在适应生源水平差异性和学生需求多样性时对灵活的、适应多种需求的教学管理制度缺少成熟的经验。外语教学管理方式仍然较为单一粗陋,比较僵化,教学管理制度欠完善,评价模式落后。从整体上看,外语教学管理模式与学校内涵建设不完全同步。

4.4.4　关于生源结构现状的讨论

截至 2015 年底,全国 1341 所独立设置的高职院校均开设了外语课程,高职院校外语学习者数量过千万,达到 1048 万。与此同时,生源质量问题也已成为制约高职院校外语教学质量的根本性问题。随着高职院校之间竞争的不断加剧,生源的数量和质量都会不同程度低受到影响,水平一般的学校很难获得较为优质的生源,学生外语学习方法欠缺、学习动机缺乏,听说能力、应用能力和自主学习能力不足,导致外语教学质量不尽如人意。这些问题表面上看是生源结构失衡问题,实际上反映的是生源类型多样化与教育供给不足并存的关系问题。

4.4.5　关于社会服务现状的讨论

高职院校外语教学服务社会需求的能力有限。一是"双师"队伍建设无法满足正常的教学要求。二是由于学科本身的限制,专业向企事业单位提供技术服务和满足政府购买服务的能力极其有限,无法兑现服务经济社会发展和国家战略需求的承诺。三是课程建设、实践教学及校企合作的质量不高,无法与社会需求对接。四是当前适合高职院校外语专业学生统一的、权威的职业资格证书不多,毕业生获得职业资格证书的数量及质量均有限,毕业生就业堪忧。这些问题表面上看是外语教学服务社会的需求不佳问题,而实际上是外语社会服务职能定位与地方经济社会发展不协同问题。

上述这些问题整体上反映了一个本质问题:即经济结构调整对高职院校外语教学提出了新的要求,而外语教学并没有较好地反映这一要求,因而在师资队伍建设、教学环境、教学管理、生源结构和社会服务出现一系列不适应问题,而所有这些问题都与高职院校外语教学的质量问题有密切的关联,这便是本书聚焦的核心问题。如果外语教学质量的衡量标准不具有科学性,找不出影响外语教学质量的关键因素,如果外语教学质量的保障措施落不到实处,那么上述问题还会进一步延伸,甚至以新的形式在不同时期出现。

4.5　本章小结

本章通过自主开发的问卷对东部地区的浙江省、中部地区的湖北省和西部地区的四川省等三个省份高职院校外语教学质量现状进行问卷调查,发现我国高职院校外语教学在师资、生源、管理、环境、服务社会需求等诸方面均存在较为严重的问题。这些问题与外语教学质量存在极强的关联性。既然如此,外语教学质量到底是什么? 到底有哪些因素? 如何保障外语教学质量? 带着这些疑问,本研究将立足我国高职院校外语教学实际,对外语教学质量的内部结构维度、外部影响因素及其保障对策做进一步的研究。

▼

第五章

衡量外语教学质量的维度

5.1 质性访谈

5.1.1 访谈设计

质性访谈的目的在于发现受访者心中的"秘密",去接近受访者,让受访者带领访谈员进入其世界之中,找到研究者无法观察到的事件。[①] 本研究采用半结构化质性访谈(Semi-structured Qualitative Interview)的方式对 15 名受访者进行深入访谈(In-depth Interview),并从访谈的资料中形成结论、归纳理论,从而完成对外语教学质量的维度较为深入而完整的认识,为后续研究奠定稳固的基础。[②] 本研究的访谈对象遍布全国,这给运用扎根理论进行连续、深入的研究带来了很大不便。因此,本研究在正式访谈之前就设法与受访者取得了沟通,在获得了受访者同意的前提下,将大部分访谈任务集中安排在学术会议期间进行。在正式访谈之前,本研究收集了有关受访者姓名、性别、年龄、职务和教育背景等方面的信息(见表 5.1),并就访谈的时间和地点进行了粗略的安排。

表 5.1　外语教学质量维度受访者信息一览表

项目	属性	人数	百分比
性别	男	7	47%
	女	8	53%

① 科宾,施特劳斯.质性研究的基础:形成扎根理论的程序与方法[M].朱光明译.重庆:重庆大学出版社,2015:11.
② 苟费尔,布林克曼.质性研究访谈[M].范丽恒译.北京:世界图书出版公司北京公司,2013:12.

续　表

项目	属性	人数	百分比
年龄	25～30	1	6%
	31～40	5	34%
	41～50	3	20%
	51～60	6	40%
职务	普通外语教师	2	13%
	(公共)外语专业教研室主任	4	27%
	学校教务处处长	4	27%
	外贸公司总经理	4	27%
	教育部职业院校外语教指委委员	1	6%
教育背景	本科以下	2	13%
	本科	2	13%
	硕士及以上	11	74%

　　根据安排,本研究每次选择 1—2 名受访者分别进行个别访谈(Individual Interview),在访谈进行过程中,根据访谈进展对访谈内容和访谈重点作出必要调整,在给予受访者充分自由探讨的同时,将受访者的思路定位在本研究的框架范围以内,从而有效把握访谈的进程和方向。本研究对访谈的时间、回答的方式不做具体要求,由访谈员根据情况灵活处理。

　　为在有限的时间内深入了解外语教学质量的维度选取问题,本研究实施访谈导引,设计出了一个粗线条式的访谈提纲(见表 5.2),并赋予问题顺序,期望能从每一位受访者获取相同的信息,与此同时,访谈员也可以自由地发展问题,在提纲范围内任意地探索、调查和询问问题,以阐明核心论题。

表 5.2　外语教学质量的维度访谈提纲

序号	访谈的问题
1	您如何评价当前高职院校的外语教学质量?
2	您认为提高高职院校外语教学质量有无必要?

序号	访谈的问题
3	您认为高职院校外语教学质量应包括哪些方面的质量？
4	您认为高职院校外语教学质量的根本目标是什么？
5	您认为高职院校外语教学如何适应经济社会发展？
6	您认为高职院校外语教学如何才能满足个人外语学习需求？

原则上，本访谈按照访谈提纲进行，先从社会普遍关注的大学外语教学"费时低效"的问题开始，然后慢慢过渡到本研究的核心问题"外语教学质量"，并在受访者谈到"外语教学质量"的维度问题时实施进一步追问，如询问"您能否具体谈谈这方面"等问题，以鼓励受访者就核心问题发表深入的意见。作为研究者，在受访者畅所欲言的过程中，尽量配合受访者，避免个人的诱导性发言对受访者意见的干扰，全力做好服务工作，保持节奏，耐心等待，仔细倾听受访者意见，认真做好记录。

由于访谈对象需要担负一些本不属于他们的责任，加上受访者的积极性可能随着访谈的进展出现意料之外的变化，本研究从尊重受访者、保护受访者的权益和调动他们参与本研究的积极性出发，根据研究需要制定了一些原则，并在访谈开始之前以合理的方式向受访者说明。

原则之一：自愿介入原则。向受访者说明项目研究的目的和主要内容，并口头或者书面告知受访者参与访谈以及达到的要求，同时明示受访者有权利选择回答或者不回答。

原则之二：信息保密原则。在受访者允许的前提下对访谈内容做现场录音，并对访谈建立编号系统，将受访者的姓名与访谈信息分离，确保受访者的身份和某些敏感信息不向外界泄露，访谈结束后，将受访者名单销毁，避免给受访者带来不必要的心理困扰或潜在伤害。

原则之三：目的性随机抽样。为保证有利于本研究的最广、最全信息量的摄入，本研究根据研究目的选择能比较完整地、相对准确地回答本研究问题的15位受访者。其中，一线外语教师2名，约占全部受访者数量的13%；（公共）外语专业教研室主任4名，约占27%；学校教务处处长4名，约占27%；外贸公司总经理4名（曾为外语专业优秀毕业生），约占27%；教育部职业院校外语教指委委员1名，约占6%。

5.1.2 工具选择

本研究以澳大利亚 QSR(Qualitative Solutions & Research)公司开发的质性分析工具——NVivo 10.0 软件作为分析工具。NVivo 由 Nudist 和 Vivo 两部分组成,其中,Nudist 的全称为 Non-numerical Un-structured Data by Techniques of Indexing Searching and Theorizing,即通过索引、搜寻、理论化的方法对非数值型、非结构型数据进行处理;Vivo 的英文含义为自由自在,即方便快捷地实现数据的组织、分析和共享。目前,国内获得 NVivo 10.0 软件的渠道一般是直接从 QSR 官方网站下载 30 天试用期版本,这个版本可以满足研究周期较短的一般性研究的需要,而对于完成一篇博士论文却略显不够。鉴于此,笔者从 QSR 公司授权的国内代理商——北京雷安科技有限公司(www.leians.com,北京市海淀区苏州街 3 号大恒科技大厦南座 11 层,TEL:010-51961666)购买了 NVivo 软件经典款——NVivo10.0 中文正版软件。

NVivo10.0 是一款定性分析工具,其开发理念建立在扎根理论基础之上。通过对数据的反复探索、管理、发掘和查找,进而提出概念或假设。该软件在社会科学和教育等领域有广泛应用,尽管如此,仍然无法取代专业的分析知识或分析技能,只能作为一种辅助的内容分析手段,以其强大的编码、查询和资料管理功能提高分析的准确性、高效性和研究结论的科学性。NVivo 软件与传统的词频分析有本质的区别:传统的词频分析只能代表某个词语或者某个段落的意思,而不能准确反映特定的社会条件下文本的准确内涵。对于非数值型、非结构化的访谈资料而言,更适合采用质性研究,NVivo 软件是完成这种研究的必选工具。

NVivo 10.0 软件有一套完整的专业术语,本研究中涉及编码、编码带、节点、创建新项目等基本术语。编码是根据主题、标题或者案例处理资料的过程,例如,选择关于交际能力的语句并对"交际能力"编码等。编码带是用来显示某个材料来源中已编码的内容,以编码组的形式呈现。节点是编码的容器,收集某个位置的资料,试图发现该位置呈现的模式或想法。创建新项目即在本地计算机或网络驱动器上创建新的单机项目,并根据需要更改默认的文件名和位置,例如,本研究根据研究内容创建"外语教学质量的维度"单机项目,并在 D 盘我的文档位置将其命名为"外语教学质量的维度.nvp"项目。

根据研究的需要,本研究主要使用 NVivo 10 软件的如下功能。

功能之一:编码功能。最基本的编码有两种路径,一种路径是"由粗到细"编码,先将转录后形成的资料内容组织成宽泛的主题,然后对每个主题的节点进行更加细致的编码。例如,本研究可以先把"听力能力"有关的内容组织在一起,然后进一步发掘节点,探寻有关"听力能力"这个主题的有意义的观点、矛盾或假设。另外一种路径是"由细到粗"编码。先是直接对资料进行逐行逐句编码,之后合并节点并对其分组,形成主题。这两种编码路径可以交替使用,编码时只需要在明细视图中打开资料来源,选择要编码的内容,将选定的内容拖动到节点即可。此外,编码过程中可能会产生新的想法,这时需要创建新的节点并在该位置进行编码,新节点会添加到原有的节点层次结构中,并在列表视图中重新组织和处理节点。不管是哪种路径的编码,编码过程绝不是简单的文字聚类或叠加,研究者需要展开深入、细致的思考,阐发对数据的想法。例如,询问受访者谈论的主题是什么? 为什么要谈论这个主题? 与其他主题又是什么关系等?

功能之二:模型创建功能。研究者根据过往研究经验,通过对数据的编码,运行报表发现数据的关系或模式。例如,可以查看哪些节点常用,哪些节点出现的频率很小,这些节点是否在其他的访谈材料中出现过,节点之间的关系如何,并在备忘录中详细记录这些想法,分析已经编码的节点是否达到饱和状态,通过运行搜索功能查询一些粗略的编码,决定是否继续编码。

功能之三:备忘录、批注和链接功能。备忘录和批注是利用 NVivo 10 软件进行质性研究的重要功能,通过它们记载研究者对材料来源或节点中特定内容的评论或提醒,或者讲述关于项目本身的故事,"与自己对话",叙述个人的早期的预感以及原始假设逐渐走向成熟的心路历程,并可以将其被链接到相应的材料来源或节点,也可与不同的项之间建立连接,指出问题、惊讶、矛盾或者显示一系列事件。通过使用备忘录、批注和链接功能,有助于提高研究发现的透明度和可靠性,轻松展示理论的演变过程。

本研究除了使用上述三个重要功能以外,还使用到了软件的查询功能、报表创建功能、模板导出功能、聚类分析功能和可视化等功能,限于篇幅,不一一赘述。

5.1.3 数据收集

虽然质性分析的重点在于从零散的经验事实中抽象出概念和理论,但是并不意味着资料本身不重要,相反,收集一手的资料(数据)仍然是任何质性分析的重要环节。另外,如何较为科学地组织、保存和储存这些数据以便于使用 NVivo 软件进行分析是研究者必须考虑的一个重要问题。根据扎根理论的要求,本研究首先对 15 位受访者的访谈文稿进行了转录(即将访谈从口语形式转换到书面形式),再根据 NVivo 软件对数据的要求对转录文稿进行简单的格式调整,形成可供本研究分析的经验性数据来源。

5.1.3.1 数据收集的原则

一是资料的相关性原则。本研究选择能对外语教学质量的维度构成提供最多信息的受访者作为访谈对象,其人员构成已经在本研究的研究设计中予以说明。他们有的是外语教学的从业者,有的是外语专业毕业的行业领军人物,有的是外语教学的管理者,均与本研究的核心问题构成最大的相关性。由于访谈主题设计到一些基本概念和知识性问题,在校学生对这些概念和知识了解并不多,尚不能提供充足信息,故本研究不计划访谈学生群体。

二是资料的代表性。本研究的受访者群体集中了一批"专家",有代表基层教学组织意见的资深教师和教研室主任,有代表中层教学管理部门意见的教务处领导,有代表行业、企业和第三方非教学部门意见的企业经理,还有高层主管高职院校外语教学的教指委领导,他们提供的信息充分体现了研究主题的权威性和当前我国高职院校外语教学质量的主流意见。在对这些主流意见构成的访谈资料进行初步编码后，发现不再有新的信息产生，故只选择 15 位有代表性的受访者进行资料挖掘，不再增添新的受访者。

根据扎根理论的要求，结合资料的性质和本研究的目的，以及可投入的时间、人力和财力，本研究参照切逊、佩尔和施米德（DRESSING T，PEHL T，SCHMIEDER C）的观点[①]，对本研究中访谈资料（数据）的转录制定了如下几条规则。

其一是符合书面语要求。必须一字不差地转录，标点符号符合书面要求，任何方言必须转换成标准汉语，如果遇到不清楚的、含糊难懂的词语必须在转录时予以标注，任何反对意见必须转录在括号里。

其二是纳入非语言特征。如实转录受访者的音量、语调、语速、拖腔、呼吸、重复和停顿等细节性特征，增加转录的准确程度。

其三是遵守伦理道德。凡是转录中遇到的敏感话题，本研究承诺采取措施保护受访者的隐私，待完成本研究后要及时删除录音。对于某些可能被识别出的受访者身份以及访谈中涉及的事件及个人，转录过程中均做出了相应的掩饰。如果受访者对转录稿表现出羞愧、痛苦，或者认为对个人或者他人有构成不道德的污辱，访谈者必须充分尊重受访者的意见，给予解释或改进，或删略，或改述。

为准确起见，本研究拟采用国际上公认的质性访谈转录标记系统——*Jefferson* 转录标记系统（1984）（见表 5.3）对 15 位受访者的访谈逐一转录，并以 01 号受访者——李老师为例，详细展示资料转录过程（如图 5.1），其他 14 位受访者的转录资料可联系本人，邮箱地址为：1071792977@qq.com。

---

① DRESSING T，PEHL T，Schmieder C[M/OL].Manual（on）Transcription. Transcription Conventions，Software，Guides and Practical Hints for Qualitative Researchers 2nd edition. Retrieved. http://www. Audiotran-skription. de ／ English ／transcription-practicalguide. htm. 2010 -04 -13.

表5.3　Jefferson 标记系统（1984）①

标记符号	基本含义
［text］	受访者话语重复
＞text＜	受访者语速比平常快
＜text＞	受访者语速比平常慢
（text）	访谈者转录过程中不清楚的地方
Or(.hhh)	可听到受访者的吸气声
(hhh)	可听到受访者的呼气声
＝	受访者一句话的中断以及随后的连续
(# seconds)	话语停顿,一般以秒为单位计算
.or ↓	受访者语调降低或低音
（ALL CAPS）	受访者音量过大
(? or↑)	受访者语调逐渐升高
……	受访者声音拉长
(.)	简短停顿,一般不超过 0.2 秒
((italic text))	受访者肢体行为注释
underline	受访者强调的话语
。	受访者低语、低音量的话语
—	受访者话语突然中断或被打断
,	受访者语调临时升高或者降低

5.1.3.2　数据收集的步骤

本研究参照库卡茨（KUCKARTZ U）的观点②,严格遵循以下步骤收集相关数据。

第一步:在计算机上转录文本。第二步:校对转录文本并作必要的修改。第三步:对转录文本作匿名处理。本研究采用受访者编号加姓氏加身份的形式命名文本,如"01 号受访者——李老师""03 号受访者——黄主任"等。第四步:编排转录文本格式,便于最优化地利用 NVivo 10 软件。第五步:将转录文本以 DOC/X 的形式保存在本地计算机 D 盘的文档目录下我的文档位置,文件名为"外语教学质量的维度.nvp"。第六步:将转录文本定稿,输入 NVivo 10 软件。

---

① 　JEFFERSON. Transcription Notation[A]. In J.Atkinson & J.Heritags(eds),Structures of Social Interaction[M]. New York: Cambridge University Press,1984.

② 　KUCKARTZ U. Qualitative text analysis: a guide to methods, practice and using Software [M]. SAGE : Publications, Inc.,2014.

访谈员：李老师好，用您认识事物的方式来理解您对高职院校外语教学质量的认识，您如何评价当前高职院校的外语教学质量？受访者：我从事高职院校外语教学已经有十五年了（#seconds），如果要我谈谈对目前高职院校外语教学质量现状的评价(.)，我认为，高职院校外语教学质量总体上是好的，社会上对高职院校外语教学质量总体上是肯定的(. or ↓)，但是，随着近几年招生制度的调整，生源不如以前，外语教学质量有所滑坡。

访谈员：嗯，那么，您认为提高高职院校外语教学质量有无必要？受访者：当然有必要（# seconds）（ALL CAPS）。某些中小型外贸公司对高职院校外语专业毕业生需求还是很大的，对于其他专业而言(.)，在学好专业的前提下(italic text)，掌握一门外语，还是很受社会欢迎的，因此，个人认为，提高高职院校外语教学质量还是很有必要的（? or↑）。

访谈员：既然如此，您认为高职院校外语教学质量应包括哪些方面的质量？受访者：高职院校外语教学与本科高校的外语教学还是有很大区别的(. or ↓)。本科院校外语教学重视外语学科知识的掌握(italic text)，高职院校外语教学侧重外语学科知识的运用(italic text)，如果要谈质量，也是学生运用外语知识的程度，运用地好，我们认为是高质量的，反之就是低质量的。所以，我认为，高职院校外语教学质量主要还是学生的外语实际应用能力吧(……)。

访谈员：现在我们来谈谈另一个话题，您认为高职院校外语教学质量的根本目标是什么？受访者：高职院校外语教学质量的根本目标应该是培养学生的外语交际能力（#seconds），当然(hhh)，这个目标与本科高校校外语教学目标是有程度上的区别的（? or↑）。高职院校的毕业生去向是企业一线工作岗位，对于学习外语的学生而言，企业需要什么，学生就学什么（? or↑），没有必要达到本科学生的程度(.)，能用就行(……)。

访谈员：您能不能告诉我高职院校外语教学质量如何适应经济社会发展？受访者：当前，正值国家实施"一带一路"倡议的重要时期(. or ↓)，职业教育不仅要满足本国经济社会发展的要求，还要满足"一带一路"沿线国家的需求，要满足这些需求，外语教学要跟上，外语学习也不仅仅是学习某个国家的语言，还需要对这些国家人民的文化、习俗、思维和认知方式有一个了解，外语教学的实质是语言背后的文化内涵、价值观和思维过程。

访谈员：嗯，您认为高职院校外语教学质量如何才能满足个人外语学习需求？受访者：提高高职院校外语教学质量关键还在于学生本人(ALL CAPS)，只有学生个人的外语水平提高了，外语教学才可能被认为是有质量的（? or↑）。当然(.)，仅仅凭课堂上有限的几节外语课，是不能满足个人外语学习需求的(. or ↓)，因此，课外要培养学生的自学能力品质(……)。外语水平高的学生都是通过大量的课外自主学习实现的。

图 5.1　01 号受访者——李老师访谈资料转录过程

5.1.3.3　数据收集情况汇总

用于 NVivo 10 分析的访谈资料清单如图 5.2 所示。这些访谈资料均属于半结构化数据，基本按照事先制定的访谈提纲排列，内在逻辑关系明显，主要概念基本一致。本研究根据简单的词语相似性比较进行初步分类和整理，获得对数据的初步认识，便于在接下来的编码分析中作适时调整，有利于最终确定外语教学质量的维度结构。

名称	修改日期	类型	大小
01号受访者-李老师.doc	2015/7/2 8:55	Microsoft Office...	33 KB
02号受访者-吴老师.doc	2015/7/2 8:57	Microsoft Office...	37 KB
03号受访者-黄主任.doc	2015/7/5 4:40	Microsoft Office...	36 KB
04号受访者-田主任.doc	2015/7/5 5:07	Microsoft Office...	39 KB
05号受访者-翁主任.doc	2015/7/6 23:41	Microsoft Office...	36 KB
06号受访者-张主任.doc	2015/7/7 0:46	Microsoft Office...	35 KB
07号受访者-胡处长.doc	2015/7/10 11:19	Microsoft Office...	35 KB
08号受访者-陈处长.doc	2015/7/10 8:58	Microsoft Office...	35 KB
09号受访者-徐处长.doc	2015/7/13 3:28	Microsoft Office...	35 KB
10号受访者-张处长.doc	2015/7/13 3:42	Microsoft Office...	34 KB
11号受访者-周经理.doc	2015/7/17 8:59	Microsoft Office...	34 KB
12号受访者-李经理.doc	2015/7/17 15:11	Microsoft Office...	36 KB
13号受访者-苏经理.doc	2015/7/23 8:30	Microsoft Office...	35 KB
14号受访者-余经理.doc	2015/7/23 9:01	Microsoft Office...	34 KB
15号受访者-牛委员.doc	2015/7/27 9:02	Microsoft Office...	37 KB

图 5.2   用于 NVivo10.0 分析的访谈原始资料清单

从这 15 位受访者的访谈转录资料(数据)的文本内容(如图 5.3)看，01 号受访者——李老师比较关注高职院校外语教学质量与普通本科院校外语教学质量的区别，认为高职院校外语教学质量侧重于简单的外语应用，而不是沿袭本科掌握系统的学科知识。12 号受访者——李经理和 14 号受访者——余经理更多的是从企业对外语人才的需求出发，阐述高职院校外语教学质量的内涵是在于将外语使用于具体的岗位和工作过程中，将其应用程度作为判断外语教学质量高低的标准。13 号受访者——苏经理则进一步强调了这一标准。05 号受访者——翁主任和 10 号受访者——张处长认为语言能力、自学能力的培养应该成为高职院校外语教学质量的重要判断标准，这一标准同样获得 11 号受访者——周经理的积极回应。02 号受访者——吴老师和 03 号受访者——黄主任均认为高职院校外语教学质量不高，强调未来应该重视语言本身的学习质量、应用外语解决实际问题的质量以及学生本人自主学习外语的质量等三个方面质量的提高。08 号受访者——陈处长和 09 号受访者——徐处长也给予了类似的评价。07 号受访者——陈处长则强调学生听力能力和表达能力很弱，外语教学与社会需求脱节，强调从社会需求角度实施外语教学，提高外语教学质量。而 06 号受访者——张主任则从外语教学本身出发,认为学科知识掌握的多寡应该成为衡量外语教学质量的基本维度。04 号受访者——田主任和 15 号受访者——牛委员则强调外语教学质量的高低应该让社会和教学对象说了算,认为在行业背景下培养学生的语言能力是提高外语教学质量的重要路径。

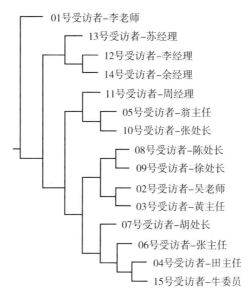

01号受访者-李老师
13号受访者-苏经理
12号受访者-李经理
14号受访者-余经理
11号受访者-周经理
05号受访者-翁主任
10号受访者-张处长
08号受访者-陈处长
09号受访者-徐处长
02号受访者-吴老师
03号受访者-黄主任
07号受访者-胡处长
06号受访者-张主任
04号受访者-田主任
15号受访者-牛委员

图 5.3 基于词语相似性聚类的访谈材料来源图

5.1.4 编码分析

在仔细整理每位受访者访谈转录文本的基础上,本研究将数据输入NVivo 10 软件,运用开放式编码概括出访谈资料中出现的重要概念、事件或主题。在反复斟酌、不断梳理和深入辨析的基础上,本研究运用主轴编码将这些概念、事件和主题进行聚类,获得主类属。在对主类属之间关系的反复辨析的基础上,本研究运用选择性编码,结合相关文献分析和个人经验,确定核心类属(维度)。

第一阶段:开放式编码。开放式编码集中在对原始访谈资料进行初步分析方面,目的在于发现本研究可能涉及的基本概念和关键事件。这一阶段的编码是初始的、未定的,要求研究者对访谈资料完全持一种开放的态度,尽量"悬置""偏见"和"打破""定见",在自然状态下对资料进行编码,呈现资料本身的样态。此外,为保证编码结果的信效度,每访谈1 名(一般不超过 2 名)受访者后及时进行整理与编码处理,根据编码的节点和编码带的密度及颜色提供的信息,适时调整访谈的要点,控制访谈的进展。以 2015 年 7 月 2 日创建的 01 号受访者——李老师开放式编码过程为例(图 5.4);截至 2015 年 7 月 5 日 18 时 20 分,一共对 01 号受访者——李老师的访谈编了 14 个码(节点),包括 4 个第一层级的编码(外语应用、满足需求、交际能力和自学外语)和 10 个子码(分别是学科知识运用、实际应用能力;满足社会需求、服务专业需求、个人发展需求;适应岗位需要、外语语言学习、跨文化理解能力;合理安排时间、课外自主学习)。其中,"外语应用"这个码(节点)被编了 7 处(7 个参考点),"学科知识运用""实际应用能力"分别被编了 5 处和 2 处;"满足需求"这个码被编了 11 处,"满足社会需求""服务专业需求""个人发展需求"分别被编了 5 处、1 处和 5 处;"交际能力"被编了 5 处,"适应岗位需要""外语语言学习""跨文化理解能力"分别被编了 2 处、1 处和 2 处;"自学外语"被编了 4 处,"合理安排时间""课外自主学习"分别被编了 2 处。根据编码带的密度及颜色,"满足需求"这个码的编码带密度最大(条数最多),颜色最深(深红色),代表这个码提供的信息最丰富,意味着接下来需要将"满足需求"作为一个要点进行深入访谈。

在全部开放式编码环节中(图 5.5),01 号受访者——李老师贡献了 14 个编码,提供了 19 个编码出处;02 号贡献了 58 个编码,提供了 153 个编码出处;03 号贡献了 50 个编码,提供了 106 个编码出处;04 号贡献了 74 个编码,提供了 147 个编码出处;05 号贡献了 70 个编码,提供了 113 个编码出处;06 号贡献了 63 个编码,提供了 131 个编码出处;07 号贡献了 37 个编码,提供了 78 个编码出处;08 号贡献了 36 个编码,提供了 63 个编码出处;09 号贡献了 38 个编码,提供了 68 个编码出处;10 号贡献了 43 个编码,提供 82 个编码出处;11 号贡献了 30 个编码,提供了 53 个编码出处;12 号贡献了 38 个编码,提供了 60 个编码出处;13 号贡献了 28 个编码,提供了 61 个编码出处;14 号贡献了 15 个编码,提供了 21 个编码出处;15 号贡献了 36 个编码,提供了 90 个编码出处。

节点

名称	材料来源	参考点	创建日期	创建人	修改日期	修改人
外语应用	1	7	2015/7/2 17:04	XNM	2015/7/5 18:19	XNM
学科知识运用	1	5	2015/7/2 17:12		2015/7/3 17:21	XNM
实际应用能力	1	2	2015/7/2 17:14		2015/7/5 17:18	XNM
满足需求	1	11	2015/7/5 16:48		2015/7/3 17:42	XNM
满足社会需求	1	5	2015/7/2 16:49		2015/7/3 17:27	XNM
服务专业需求	1	1	2015/7/2 16:49		2015/7/3 17:21	XNM
个人发展需求	1	5	2015/7/2 16:50		2015/7/3 17:29	XNM
交际能力	1	5	2015/7/2 17:04		2015/7/5 18:19	XNM
适应岗位需要	1	2	2015/7/2 17:17		2015/7/2 17:18	XNM
外语语言学习	1	1	2015/7/4 17:32		2015/7/4 17:32	XNM
跨文化理解能力	1	2	2015/7/2 17:34		2015/7/4 17:34	XNM
自学外语	1	4	2015/7/2 17:05		2015/7/5 16:20	XNM
合理安排时间	1	2	2015/7/2 17:07		2015/7/2 17:30	XNM
课外自主学习	1	2	2015/7/2 17:07		2015/7/2 17:08	XNM

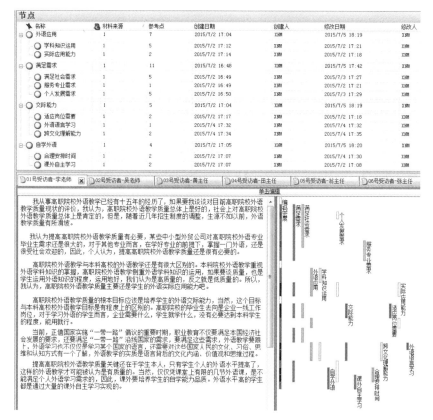

图5.4　01号受访者——李老师开放式编码过程示例

访谈

名称	节点	参考点	创建日期	创建人	修改日期	修改人
01号受访者-李老师	14	19	2015/7/2 16:42	XNM	2015/7/5 11:14	XNM
02号受访者-吴老师	58	153	2015/7/2 23:24	XNM	2015/7/3 0:24	XNM
03号受访者-黄主任	50	106	2015/7/5 3:19	XNM	2015/7/5 3:19	XNM
04号受访者-田主任	74	147	2015/7/5 4:53	XNM	2015/7/5 4:53	XNM
05号受访者-翁主任	70	113	2015/7/6 23:41	XNM	2015/7/6 23:41	XNM
06号受访者-张主任	63	131	2015/7/7 0:27	XNM	2015/7/7 0:27	XNM
07号受访者-胡处长	37	78	2015/7/10 11:01	XNM	2015/7/10 11:01	XNM
08号受访者-陈处长	36	63	2015/7/10 15:47	XNM	2015/7/10 16:02	XNM
09号受访者-徐处长	38	68	2015/7/13 3:15	XNM	2015/7/13 3:15	XNM
10号受访者-张处长	43	82	2015/7/13 3:43	XNM	2015/7/13 3:56	XNM
11号受访者-周经理	30	53	2015/7/17 14:28	XNM	2015/7/17 14:30	XNM
12号受访者-李经理	38	60	2015/7/17 14:57	XNM	2015/7/17 14:57	XNM
13号受访者-苏经理	28	61	2015/7/23 8:31	XNM	2015/7/23 8:52	XNM
14号受访者-余经理	15	21	2015/8/18 16:59	XNM	2015/8/18 17:09	XNM
15号受访者-牛委员	36	90	2015/7/27 23:09	XNM	2015/7/27 23:28	XNM

图5.5　受访者贡献的编码(节点)及编码出处(参考点)示意图

开放式编码环节一共获得 134 个基本概念,继续编码没有新的概念产生,证明编码已经达到饱和状态,通过进一步的过滤和浓缩,共获得 25 个类属(见附录 5)。这 25 个类属分别是听力能力、口语表达、阅读能力、写作技能、语言知识、交际策略、心理生理机制、社会规范敏感度、语言变体敏感度、语域差异敏感度、情景、过程、产出、语境、语篇、行为、生源、个体差异、分层教学、学习策略、能力评价、学习结果评价、自立性、自为性和自律性。现以"听力能力"的编码为例予以具体说明(见图 5.6):"听力能力"类属一共来自 10 个受访者访谈(材料来源),其中,子类属"听懂生活信息""听懂操作指令"均来自 3 个受访者访谈,7 个基本概念除"听懂题材较熟悉的讲座"和"能听懂常用物品的介绍"来自 1 个访谈外,其他五个均来自 2 个访谈;在 25 个编码出处(参考点)中,"听力能力"自身被编码 12 处、"听懂操作指令"被编码 1 处,7 个基本概念被编码 12 处。

节点						
名称	材料来源	参考点	创建日期	创建人	修改日期	修改人
听力能力	10	25	2015/8/16 19:14	XIMM	2015/8/18 16:52	XIMM
听懂生活信息	3	5	2015/8/1 22:30	XIMM	2015/8/12 8:44	XIMM
听懂日常生活中的交谈	2	2	2015/7/6 23:49	XIMM	2015/7/8 22:24	XIMM
听懂语速稍慢的材料	2	2	2015/7/7 1:18	XIMM	2015/7/9 12:34	XIMM
听懂题材较熟悉的讲座	1	1	2015/7/7 0:19	XIMM	2015/8/31 11:31	XIMM
听懂操作指令	3	8	2015/8/1 22:31	XIMM	2015/8/15 23:11	XIMM
能抓住操作过程的要点	2	2	2015/7/6 0:23	XIMM	2015/7/10 17:37	XIMM
能听懂岗位常用的指令	2	2	2015/7/6 0:24	XIMM	2015/6/28 11:03	XIMM
能听懂简易的操作说明	2	2	2015/7/6 0:26	XIMM	2015/7/11 14:39	XIMM
能听懂常用物品的介绍	1	1	2015/7/6 0:26	XIMM	2015/7/14 4:34	XIMM

听力能力			
名称	在文件夹中	参考点	覆盖率
02号受访者-吴老师	内部材料\\访谈	8	2.66%
03号受访者-黄主任	内部材料\\访谈	5	1.70%
04号受访者-田主任	内部材料\\访谈	2	1.00%
05号受访者-翁主任	内部材料\\访谈	2	1.78%
06号受访者-张主任	内部材料\\访谈	1	0.34%
07号受访者-胡处长	内部材料\\访谈	2	4.77%
08号受访者-陈处长	内部材料\\访谈	1	0.27%
12号受访者-李经理	内部材料\\访谈	1	1.22%
13号受访者-苏经理	内部材料\\访谈	1	1.79%
15号受访者-牛委员	内部材料\\访谈	2	0.25%

图 5.6　"听力能力"编码形成的基本概念及类属示例

表 5.4 列出了"听力能力"编码的具体出处(参考点)及覆盖率。其中,02 号受访者——吴老师提供 8 处,数量最多,占该访谈转录文本字数的2.66%(覆盖率);07 号受访者——胡处长提供的编码出处虽然只有 2 处,但是其覆盖率达到 4.77%,表明这两位受访者相对而言更加重视"听力能力"在建构外语教学质量维度过程中起到的作用。

表 5.4 "听力能力"编码的出处(参考点)及覆盖率

受访对象	已编码参考点及覆盖率
02 号受访者——吴老师	参考点 1:听力(0.08%);参考点 2:能听懂日常话题交谈(0.37%);参考点 3:听懂语速较慢的媒体材料(0.46%);参考点 4:听懂题材熟悉的讲座就已经不错了(0.62%);参考点 5:能抓住要点(0.21%);参考点 6:听懂岗位常用指令(0.33%);参考点 7:能听懂操作说明(0.29%);参考点 8:能听懂产品介绍(0.29%)。
03 号受访者——黄主任	参考点 1:听力(0.31%);参考点 2:听懂熟悉的听力材料(0.42%);参考点 3:听懂语速较慢的媒体材料(0.53%);参考点 4:听懂岗位常用指令(0.08%);参考点 5:能能听懂操作说明(0.35%)。
04 号受访者——田主任	参考点 1:部分学生仍然是听不懂的"聋子"(0.65%);参考点 2:能听懂简单的交谈(0.35%)。
05 号受访者——翁主任	参考点 1:学生的语言能力的培养方面应该培养听力能力(1.19%);参考点 2:能抓住听力内容的要点(0.59%)。
06 号受访者——张主任	参考点 1:学生听不准(0.34%)。
07 号受访者——胡处长	参考点 1:我认为本研究的学生听力能力和表达能力很弱,很少听到他们讲外语(2.13%);参考点 2:主张高职院校外语教学要回归,回到基本的听说能力培养方面,注重实用性外语教学(2.64%)。
08 号受访者——陈处长	参考点 1:听力能力(0.27%)。
12 号受访者——李经理	参考点 1:听说读写能力(1.22%)。
13 号受访者——苏经理	参考点 1:学生不会听、不会讲,这样的外语学习是失败的外语学习(1.79%)。
15 号受访者——牛委员	参考点 1:听不出(0.15%);参考点 2:听力(0.10%)。

　　第二阶段:主轴编码。经过开放式编码获得的类属,其意义仍显得分散和模糊。主轴编码的作用在于通过寻找类属结构之间潜在的意义联结,将各个分散的类属进行二次审视和聚拢。经过重新归类,结合本研究的目的,25 个类属可以归纳为 8 个主类属(见图 5.7),分别是语言能力、交际能力、社会语言能力、语言使用、语用能力、学习者中心、自我评价和自我监控,表 5.5 就主轴编码形成的主类属编码进行了较为详细的释义。

节点								
名称	材料来源	参考点	创建日期	创建人	修改日期	修改人	
语言能力	12	93	2015/8/30 23:20	XNM	2015/9/9 12:26	XNM	
听力能力	10	25	2015/8/30 23:21	XNM	2015/9/1 3:56	XNM	
口语表达	12	31	2015/8/30 23:21	XNM	2015/9/8 2:03	XNM	
阅读能力	9	15	2015/8/30 23:21	XNM	2015/9/3 13:27	XNM	
写作技能	8	22	2015/8/30 23:21	XNM	2015/9/5 8:02	XNM	
交际能力	15	110	2015/8/30 23:23	XNM	2015/9/8 2:03	XNM	
语言知识	14	86	2015/8/30 23:23	XNM	2015/9/8 2:03	XNM	
交际策略	9	15	2015/8/30 23:24	XNM	2015/9/3 13:29	XNM	
生理和心理机制	3	9	2015/8/30 23:25	XNM	2015/9/5 8:02	XNM	
社会语言能力	14	104	2015/8/30 23:25	XNM	2015/9/9 12:26	XNM	
社会规范敏感度	14	73	2015/8/30 23:26	XNM	2015/9/8 2:04	XNM	
语言变体敏感度	4	13	2015/8/30 23:26	XNM	2015/9/3 13:29	XNM	
语域差异敏感度	7	18	2015/8/30 23:26	XNM	2015/9/10 2:27	XNM	
语言使用	12	47	2015/8/30 23:27	XNM	2015/9/9 12:25	XNM	
情景	9	17	2015/8/30 23:27	XNM	2015/9/8 2:04	XNM	
过程	9	27	2015/8/30 23:28	XNM	2015/9/3 13:29	XNM	
产出	2	3	2015/8/30 23:28	XNM	2015/9/5 8:02	XNM	
语用能力	4	15	2015/8/31 15:28	XNM	2015/9/8 2:04	XNM	
语境	3	6	2015/8/31 15:29	XNM	2015/9/10 2:27	XNM	
语篇	2	8	2015/8/31 15:29	XNM	2015/9/3 13:30	XNM	
行为	1	1	2015/8/31 15:29	XNM	2015/9/8 2:04	XNM	
学习者中心	13	60	2015/8/31 15:29	XNM	2015/9/9 12:24	XNM	
生源	7	16	2015/8/31 15:49	XNM	2015/9/10 2:27	XNM	
个体差异	8	18	2015/8/31 15:49	XNM	2015/9/8 12:26	XNM	
分层教学	10	26	2015/8/31 15:49	XNM	2015/9/10 2:28	XNM	
自我评价	12	49	2015/9/1 3:51	XNM	2015/9/9 12:25	XNM	
学习策略	5	5	2015/9/1 3:51	XNM	2015/9/10 2:26	XNM	
能力评价	6	24	2015/9/1 3:51	XNM	2015/9/3 13:30	XNM	
学习结果评价	8	20	2015/9/1 3:51	XNM	2015/9/5 8:02	XNM	
自我监控	14	63	2015/9/1 3:52	XNM	2015/9/9 12:25	XNM	
自立性	2	2	2015/9/1 3:52	XNM	2015/9/10 2:28	XNM	
自为性	5	9	2015/9/1 3:52	XNM	2015/9/3 13:30	XNM	
自律性	13	52	2015/9/1 3:53	XNM	2015/9/5 8:02	XNM	

图 5.7　主类属编码

表 5.5　主轴编码释义表

主类属	对应类属	类属释义
语言能力 Language competence	听力能力	能听懂日常生活中简单的外语交谈、题材熟悉的讲座、工作岗位常用的指令和操作说明
	口语表达	能对事件和人物作简单的描述,就熟悉的话题做简短发言,或就工作岗位中相关的主题作简单的讨论,语音、语调符合规范
	阅读能力	能读懂一定难度的外文材料和简单的专业资料,掌握大意,理解相关细节
	写作技能	能描述个人经历、情感和观点,能就一般话题以短文的形式展开简短的讨论,用词恰当,语意连贯

续　表

主类属	对应类属	类属释义
交际能力 Grammatical competence	语言知识	语音、词汇、句法等语言本身层面的静态知识以及关于这些知识的储存和提取过程
	交际策略	完成交流任务所采取的有组织、有规则的行为方式以及交际活动中对话题的控制、维持和补救的能力
	心理生理机制	发音机制、语言活动的中枢机制及大脑语言活动
社会语言能力 Socio-linguistic competence	社会规范敏感度	对某些成文或不成文的惯例和律令,如风俗习惯、道德规范、法律规范和宗教规范等的反应速度
	语言变体敏感度	对社会方言、地域方言、标准语言的语音、词汇和语法的识别程度
	语域差异敏感度	对不同领域的语言,如课堂用语、广告语言、家常谈话、新闻广播等领域的语言活动类型、正式程度、交际场合和交际目的方面的认识
语言使用 Language use	情景	语言应用所在的客观的"物境"和主观的"心境"
	过程	语言产生的程序或者语言输入转化为输出的系统
	产出	第二语言可理解性输出
语用能力 Pragmatic competence	语境	语言使用的时间、空间、上下文和话语前提
	语篇	语言的结构搭建、话轮操控、话题掌控及会话调整
	行为	捕捉信息关联的能力以及将复杂信息简化的能力
学习者中心 Learner-oriented	生源	考生所在生源地、考生数量以及考生素质
	个体差异	先天或后天在性别、能力及发展方面形成的差异
	分层教学	依据学生的基础、性格、能力、学习风格和潜力倾向等标准分成各自水平相近的群体并区别对待
自我评价 Self-evaluation	学习策略	关于提高外语学习效率和效果的复杂方案
	能力评价	获取信息、处理信息的能力、学习调控能力、沟通能力、业务能力及自我超越的能力
	学习结果评价	对个人在认知、动作、言语、智力和态度上的评判

续　表

主类属	对应类属	类属释义
自我监控 Self-monitoring	自立性	以独特方式独立思考、独立分析,强调独特性
	自为性	自我探索、自我决策、自我建构和自我创造
	自律性	自我约束性或规范性,自觉学习、主动建构

第三阶段:选择性编码。通过主轴编码获得的主类属,需要进一步处理类属之间的关系,选择性编码根据原始资料形成的"故事线",对各级编码阶段形成的概念、类属与主类属进一步推敲,发展出最重要的类属(维度)(见表5.6)。

表5.6　主类属关系表

关系结构	关系结构内涵	受访者代表性语句
语言能力→交际质量	语言能力是外语交际的前提和基础,扎实的语言基本功,特别是听、说、读、写、译各项语言能力均衡、全面发展,是提高外语交际质量的关键和奠基性工程	我们的学生外语基础总体较差,听、说、读、写、译各项语言能力发展不平衡,不管是在课堂,还是在课外,学生外语交际的机会极其有限,偶尔会那么几句日常用语,质量也不怎么高,要深入交流,还是有极大挑战的。(摘自04号受访者)
交际能力→交际质量	交际能力是外语交际质量的核心组成部分,从外语学科内部出发,通过制定和完善交际策略,培养学生的交际能力,提高外语交际质量,是遵守外语学科教学的内在逻辑和实现高校外语教学目标的根本要求。	一个学生的外语水平高不高,一个外在表现就是该生的外语交际水平了。虽然交际能力好并不能完整地反映学校的外语教学质量,但是它是一个基本要求,试想,一个学生经过十年以上的外语学习,还是"五音不全"、词不达意,不知所云,交际无法达到交际的目的,外语教学就成无用功了。这样看来,外语教学首要的目标就是要把外语交际的质量提上去。(摘自08号受访者)
社会语言能力→交际质量	外语交际质量以实现交际目标为标准,保持对目的语国家社会规范的敏感度、语言变体敏感度和语域差异敏感度,提高处理文化差异的能力,实现交际目的,适应国际交流的需要。	我们的学生不可能全部都有出国的机会,因此对外国的社会制度、文化礼仪和生活习惯了解不多,对各种变化不够敏感,反应比较迟钝,在社会生活中,经常要闹笑语,学生的交际质量任重道远啊。(摘自14号受访者)

续　表

关系结构	关系结构内涵	受访者代表性语句
语言使用→语用质量	在具体的情境下,形成计划、执行计划和产出语言,以言行事,这种掌控行为和调整能力是提高语用质量的核心组成,也是外语教学外适性质量的内部表现形式。	不管是本科高校还是高职院校,学科、专业、学校之间的竞争日趋白热化,对高职而言,淘汰的往往是那些与经济和社会发展关联不大的专业。外语教学要不要关键在于社会的需求。因此,关心语言使用,特别是职场背景下外语使用尤其重要。在我们公司,业务做得好的业务员,往往都是那些对产品术语熟悉快的新员工。个人认为提高语言的使用效率,即使用质量是一个重要抓手。(摘自11号受访者)
语用能力→语用质量	在特定的社会和文化语境下有效使用语言达到某种目的,既是语用能力的内涵,也是提高外语语用质量的内在要求,外语语用质量通过语用能力目标的实现,关注的都是社会语境或者社会情景的变化,以适应社会需要为价值取向。	……"工具性"是把外语作为工具去认识和改造社会,可以收到立竿见影之效。而外语作为外域文化的载体,精髓还是在人文性。我们在特定的社会语境或者社会情景中无法做到自然、得体地使用外语,与当前学生语用能力不强、语用质量不高有直接关系。(摘自02号受访者)
学习者中心→自主学习质量	以"学习者为中心"主张教学过程的安排一定程度上不再受时间和地点的限制,教学目标根据学生的需求和个性特征朝自主学习能力方向发展,使学生从被动接受转变为自觉参与和主动学习,提高学生的自主学习质量。	外语教学是实践性很强的学科,对于我们高职院校而言,强调其应用性、职业性和可操作性是技术技能型人才培养目标的要求,以"学习者为中心"的教学理念则顺应了这一要求,要求一切工作围绕学生展开,……学生不再是接受知识的容器,而是占据核心地位的建构者,扮演的是不折不扣的"中心"角色。(摘自15号受访者)
自我评价→自主学习质量	自我评价通过对自身学习行为、学习动机和学习品质的个性化评价,正确认识和评价自己的学习目标、学习计划和学习进度执行情况,及时发现学习中的优势与不足,达到自我改进、自我完善,自主提高学习质量的目的。	大部分学生及其学生家长正在改变对高等职业教育的看法,继续对学习和发展充满期待,这些学生受到积极、正向的引导和影响,往往能实施正确的自我诊断和自我调节,通过制定可操作性的学习计划和学习目标,及时控制自己的行为偏差,提高学习目标的实现水平。(摘自07号受访者)

续 表

关系结构	关系结构内涵	受访者代表性语句
自我监控→自主学习质量	自我管理就是通过自我约束、自我激励的手段管理自己的学习目标、学习心理和学习行为,达到提高自主学习质量,实现自我奋斗目标的过程。自我管理是提高自主学习质量的重要手段,提高自主学习质量是自我管理的目标。	现在大多数学生……"内控"的力量不足,缺乏自我约束和自我教导的意识。外语学习不同于一般学科的学习,功夫在课外,仅仅依靠课堂有限的45分钟是不可能提高外语水平的,更多的努力需要自己控制自己,即自我管理,才能把外语学好,但是,这种能力是相当欠缺的。(摘自09号受访者)

在对 15 份访谈材料的开放式和主轴编码过程中,本研究发现,受访者一贯按照高职院校外语教学质量的内适性、外适性和个适性等三个层面的问题展开。内适性即外语教学质量的知识属性,即满足学生获得外语交际能力的程度;外适性即外语教学质量的社会属性,即满足学生使用外语服务经济、社会发展的程度;个适性质量即外语教学质量的个人属性,即满足学生个人未来可持续发展需求的程度。本研究的故事线就是围绕外语教学质量这三个方面的特性,在外语交际能力、外语语用能力和自主学习能力等三个方面进行描绘,呈现出知识技能、社会服务和个人未来发展相互交织、相得益彰的理论画面。根据这条主线,本研究将主轴编码的结果根据相互之间的结构关系重新梳理,形成更加集中的、更高层次的核心范畴。其中,语言能力、交际能力和社会语言能力三个主类属于交际层面的质量范畴,语言使用、语用能力两个主类属于语用层面的质量范畴,学习者中心、自我评价和自我监控三个主类属于自主学习层面的质量范畴,由此形成了由外语交际能力层面的质量(简称外语交际质量)、外语语用能力层面的质量(简称外语语用质量)和自主学习能力层面的质量(简称自主学习质量)三个类属组成的核心类属(维度)(如图 5.8)。根据前期的文献分析,这三个类属具有一定的统领性,能够将最大多数的研究结果囊括在外语教学质量的理论范围之内。

节点							
名称	材料来	参考点	创建日期	创建人	修改日期	修改人	
⊟ ○ 外语交际能力层面的质量	14	304	2015/9/4 12:37	XNM	2015/9/13 11:51	XNM	
⊞ ○ 社会语言能力	13	102	2015/9/4 12:38	XNM	2015/9/9 12:26	XNM	
⊞ ○ 语言能力	12	93	2015/9/4 12:37	XNM	2015/9/12 12:31	XNM	
⊞ ○ 交际能力	14	109	2015/9/4 12:38	XNM	2015/9/13 3:01	XNM	
⊟ ○ 外语语用能力层面的质量	12	61	2015/9/7 22:10	XNM	2015/9/14 7:23	XNM	
⊞ ○ 语用能力	4	15	2015/9/7 22:12	XNM	2015/9/8 2:04	XNM	
⊞ ○ 语言使用	11	46	2015/9/7 22:11	XNM	2015/9/11 1:10	XNM	
⊟ ○ 自主学习能力层面的质量	14	169	2015/9/11 1:06	XNM	2015/9/14 7:27	XNM	
⊞ ○ 自我评价	12	49	2015/9/11 1:07	XNM	2015/9/11 1:11	XNM	
⊞ ○ 自我监控	13	60	2015/9/11 1:08	XNM	2015/9/12 12:31	XNM	
⊞ ○ 学习者中心	13	60	2015/9/11 1:06	XNM	2015/9/13 3:02	XNM	

图 5.8　选择性编码

5.2　维度假设的提出

根据质性访谈的结果,结合本书对外语教学质量的概念和维度的文献综述,本研究提出外语教学质量由三个层面质量构成的维度假设,即外语教学质量由交际能力层面的质量、语用能力层面的质量和自主学习能力层面的质量三个维度组成。交际能力层面的质量(以下简称交际质量)是立足学校本位的质量,或称学术性质量,主要目标是提高学生的外语交际能力,是内适性质量;语用能力层面的质量(以下简称语用质量)是以适应和满足经济社会发展需求为目标的质量,是外适性质量;自主学习能力层面的质量(以下简称自主学习质量)是以适应学生的未来发展为目标的质量,是个适性质量。由这三个维度组成的维度模型如图 5.9 所示。

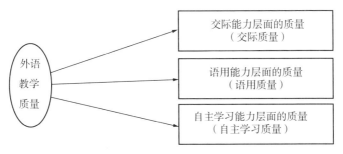

图 5.9　外语教学质量的维度模型

5.2.1　交际能力层面的质量

5.2.1.1　交际能力

我国高校外语教学自 20 世纪 80 年代以来开始关注外语交际能力并把其作为外语教学的重要目标。而在此之前,受应试教育的影响以及人们对外语能力认识水平的限制,外语教学目标的重心基本停留在外语知识的层面,即着重外语词汇、语法、读音等语言形式层面,尚未完成从语言形式到语言能力的过渡,更没有使学生的语言能力转变为交际能力。国际劳工组织(ILO)和世界贸易组织(WTO)在 2007 年联合发表的报告中明确提出,高校毕业生参与全球化建设必须具备的所有能力中,不同文化背景下的语言交际能力是极其重要的能力,也是全球化进程和高等教育国际化的必然要求。[①]

美国语言学家乔姆斯基(CHOMSKY N)认为,交际能力即语言能力,由于语言的内在化知识和内存语法知识是隐含的和潜意识自然生成的,因此交际能力往往不容易被察觉。[②] 乔氏语言交际理论抽离了语言本身,是一种超越语言本身的原则系统和知识体系,并非一种待人接物、处理日常事务的所谓能力,更不是依靠词汇拼接、连词成句的能力。受此影响,外语教学中倾向于将语法、词汇、语音知识的掌握视同学生的外语能力,也就是本研究强调的外语基础,即对语法规则、拼写规则和语音规则的掌握程度,掌握程度好说明外语能力强,反之则弱。在乔氏语言能力普遍被认可被接受的同时,1972 年,美国著名社会学家海姆斯(HYMES DH)在"On Communicative Competence"一文中提出了交际能力的概念,公开质疑乔氏语言能力的合理性,他认为,语言作为社会生活、社会交往的重要媒介,必须存在一定的规则和约束,使其达到一定的交际目的,具有明显的大众性和社会性,而生成语法学派乔姆斯基的语言能力观最大的弊端在于置语言于社会生活之外,将语言放置在一个不受任何事物影响的"真空"状态下考虑,忽略了人的社会文化性以及心理

---

① ILO and WTO Secretariat issue joint study on trade and employment [EB/OL]. https：//www. wto. org/english/news_e/news07_e/ilo_feb07_e. htm.2007 - 02 - 19.

② CHOMSKY N.，Reflections on language [M]. London：Temple Smith,1976.

认知等因素,显然是不合乎常理的。[①]

　　显然,相对于乔姆斯基高度抽象的语言能力观,海姆斯的交际能力理论更加具有可操作性,他冲破了乔氏生成式语言能力的藩篱及其对语言教学带来的种种弊端,进一步深化了人们对语言的认识,扩宽了语言研究的视野,给长期以来仅仅依靠形式和结构分析的语言研究者和一线教师以极大的启示和鼓舞。受海姆斯的语言交际理论的影响,我国外语教学界长时间流行的直接教学法、语法教学法等外语教学方法也渐渐退出讲台,取而代之的是充满生机与活力的交际教学法、情境教学法、项目教学法等。我国高校外语教学大纲普遍将外语交际能力的培养作为外语教学的重要目标。不难发现,交际能力是一个综合的、多维的概念,其内容不仅仅涉及语言本身,还将视角伸向社会、心理、文化、修辞等相关领域,是各种相关要素相互联系、互相影响、互相制约的一个能力系统。简言之,外语交际能力就是人们运用外语书面语和外语口语进行交流的语言手段和非言语手段作为传达思想和交流情感、达到一定交际目的的能力。

5.2.1.2　交际能力取向的内适性质量

　　建立在交际能力基础之上的内适性教学质量是学校内部基于知识传授和学生认知发展过程的认识,是对知识和知识之间逻辑关系的认识以及学生认知发展阶段的普遍看法,实践中主要体现在以学校的教材为载体,以课堂教学内容为中心,为学生相关知识的学习以及下一个阶段的学习做好充分准备的过程。可见,交际能力取向的内适性质量是一种学校本位和学术中心的价值观,是对知识和技能所要达到的目标的具体规定,是学科教学的目标和方向。因此,外语教学的内适性质量是指从外语学科内部出发,以外语语言知识为基础,以外语交际能力的培养为目标的质量。

　　关于交际能力的构成,学者们有不同看法。海姆斯认为,交际能力包括语言能力、社会语言能力、对策能力和语篇能力四个方面。利特尔伍德

　　[①]　HYMES D H. On communicative competence[A]//In Pride,J.B. & Holmes, J. (eds.) Sociolinguistics: Selected Readings [C]. Harmondsworth: Penguin, 1972: 269-293.

(LITTLEWOOD W)在其专著 *Communicative Language Teaching* 中从语言结构出发到语言功能的实现将交际能力界定为四个方面：语言能力、语言形式及其意义、交际的方法与策略和交际意义[①]；卡纳莱(CANALE M)认为，交际能力包括语法能力(Grammatical Competence)、社会语言能力(Sociolinguistic Competence)、语篇能力(Discourse Competence)和交际策略能力(Strategic Competence)[②]；1990 年，巴克曼(BACHMAN L)在《语言测试要略》一书中重新对交际能力进行了界定，认为交际能力的内涵并没有超过语言能力的范围，采用语言能力的定义更加准确，包括语言组织能力(Organization Knowledge)和语用能力(Pragmatic Knowledge)两个方面。其中，语言的组织能力又可以细分为语法能力(Grammatical Knowledge)和语篇能力(Textual Knowledge)；语用能力又可以细分为功能行为能力(Functional Knowledge)和社会语言能力(Sociolinguistic Knowledge)。[③] 塞尔斯—穆尔西亚等学者(CELCE-MURCIA M，DÖRNYEI Z，THURRELL S)试图修改交际能力的主流模式，认为交际能力本质上是行为能力的观点，据此提出交际能力的修正模式，即将卡纳莱提出的社会语言能力修正为社会文化能力，语法能力修正为语言能力，后来两位学者又在原来的基础上增加了套语能力、话语能力、互动能力和策略能力四个方面。[④]

交际能力层面的质量是外语教学内适性质量的核心内容，符合高校外语教学实际和教学规律，遵守了外语学科教学的内在逻辑，是保持外语学科自身特色和满足外语学科持续发展的内在需求，也是研究外语教学质量必须持有的基本观念。交际能力层面的质量研究主要关注语言能力、跨文化交际意识、交际态度、交际策略和语篇等方面的研究。

---

① LITTLEWOOD W. Communicative language teaching：An introduction ［M］. Cambridge University Press，1981.

② CANALE M.From communicative competence to communicative Language Pedagogy ［A］.//J. C. Richards and R. W. Schmidt. Language and Communication ［C］. London：Longman，1983.

③ BACHMAN L.Fundamental Considerations in Language Testing［M］.Oxford：Oxford University Press，1990.

④ CELCE-MURCIA M，DÖRNYEI Z，THURRELL S. Communicative Competence：A pedagogically motivated model with content specifications［J］.Issues in Applied linguistics，1995，6(2)：5 - 35.

　　语言能力。语言学家巴克曼和帕尔默（BACHMAN L F，PALMER A S)基于乔氏语言能力概念,提出语言能力和交际能力整合的思想,认为语言能力即对语言知识(词汇、语法、语义等知识)的掌握程度,认为语言能力是交际能力的基础并反映交际能力的规律,交际能力则以一定的形式在语言运用过程中得以体现,语言能力是交际能力的重要组成部分①;卡纳尔(CANALEM)认为,语言能力与语法能力相当,是指对语言词汇和句子结构的构成规则掌握的程度,例如对音素的识别能力,对词汇、语法、语义的掌握程度等②;利特尔伍德(LITTLEWOOD W)认为,语言能力包括语言结构和语言功能,二者之间是互相渗透、相互影响的,一种语言结构可以实现多种语言功能,一种语言功能同样可以由多种语言结构来实现。③ 综上,语言能力是掌握语言的能力,可以理解为语言知识的载体,是构成交际能力的核心。

　　跨文化意识是提高交际能力的重要元素。由于语言和文化背景的差异,人们需要具备跨文化意识才能使交际得以顺利进行。跨文化意识就是在交际过程中基于多种不同文化体系及其内部差异的认识,是对于与本民族在文化、习俗和习惯等方面有不同或者有冲突的方面给予的接受与适应。

　　交际态度。交际态度即交际双方对待语言变体、方言等的态度,可以自动从人的记忆中激活。戴庆厦认为,交际态度指的是交际双方对语言的地位、功能以及前景的看法。④ 交际态度的形成来源于人们对不同的社会或民族认识上的差异,是人们在社会认同、个人感情的影响下对语言的社会价值所做出的评价。⑤

---

　　① BACHMAN L F, Palmer A S. Language testing in practice: Designing and developing useful language tests[M]. Oxford:Oxford University Press，1996.

　　② CANALE M. On some dimensions of language proficiency[M]. //Centre de recherches en éducation franco-ontarienne，Institut d'études pédagogiques de l'Ontario= The Ontario Institute for Studies in Education，1983.

　　③ LITTLEWOOD W. Communicative language teaching: An introduction[M]. Cambridge:Cambridge University Press，1981.

　　④ 戴庆厦.社会语言学教程[M].北京:中央民族出版社,1993:145.

　　⑤ 倪传斌,王志刚,王际平,等.外国留学生的汉语语言态度调查[J].语言教学与研究,2004(04):56.

交际策略。卡纳尔认为,策略能力指的是交际活动中说话者对话题的控制、维持和补救能力等。例如,说话者因种种原因导致语言中断或者陷入交流障碍时,使用语言交际策略中的语言意释或者非语言的体态语方法便可以使对话保持通畅。[①] 著名语言学家韩礼德(HALLIDAY M.A.K)认为,人与人之间的交际行为,表面上看是一种社会语言行为,或者是一种信息和知识传递行为,实则是一种潜在的"能做事情"的方式。[②] 海姆斯也持基本类似的观点,认为交际策略是基于行为的交际能力是语言可行性(Feasibility)进而发展为成事性(Appropriateness)的集中体现,可行性即语言使用的策略是否可行,而成事性则关注语言的使用是否能做成事情。[③] 普遍一致的看法是:交际策略是交际双方遇到困难时,为将意思表达完整而采取的一种系统化技巧,是一种潜意识计划,交际策略对于提高交际能力层面的质量不言而喻。

语篇能力。语篇是交际能力的重要组成部分,认为语篇能力是根据语篇内容推测和理解词汇、句子意义的能力以及流畅、连贯、逻辑地表达个人思想的能力。1990 年,巴克曼在《语言测试要略》一书中明确将语篇能力归为交际能力范畴,认为语篇能力就是交际者理解语法现象之间逻辑联系和句子之间连贯关系的能力。[④]

5.2.2　外语语用能力层面的质量

5.2.2.1　语用能力

20 世纪 60 年代开始,交际能力的概念逐渐被人们所接受,并被确定为高效外语教学的目标。随着语用学研究的发展,以语言应用或者语言

---

① CANALE M. On some dimensions of language proficiency[M]. //Centre de recherches en éducation franco-ontarienne, Institut d'études pédagogiques de l'Ontario= The Ontario Institute for Studies in Education, 1983.

② HALLIDAY M A K.Early language learning: A sociolinguistic approach[C]//IXth International Congress of Anthropological and Ethnological Sciences, Chicago. 1973.

③ HYMES D H. On communicative competence[A]//In Pride, J.B. & Holmes, J. (eds.) Sociolinguistics: Selected Readings [C]. Harmondsworth: Penguin, 1972: 269 - 293.

④ BACHMAN L.Fundamental Considerations in Language Testing[M].Oxford: Oxford University Press,1990.

使用为特征的教学目标也在高校外语教学中大力提倡。高校外语教学有别于中小学死记硬背的应试教学目标,应敢于打破传统,不仅仅要培养学生口头和书面的外语交际能力,还要培养学生具体语言环境下使用外语的能力,即外语语用能力。

我国学者陈新仁将语用能力定义为某一特定语境下应用语言实现交际目的的能力,包括语用语言能力、语用认知能力、社交语用能力和语篇组织能力等四个构成维度。其中,语用语言能力指的是说话者所掌握的全部语言资源,语用认知能力指的是话语表达中捕捉信息关联的能力以及将复杂信息简化的能力,社交语用能力是指文化背景下得体交际的能力,语篇组织能力是指书面语篇结构搭建、话轮操控、话题掌控以及会话调整的能力。[①] 语用能力就是运用外语完成特定背景下任务的能力,包括语言能力和社会语境下的言语行为能力两部分,前者以语法规则、造句能力等驾驭语言形式的能力,即语言能力,后者遵循语言的社会运行规则,特指运用语言解决具体问题的能力。前者是后者的基础,后者是前者的深化。

5.2.2.2　外语语用能力取向的外适性质量

随着语用能力研究的日臻深入,语用能力的提高逐渐成为广大外语学习者和外语从业者的共识,并逐步波及教育和教学领域,引起上至教育行政主管部门下至外语一线教师和研究者的普遍重视,实践中越来越多的高校开始把培养学生的语用能力作为高校外语教学的重要目标。教育部最近面向普通本科高校颁布的《大学英语教学指南》(征求意见稿)将大学英语的教学目标确定为"……培养学生的英语应用能力……使他们在社会生活和未来工作中有效使用英语……满足国家、社会和个人发展的需要"[②]。同年颁布的《高等职业教育英语课程教学基本要求》将高职院校外语教学的目标确定为"……在中等教育的基础上,培养学生的英语综合应用能力,特别是在职场环境下运用英语的基本能力"。从两份权威的文件中可以看出,我国高校外语教学不仅要帮助学生打好

---

① 陈新仁.基于社会建构论的语用能力观[J].外语研究,2014(06):1.
② 教育部高等学校大学外语教学指导委员会.大学英语教学指南(征求意见稿)[Z].2015(5).

语言基础,更重要的是切实提高学生的外语语用能力、培养学生实际运用语言的技能,以此服务高职院校的专业建设和社会需求。

从外语教学质量的概念所知,外语教学的外适性质量指的是:外语教学服务国家和社会需求的程度,需要通过提高外语语用能力,才能达到不断满足国家和社会的需求的目的,这种外适性质量即外语语用能力层面的质量(简称外语语用质量)。语用能力层面的质量研究包括如下内容:

(1) 语言应用于社会需求的关系研究。

语境应用说的代表人物巴克曼认为,语用能力是在特定语境下理解和传递信息的能力,是一种结合特定社会语境对语言的敏感和把控能力。特定的社会语境是语用能力发挥的重要舞台,反之,语言的运用也只有在特定的社会语境下才能彰显其意义和功用。[①] 受巴克曼研究的启示,我国外语教学与社会需求尚有距离。一直以来,人们普遍将外语四、六级考试成绩作为评价外语教学质量的标准。而每年通过四、六级考试的人数达一百多万,普遍认为这个数据足以证明我国高校的外语教学达到了教学大纲规定的目标。但在事实上,这样庞大的外语人才数量并不能满足社会经济发展的要求。蔡基刚认为,作为一个拥有三亿多外语学习者的大国,能熟练运用外语的高端外语人才数量依然有限。由于对外语教学质量的认识仍然停留在"语言技能"的较低层面,对于更高层面的、符合国家利益的需求,即对外语教学主动服务国家战略和国际竞争的外适性质量意识还比较薄弱,外语服务国家战略的能力欠缺,提高以外语语用能力为取向的外语教学外适性质量是未来外语教学可持续发展的关键任务。[②]

(2) 语言的辨析能力与用语准确程度研究。社会产出说代表人物利奇 (Leech G N) 最先将语用能力进行了分类,将语用能力分为正确运用语言的使用规则和社会规则,以此作为实现某一种交际功能的能力,前

---

① BACHMAN L F. What is the construct? The dialectic of abilities and contexts in defining constructs in language assessment[J]. Language testing reconsidered,2007:41-71.

② 蔡基刚,廖雷朝.国家外语能力需求与大学外语教育规划[J].云南师范大学学报,2014(01):15—21.

者是一般层次的语用能力,反映了使用者的语言辨析能力,后者则是更高层次的语用能力,关注语言使用与社会环境契合的准确程度。① 社会发展需要的较强外语能力的高层次专业人才和高素质技术技能型人才,由于学生的学习带有极大的盲目性,基础知识不够牢固,所学知识与社会环境契合的程度不高,不仅没有获得国家和社会发展所需要的外语应用能力,而且也不具备国际化背景下所必须具备的基本的语言能力,造成外语教学资源的大量浪费。

(3) 语言使用的身份与地位研究。

继利奇的分类之后,托马斯(THOMAS J)将语用能力分为语用语言能力和社交语言能力,语用语言能力指的特定话语的语言意义,社交语用能力则是话语之上的附着含义,包括话语隐含的说话者身份、地位和权势等。② 语言使用,尤其是外语使用的质量关乎国际地位与身份。外语的用途受多种因素的影响,其中一个重要的因素就是国际化程度,社会的国际化程度越高,外语就越重要,就越有"用武之地",反而言之,外语的使用程度也是反映一国国际身份与地位的重要标志。当前国际化程度最高的国家莫过于美国、欧洲和日本等发达国家,外语不仅仅是人们用来交流的工具,更是推动我国接触国际社会、宣传本国文化、提升本国国际身份与地位的重要元素。

(4) 语言行为的有效性、得体性和灵活性研究。

行为能力说的代表人物托马斯提出语用能力就是实施言语行为的能力,是在特定的言语事件中选择某种语言和实施这种行为的能力。③ 以言行事,关注语言如何在具体的事件中得到合理运用,包括对事件字面意义的解释、功能的实现程度的把握、语言反馈的能力和文化语境下的话语行为能力,体现为有效性、得体性和灵活性三个层面。有效性即语言使用达到交际的目的,把事情讲述清楚的能力;得体性即说话者对语言环境的适应程度,符合情景需要,反映一定的文化传统和礼貌准则;

---

① LEECH G N. Principles of pragmatics[M]. New York:Longman,1983.

② THOMAS J. Crosscultural pragmatic failure[J]. Applied Linguistics,1983,4(2):91 - 112.

③ THOMAS J. Crosscultural pragmatic failure[J]. Applied Linguistics,1983,4(2):110.

灵活性即说话留有余地,与原则性相对应。

（5）语言的熟悉程度研究。

语言的熟悉程度即对语言及其语言代表的文化了解和掌握的程度。由于历史和国情的影响,在我国,几乎所有的高等院校和高等职业院校开设外语课程,全部高校系统有近 20 万名外语教师,但大部分教师并没有达到流利的外语使用者的起码标准,对外语的熟悉程度仍然有限。在当前经济结构调整以及高等教育激烈竞争的背景下,如果外语教师本人还不能做到流利使用外语的程度,外语教师服务国家和社会需求的能力目标便无法达到。[①]

在我国,自改革开放这一基本国策确定以来,学习外语的热潮一浪高过一浪,从正式的学校教育到社会培训都把外语作为一门重要的课程,从小学生到博士生都在学习外语,社会对外语教学的质量抱有很高的期望。与此同时,外语在满足社会需求的外适性质量方面并不高,导致社会对外语教学质量的批评一直没有停息,其中不乏"外语教学劳力伤财、祸国殃民"的感性认识,也有"外语教学偏离国家需求,脱离社会现实"的理性批判。总体上看,由于学科本身的原因,教师和学生的外语语用能力普遍较弱,外语教学服务国家和社会需求的能力略显不足。

5.2.3　自主学习能力层面的质量

5.2.3.1　自主学习能力
（1）自主学习能力研究的发展脉络

国内外关于自主学习能力的研究均有一段相当长的历史。在国外,自主学习能力的研究大致经历了萌芽期、变革期和成熟期三个阶段。萌芽期是指 20 世纪之前,这个时期的自主学习能力研究主要以古希腊哲学家苏格拉底、亚里士多德等人为代表,他们认为,教师的主要任务不仅在于知识的传授,还在于学习环境的创设和学习方法的引导,帮助学生学习,使学生心情愉悦、心甘情愿地接受知识内容,从而达到教学效果。

这一时期的自主学习研究虽然没有重点强调学生的自主性,但是已经意识到学生依靠自身学习的重要性。相反,他们对教师的作用正在产生不同于传统上的认识,开始意识到教师"引导""帮助"学生学习的重要作用。第二阶段是发展期,从 20 世纪初到 20 世纪 70 年代,自主学习能力的概念被正式提出,这一时期主要以著名教育家杜威和斯金纳等人为代表。杜威强调学生的需要和需求以及学生的兴趣是学生思维能力形成的重要基础,满足学生的需要,鼓励学生思考,使其意识到自身在学习过程中的主体地位显得格外重要;斯金纳认为程序在标准化教学中扮演重要的作用,编制一定的程序,让学生按照程序、有步骤地学习,亲自体验学习的效果,可以增强自我学习的积极性和主动性。第三阶段是成熟期,从 20 世纪 80 年代到现在,自主学习能力研究渐趋成熟,并开始应用在多个领域。

我国自主学习思想的萌芽可以追溯到几千年前的先秦时期,当时号称诸子百家的孟子便提出:"君子深造之以道,欲其自得之也。自得之,则居之安;居之安,则资之深;资之深,则取之左右逢其源。故君子欲其自得之也。"在他看来,个人获得高深学问的前提就是自觉、主动地学习,经过这样的努力,所学知识才能得到很好的巩固,运用这些知识时才能做到胸有成竹,游刃有余。"二程"提出"为学之道,必本于思,思则得之,不思则不得也"。在他们看来,有效学习的重要路径就是深入思考,深思才能凝练,有所收获。近现代意义上的自主学习能力研究开始于 20 世纪初。20 世纪的前 20 年是开创期,自主学习的思想开始孕育;20 世纪 30 年代至 70 年代是发展期,自主学习开始进入学校的视野,一些学校开展了"自主学习"实验;20 世纪 80 年代正式提出自主学习能力的概念,自主学习能力进入系统的研究时期,并引起教育学界和外语界的普遍重视,逐渐将其作为学科建设和学科教学的目标。

(2)"自主学习能力"的概念

关于"自主学习能力"概念,霍莱茨(HOLEC H)在他的著作 *Autonomy and Foreign Language Learning*《自主性与外语学习》一书中首次将其定义为"The ability to take charge of one's own learning"(自己对自己的学习负管理责任的能力),包括对学习的目标、内容、方法、时间、地点、进度和评价的认识以及控制的能力,具备完全自学的状态和技能,有明确的学习方向,敢于承担自身学习的责任,具有潜在性、主动性、独立性和整合性特征等。① 利特尔(LITTLE D)将"自主学习能力"定义为"无任何可借鉴经验,完全依靠个人评判性反思、实施决策和独立行为的能力,不仅体现在知识学习过程中,也体现在知识应用过程中,并以不同的形式表现出来"。② 我国学者、著名教育心理学家皮连生认为,自主学习与机械学习、被动学习是相对的,是一种新型的学习理念,简而言之,就是学习者自觉、主动、独立的学习。③ 吕良环认为,自主学习能力是自主学习系统的一个维度,即学习者选择学习策略,自我监控、自我评价,独立完成学习任务,实现学习目标的能力。④

受上述研究的启示,"自主学习能力"就是学习者本人对待学习的态度和独立学习的能力,即具备积极主动的学习态度,具有明确的学习目的、对自己的学习负责、能自主确定学习目标、自主选择学习方法,自主监控学习进程、自主评价学习行为和学习目标的实现度等。

(3)"自主学习能力"的特征研究

"自主学习能力"具有明显的自主性、能动性、独立性和个性化特征。"自主性"的观念完全摒弃传统意义上教师"一言堂"式的"填鸭式"教学认识,坚持"以学习者为中心"的教学理念,使学生从被动接受转变为自觉参与和主动学习,形成个性化的学习风格和独立、健全的人格,具有自我监控和自我评价的能力。"能动性"是一种主观地、积极地态度和行为,具有源自内心深处的自主学习愿望和自觉自律意识,表现出一种持续不断的学习动力和内驱力。"独立性"是指在教师一定程度上的指导和同伴的协助下依靠自身对知识的掌握程度,独立思考、独立决策和解决问题。"个性化"即不同学习者根据个体的知识水平、认知风格选择适合自己性格特征和学习需求的内容、方法,使学习既达到原先计划的目

---

① HOLEC H. Autonomy and foreign language learning[M]. Oxford: Pergamon, 1981: 13.

② LITTLE D. Autonomy in language learning: Some theoretical and practical considerations[M]//Teaching modern languages. Routledge, 2002: 89 - 95.

③ 皮连生.学与教的心理学[M].上海:华东师范大学出版社,1997.

④ 吕良环.论外语自主学习能力之培养[D].华东师范大学,2005.

标,又使自身产生明显的获得感和成就感,有利于身心和谐发展。

5.2.3.2　自主学习能力取向的个适性质量

随着科学技术的日新月异以及信息化、学习化和终身化社会的深入推进,社会对教育提出了以培养学生终身学习所需要的自主学习能力的目标。自 20 世纪 80 年代以来,自主学习能力研究成为国内外教育学家和语言学家关注的重点,并逐渐影响到国家和各级各类学校的教育决策,培养学生的自主学习能力已经被正式纳入学校教学目标,并成为广大学生的自觉追求。2007 年以来,教育部高等教育司颁布的《大学英语课程教学要求》明确将培养大学生自主学习能力作为大学英语教学的目标和广大大学英语教师贯彻执行《要求》的首要任务,要求大学英语教师调整自己的角色,教学适应新的教学模式践行"以学习者为中心"的教学理念,要求教师在教学过程的安排上可以不再受时间和地点的限制,教学目标的制定需要根据学生的需求和个性特征朝自主学习能力方向发展。

（1）自主学习能力取向的个适性质量定义及特征

自主学习能力取向的个适性质量即自主学习能力层面的质量,简称自主学习质量,是指从外语教学质量的概念所知,自主学习能力层面的质量指的是外语教学满足个人自主学习需求的水平,最终体现为学生自主学习能力的提高程度。自主学习能力取向的个适性质量是外语教学质量的内在要求,同时也是外语教学的重要目标。教育部高等学校大学外语教学指导委员会发布的《大学英语教学指南》明确规定,大学英语的教学目标之一就是发展学生的自主学习能力,提高他们的文化素养,使他们在未来的学习和工作过程中有效地使用英语,以满足个人可持续发展的需要。

自主学习能力取向的个适性质量具备以下两个明显特征。

一是自主性。学生不是知识的接收器而是知识的探索者和拓展者,学生通过自身的努力,主动制定符合自己需要的外语学习计划,激发外语学习动机,挖掘外语学习潜力,转变被动的学习态度,实践和体验运用外语解决实际问题,做到自我选择、自我控制、自己负责、自我提高。我国《高等职业教育英语课程教学基本要求》也明确指出:高等职业教育英语课程是一门培养高职学生综合素质、提升职业可持续发展能力的重要课程,除了培养学生的语言交际能力和语言运用能力之外,一个重要的目标就是培养学生的自主学习能力。自主学习能力的关键在"自主"二字上,倡导学生自主规划、自主决策、自主监控、自主评价,为提升学生的就业竞争力以及未来可持续发展能力打下坚实的基础,是保证高校外语教学个适性质量的重要内容。

二是差异性。无论是外语学习基础,还是外语学习方法,东部发达地区与中西部比较发达地区和欠发达地区学生的外语基础明显不一样,高职院校生源质量跟普通高校相比存在一定的落差。另外,每一个学生都有自己独特的学习风格和学习方法,都有不同的外语学习需求和学习目标,如果强行推行一个统一的教学目标或标准,不仅不现实,反而适得其反,使学生失去对外语的学习兴趣,或者放弃提升外语能力的努力。[①]因此,尊重这些差异,尤其是学生的个体差异,正是提高以外语自主学习能力为取向的个适性质量的重要意义所在。我国《高等职业教育英语课程教学基本要求》也明确指出:学校需要根据学生的外语学习兴趣、个性化特长和成长规律,因材施教、分层教学,创造机会让学生体验到外语学习的获得感,使每一个有志于提升外语能力的学生得到与自己学习基础匹配的接受外语学习的机会,满足个人对外语学习的需求。

(2)自主学习能力取向的个适性质量相关研究

自主学习能力层面的质量研究主要集中于以下几个方面的探讨。

一是学习计划的制定质量。制定的计划质量是形成自主学习能力层面质量的前提。霍莱茨(HOLEC H)作为最先将"自主学习能力"概念引入外语教学,他认为在"自主学习能力"的所有构成要素中,学习者的时间计划和目标规划是教学中形成"自主学习能力"的重要前提。前者要求学习者根据自身实际安排常规学习时间和课后自由学习时间,使自主学习时间得到充分保证;后者要求学习者根据自己的学习基础、学习

---

① 刘黛琳,张剑宇.高职高专公共英语教学现状调查与改革思路[J].中国外语,2009(06):77—83.

特点、发展方向确定目标。①

　　二是策略与方法质量。掌握外语学习的策略与方法是形成自主学习能力层面质量的关键品质。著名语言学家本森(Benson P)认为,外语学习成功与否的关键是看学生是否懂得自学策略与方法,大学阶段的语言学习更是如此。如果说外语学习在启蒙阶段也许需要教师的引导和指导,随着学习时间的推移和学习经验的积累,学习者完全可以通过掌握一定的学习策略和方法就可以习得外语,外语是学会的,而不是教师教会的。②

　　三是信念与动机。信念与动机相辅相成,是形成自主学习能力层面质量的重要心理机制。学习信念在于引发和维持学习行为,使之形成朝向某一目标的动力倾向是形成自主学习能力的心理机制,而这种心理机制无时无刻不在调节着人的观念及其意识行为倾向,使之坚信不疑。学习信念可以唤醒本能的学习动机,学习动机可以促进学习信念的养成。利特尔认为学习动机作为自主学习能力的个性心理特征,对批判思维能力、科学决策能力和独立行动能力有重要的促进作用③;利特尔伍德则从心理学的角度出发,认为自主学习能力的产生是个体学习动机和学习信念以及知识、技能共同作用的结果,知识和技能掌握得越多,动机和信念越足,自主学习能力就越强。④

　　四是监控与评价质量。自我监控与评价质量就是学习者对学习行为的主动掌控,通过调整动机与行动达到预定模式和促进自我实现的程度。自我监控和自我评价的能力是学习者元认知能力的组成部分,也是构成自主学习能力的要件。霍莱茨把监控与评价理解为"自主和责任",

---

　　① HOLEC H. Autonomy and foreign language learning[M].Oxford：Pergamon，1981：148.

　　② BENSON P. Teaching and researching：Autonomy in language learning[M]. London：Routledge，2013.

　　③ LITTLE D. Autonomy in language learning：Some theoretical and practical considerations[M]//Teaching modern languages. London：Routledge，2002：92.

　　④ LITTLEWOOD W. Self-access：why do we want it and what can it do[J]. Autonomy & independence in language learning，1997：79 - 92.

即自己做主监控学习过程,评价学习结果,对自己的学习行为负责。[①] 本森在他提出的自主学习控制说中再三强调,自主学习能力的关键在于学习者本人是否有能力自主控制学习内容、学习进程和学习结果的能力。[②]

五是环境与过程质量。在我国学者庞维国看来,如果学习者能自觉对学习的方方面面做到自我选择和自我控制,证明自主学习的能力就已经具备,自主学习没有统一的标准,关键在于学生的学习过程和学习行为能否真正地走向独立,是否具备适合学习者自主学习的环境。[③] 自主学习的环境的营造有利于学习者主动参与、主动发展和主动提高,使自主学习的过程更加顺利。

5.3　实证检验

5.3.1　操作性定义及测量

操作性定义是依据可观察、可测量或可操作的特征界定变量含义的方法,详细说明研究者如何描述和测量变量的具体程序。一个概念的真正定义不能用属性,只能在实际操作中给出,操作性定义的目的就是将某一抽象概念具体化,便于设置一个学者都能接受的框架,引导不同学者在某个具体的实证框架下形成共识,有效避免不同经验视角造成的理解上的分歧。[④] 在第二章第二节和第四节,本研究已经分别对外语教学质量的概念和维度属性进行了理论综述,在此基础上,本研究在第五章第一节通过质性访谈提出了外语教学的维度模型,并在第二节就模型中各个变量的概念性定义及研究内涵进行了较为深入地分析,尽管如此,这些分析仍然停留在理论层面,本研究对各个变量的具体含义仍然存在认识

① HOLEC H. Autonomy and foreign language learning[M].Oxford:Pergamon,1981:112.

② BENSON P. Concepts of autonomy in language learning[J].Autonomy in language learning,1996:27-34.

③ 庞维国.论学生的自主学习[J].华东师范大学学报,2001(2):78—83.

④ 董奇.研究变量操作定义的设计[J].教育科学研究,1991(3):21—24.

上的模糊性,这极有可能增加实验过程中控制变量的难度和不方便开展实验操作。鉴于此,本研究需要进一步对模型中的各个变量进行操作性定义,便于在此基础上发展出高职院校外语教学质量的维度初始指标。

5.3.1.1　外语交际质量的操作性定义及测量

根据上文对外语交际质量的概念性定义和内涵研究,本研究对外语交际质量的操作性定义如下:外语交际质量就是人们运用外语进行交流时在基本语言知识的掌握、跨文化交际意识的形成、外语交际态度的养成、外语交际策略的运用、外语语篇的处理等五个方面达到的程度。

众多学者对外语交际质量的测量展开研究。凡蒂尼(FANTINI A F A)认为可以通过测量学生具备的外语交际意识、外语交际知识、外语交际的态度和外语交际技能等四个方面反映外语交际能力的大小[1];陈国民和史达罗斯塔(CHEN G M,STAROSTA W J T)认为可以从交际参与的程度、对交际差异认同的态度、交际的信心、交际愉悦和交际关注的程度等五个方面判断交际能力[2];泊特拉和陈国民(PORTALLA T,CHEN G M)提出,外语交际能力表现为弹性、互动放松、尊重对方、讯息技巧、身份维护和互动掌控等六个方面[3];我国学者张卫东和杨莉认为外语交际能力集中表现为文化意识、文化知识和交际实践等三个方面[4];钟华、白谦慧、樊葳葳通过测量学生的语言能力、策略能力、语篇能力和社会语言能力判断外语交际能力[5];沈鞠明和高永晨则提出外语交际能力由知识、思辨、意识、态度、技能和交际策略等 5 个反映性指标构成[6]。综

---

①　FANTINI A F.A Central Concern Developing Intercultural Competency [EB/OL]..http//www sit edu/publications/docs/Competence..htm.2000 - 06 - 27.

②　CHEN G M,STAROSTA W J.The development and validation of the intercultural sensitivity scale[J]. Human Communication,2000,(3):1 - 15.

③　PORTALLA T,CHEN G M. The development and validation of the intercultural effectiveness scale[J]. Intercultural Communication Studies,2010,19(3):21 - 37.

④　张卫东,杨莉.跨文化交际能力体系的构建——基于外语教育视角和实证研究方法.外语界,2012(2):8—15.

⑤　钟华,白谦慧,樊葳葳.中国大学生跨文化交际能力自测量表构建的先导研究[J].外语界,2013(3):47—56.

⑥　沈鞠明,高永晨.基于知行合一模式的中国大学生跨文化交际能力测评量表构建研究[J].中国外语,2015(04):14—21.

合上述学者的观点,结合我国高职院校外语教学的实际,本研究选取以下指标对外语交际质量进行测量(见表5.7)。

表5.7 交际质量的初始测量指标

组成维度	指标题号	测量指标	文献来源
交际质量	FLC1	基本语言知识掌握的程度	FANTINI,2000;
	FLC2	具有强烈的跨文化交际意识	CHEN & STAROSTA,2000;
	FLC3	具备正确的外语交际态度	PORTALLA & CHEN,2010;
	FLC4	善于运用外语交际策略	张卫东、杨莉,2012;钟华等,2013;
	FLC5	具有处理外语语篇的能力	沈鞠明、高永晨,2015.

5.3.1.2 语用质量的操作性定义及测量

根据上文对语用质量的概念性定义和内涵研究,本研究对语用质量的操作性定义为:语用质量是指在一定的社会情景下,能得体地、有效地、灵活地运用外语达到的程度以及在运用外语过程中能根据对情景的熟悉程度、交际者双方地位控制和选择语言达到的程度。

在语用质量的测量研究方面,哈德逊、布朗和德特默(HUDSON T, BROWN J D, DETMER E)认为,交际者能根据交际双方的地位、对话题的熟悉程度以及交际话题的严重性程度顺利交流是反映交际者语用能力的关键指标,并在国际上产生广泛的影响。[①] 受此启示,我国学者刘建达发展了适应中国语境的语用能力量表。[②] 罗弗(ROEVER C)将会话含义、熟悉习惯用语、控制言语行为作为判断语用能力的测度[③];何自然定义了语用能力的三个反映性指标:语用语言能力、社交语用能力和汉英语用差异辨别能力。[④] 综合上述学者的观点,本研究选取以下 8 个指标对语用质量进行测量(见表5.8)。

---

① HUDSON T, BROWN J D, DETMER E. Developing prototypic measures of cross-cultural pragmatics[M]. Natl Foreign Lg Resource Ctr, 1995.

② 刘建达.中国学生英语语用能力的测试[J].外语教学与研究,2006(04):259—265.

③ ROEVER C. Validation of a web-based test of ESL pragmalinguistics[J]. Language Testing, 2006,23(2):229-256.

④ 何自然.语用学概论[M].长沙:湖南教育出版社,1988.

表 5.8　语用质量的初始测量指标

组成维度	指标题号	测量指标	文献来源
语用质量	FLP1	注意语言行为的社会性	HUDSON，1995；
	FLP2	具有汉英辨析能力	ROEVER，2006；
	FLP3	用语准确	何自然，1988；刘建达，2006.
	FLP4	能根据地位状况选择用语	
	FLP5	注意语言表达的有效性	
	FLP6	注意语言行为的得体性	
	FLP7	注意语言表达的灵活性	
	FLP8	能根据熟悉程度选择用语	

5.3.1.3　自主学习质量的操作性定义及测量

根据上文对自主学习质量的概念性定义和内涵研究,本研究对自主学习质量的操作性定义为:自主学习质量是学习者在正确的外语学习信念和外语学习动机支配下,自我规划学习目标、掌握学习策略、监控学习过程、营造学习环境、探索学习方法、安排学习时间和评价自我学习的结果达到的程度。

关于自主学习质量的测量研究,有学者认为自主学习可以根据学生的自我规划、自我组织、练习、记忆和咨询的状况予以测量。[①] 有学者依据对信念、态度、策略和技能掌握的测量编制了自主学习量表(Self-Directed Learning Readiness Scale，SDLRS),主要测评学生自我学习和解决问题的能力。[②] 潘顿和舒特(PONTON M，SCHUETTE C)编制了学习自主性量表(Learning Autonomy Profile，LAP),通过对学生的主动学习能力、学习期望、毅力和应对能力的测量判断自主学习

---

① ZIMMERMAN B J，MARTINEZ-PONS M. Construct validation of a strategy model of student self-regulated learning[J]. Journal of educational psychology，1988，80(3)：284.

② GUGLIELMINO L M. Reliability and validity of the self-directed learning readiness scale and the learning preference assessment[J]. HB Long & Associates，Expanding Horizions in Self-Directed learning，1997：209 - 222.

能力达到的程度。① 国内学者谢家树编制的大学生自主学习量表(总量表的 Cronbach's a 系数为 0.9496,各组成量表的 Cronbach's a 系数也在 0.6297 和 0.8763 之间,重测系数都在理想区间,具有较高的信度和效度)主要从学习动机、学习时间、学习方法、学习环境和学习结果等五个方面对自主学习进行测量。② 何莲珍、傅莹、方富民等通过对全国 8 所高校 2489 名大学生的调研,编制了自主学习现状调查量表,主要从学习动机、学习策略,教师角色,硬件设施等四个方面进行测量。③ 庞维国认为,自主学习维度可以反映为学生的学习动机、学习内容、学习时间、学习方法、学习过程、学习结果和学习环境。④ 徐锦芬、彭仁忠和吴卫平认为,学生清楚教学目的、能独立制定学习计划、利用好学习策略和监督学习策略是衡量自主学习的重要尺度。⑤ 庄玉莹认为,自主学习表现为学生的学习策略、学习动机、学习意识、学习计划、学习环境和学习评估等六个方面。⑥ 胡杰辉则认为,可以从两维(主观意志和客观能力)、四项(动机、信心、知识和技能)、八因子(自我决定、自我效能、目标内容、学习策略、计划、评估监控、过程掌控和动机)测试学生自主学习的具体状况。⑦ 综合上述学者的观点,本研究将自主学习质量的测量内容归纳如下:学习者外语学习目标的规划、外语学习的策略、外语学习的动机、外语学习信念的建立、外语学习过程的监控、自主学习环境的营造、外语学习方法的探索、自主学习时间的安排、自我评价学习结果的测量,结合我国外语教学的具体情景,本研究选取以下 9 个指标对自主学习质量进行测量(见表5.9)。

---

① PONTON M, SCHUETTE C. The learner autonomy profile: A discussion of scale combination to measure autonomous learning[J]. International Journal of Self-Directed Learning ©, 2008: 55.

② 谢家树.大学生学习自主性量表的初步编制及试测[D].湖南师范大学,2002.

③ 何莲珍,傅莹,方富民,等.中国非英语专业大学生自主学习能力的培养路径之探索[J].中国外语,2011,8(05):18—24.

④ 庞维国.自主学习的测评方法[J].心理科学,2003,26(05):882—884.

⑤ 徐锦芬,彭仁忠,吴卫平.非英语专业大学生自主性英语学习能力调查与分析[J].外语教学与研究,2004,36(01):64—68.

⑥ 庄玉莹.英语专业学生自主学习能力实证研究[J].高教探索,2013(04):100—103.

⑦ 胡杰辉.外语自主学习能力评价-基于二维模型的量表设计[J].外语界,2011(04):12—17.

表5.9　自主学习质量的初始测量指标

组成维度	指标题号	测量指标	文献来源
自主学习质量	AUL1	外语学习目标的自我规划	Zimmerman & Martinez-Pons,1988；
	AUL2	外语学习策略的掌握	Guglielmino,2005；
	AUL3	具有强烈的外语学习动机	Ponton,2005；
	AUL4	具有持久的外语学习信念	谢家树,2002;庞维国,2003；
	AUL5	自我监控外语学习过程	徐锦芬等,2004;何莲珍等,2011；
	AUL6	具有适合自主学习的环境	胡杰辉,2011. 庄玉莹.2013.
	AUL7	探索适合自己的学习方法	
	AUL8	自主学习时间的安排	
	AUL9	学习结果的自我评价	

5.3.2　测量问卷的生成

　　上述测量指标虽然接近本研究的目的,但是这些测量指标应用的国情、学校类型与我国高职院校外语教学实际有很大出入,因而缺少本土支持,针对性不是很强。为确保问卷的填答质量,本书需要以切合我国高职院校外语教学实际的语句对上述测量指标进行适当调整和补充,形成相应的初始测量指标。为此,笔者组织教育评价领域、高职院校外语教学领域和企业中高层管理者组成的专家团队对初始测量指标进行预检。专家们就每一个维度中的测量指标进行认真讨论和修订,包括四个重要方面:一是审核测量指标是否言简意赅、指向是否明确;二是检查内容是否通俗易懂,语句是否标准规范;三是判断价值是否客观中立,无诱导性和倾向性;四是检查指标是否使用了否定句和反向题,是否有歧义产生或者让被试无所适从。根据专家预检意见,笔者对各指标进行了仔细地修改和订正,包括删除含义模糊、有歧义的项目,合并意义相近的题目,最后形成了测量指标初稿。预检活动结束后,笔者利用暑假外出参加学术会议的机会邀请学界相关专家再次就问卷的符合程度及可读性进行修正,最后邀请专家对修订后的指标进行评议,收集和处理专家反馈意见,进一步改进、优化和修订各测量指标,最终形成了由3个维度12个测量指标组成的初始测量问卷(见表5.10)。

表 5.10 高职院校外语教学质量初始测量问卷

组成维度	指标题号	测量指标
交际质量	FLC1	基本语言知识掌握的程度
	FLC2	具有强烈的跨文化交际意识
	FLC3	善于运用外语交际策略
语用质量	FLP1	注意语言行为的社会性
	FLP2	能根据地位状况选择用语
	FLP3	能根据熟悉程度选择用语
自主学习质量	AUL1	外语学习目标的自我规划
	AUL2	具有持久的外语学习信念
	AUL3	自我监控外语学习过程
	AUL4	具有适合自主学习的环境
	AUL5	探索适合自己的学习方法
	AUL6	能对学习结果进行自我评价

5.3.3 预试样本的处理

测量指标的检验包括两个步骤:第一步,利用编制完成的测量问卷收集一个预试样本,并对其进行净化处理;第二步,对处理后的小样本进行项目分析和探索性因子分析,形成可以运用于大样本数据分析的正式问卷,并最终确定高职院校外语教学质量的维度和指标。

本问卷(见附录 1 第 2 部分)是在参考大量的中外文文献和相关量表以及吸收多位专家意见的基础上优化、整合而成的,由于研究者的局限性,修订后的初始问卷不可避免地夹杂着人为的主观因素。为了提高正式问卷中各测量指标的可靠性,在大规模发放调查问卷和收集数据之前需要对修订好的初始问卷进行小样本预试,进一步对问卷所涉及的维度和测量指标做适当调整。预试问卷主要在 2015 年 10 月浙江省大学外语教学研究会高职高专分会上发放,一共发放纸质问卷 75 份,回收问卷 72 份,获得有效问卷 60 份,符合预试样本量 25—75 的统计要求[1],预

---

① HAIR J F, BLACK W C, BABIN B J, et al. Multivariate data analysis[M]. Upper Saddle River, NJ: Prentice hall, 1998.

试样本问卷采集的人口统计信息如表 5.11 所示。

表 5.11　预试样本人口统计信息

基本资料	分类	人数	百分比
性别	女	44	73.3%
	男	16	26.7%
职称	助教	14	23.3%
	讲师	25	41.7%
	副高	18	30.0%
	正高	3	5.0%
年龄	20—30	12	20.0%
	31—40	28	46.7%
	41—50	12	20.0%
	51—60	8	13.3%

　　问卷预试及分析包括三个步骤:第一步,对所收集的数据作正态分布检测,处理离群值,并判断数据是否呈正态分布;第二步,项目分析,先对每个维度的每个测量指标作高低分群,然后进行独立样本 t 检定,判断高分群和低分群的均值是否存在显著差异;第三步,信度分析,进一步审视测量指标,并对其做相应调整,以下是每个步骤的分析过程。

　　第一步,数据的正态分布检测,结果如表 5.12 所示。最小值没有出现比 1 更小的数值,最大值没有出现比 7 更大的数值,平均值在 4 到 6 之间,标准偏差、偏度、峰度符合建议标准,数据服从正态分布,证明可以进入下一步的项目分析和因子分析。

表 5.12　预试样本的数据正态分布检测

测量条款	最小值	最大值	平均值	标准偏差	偏度		峰度	
					偏度值	标准误	峰度值	标准误
FLC1	1.00	7.00	4.983	1.033	−0.443	0.309	2.786	0.608
FLC2	1.00	7.00	5.100	1.037	−0.961	0.309	2.896	0.608
FLC3	1.00	7.00	5.217	1.027	−0.843	0.309	3.673	0.608
FLP1	1.00	7.00	5.067	1.039	−0.793	0.309	3.271	0.608

测量条款	最小值	最大值	平均值	标准偏差	偏度		峰度	
					偏度值	标准误	峰度值	标准误
FLP2	1.00	7.00	4.717	1.209	−0.202	0.309	0.763	0.608
FLP3	2.00	7.00	4.850	0.971	0.081	0.309	0.975	0.608
AUL1	1.00	7.00	4.683	1.200	−0.693	0.309	2.057	0.608
AUL2	3.00	7.00	4.950	0.982	0.325	0.309	−0.013	0.608
AUL3	3.00	7.00	4.933	1.087	0.545	0.309	−0.327	0.608
AUL4	1.00	7.00	4.800	1.232	−0.447	0.309	1.106	0.608
AUL5	1.00	7.00	5.033	1.119	−0.742	0.309	2.546	0.608
AUL6	2.00	7.00	4.933	1.071	−0.120	0.309	0.314	0.608

第二步,项目分析。项目分析的实质就是对各测量指标进行区分度分析,检测各指标面对不同被试反应的灵敏程度。根据学者凯利(KELLEY T L)的建议,项目分析的关键在于找出每个维度的 27 及 73 分位数,并依次作为切割线,将维度分成高分群和低分群,然后做独立样本 t 检定,比较每个测量指标的高低分群是否存在显著性差异,如果有差异,证明该测量指标具有能够鉴别不同受试者的反应程度,那么该测量指标则要保留,反之,该测量指标就要删除。[①] 如表 5.13 所示,外语交际质量维度 27 及 73 分位数的临界值分别是 14 和 17,14 分以下属于低分群,17 分以上属于高分群;外语语用质量高低分群的临界值分别是 13 和 16,13 分以下是低分群,16 分以上的是高分群;自主学习质量高低分群的临界值分别是 26.47 和 31,26.47 分以下属于低分群,31 分以上属于高分群。

表5.13　外语教学质量初始维度的 27 与 73 分位数汇总

		SUMFLC	SUMFLP	SUMAUL
N	有效	60	60	60
	缺失	0	0	0

---

① 　KELLEY T L. The selection of upper and lower groups for the validation of test items [J]. Journal of educational psychology, 1939, 30(1): 17.

		SUMFLC	SUMFLP	SUMAUL
				续　表
百分位数	27	14.000	13.000	26.470
	73	17.000	16.000	31.000

如表 5.14 所示,外语交际质量(FLC)高低分群(1 代表低分群,2 代表高分群)的平均值分别为 4.261 和 5.950,4.261 和 5.950,4.435 和 6.100,这三组值之间均存在不同程度的差异。从独立样本 t 检验(表 5.12)的结果来看,各测量指标的 p 值=0.000<0.05,表明均值的差异达到显著性,证明该测量指标的区分度高,因此予以保留。需要指出的是,表 5.15 所呈现的列文方差相等性检验对平均值相等性的 t 检验没有关系,列文方差相等性检验的是测量指标在分群之后是否具有同质性,即表中的方差齐一特性,如果 F 值小于 0.05,证明测量指标在分群之后没有同质,如果 F 值大于 0.05,表明方差不齐一,就必须看未假设方差齐性,如果显著,则代表测量指标分群后无同质性,反之则具有同质性,测量指标需要删除。这只是理论上的估计,在实务中,列文方差相等性判定分群以后是否同质,其决定因素是平均值相等性 t 检验中的 p 值,如果 p 值小于 0.05,则代表分群后数据不具有同质性,高低分群的均值差异显著,证明该测量指标需要保留。反之,则要删除。因此,列文方差相等性检验显著性值不是特别重要,重要的是平均值相等性检验中的 p 值。运用同样的分析方法,测得语用质量(FLP)和自主学习质量(AUL)各测量指标高低分群的均值差异也达到了显著(见表 5.16、5.17、5.18、5.19),证明各测量指标具有较好的分散程度和鉴别力,因此,这两个维度的各测量指标也都要保留。

表 5.14　交际质量维度(FLC)分组统计结果

测量指标	分群	数字	平均值	标准偏差	标准误差均值
FLC1	1.00	23	4.261	0.864	0.180
	2.00	20	5.950	0.826	0.185
FLC2	1.00	23	4.261	1.010	0.211
	2.00	20	5.950	0.510	0.114

测量指标	分群	数字	平均值	标准偏差	标准误差均值
FLC3	1.00	23	4.435	0.896	0.187
	2.00	20	6.100	0.718	0.161

表 5.15 交际质量维度(FLC)独立样本检验结果

	列文方差相等性检验		平均值相等性的 t 检验						
								95%置信区间	
	F	显著性	t	自由度	p	平均差	标准误	下限	上线
FLC1:已假设方差齐性;	0.000	0.985	−6.526	41	0.000	−1.689	0.259	−2.212	−1.166
未假设方差齐性			−6.547	40.614	0.000	−1.689	0.258	−2.210	−1.168
FLC2:已假设方差齐性;	4.792	0.034	−6.760	41	0.000	−1.689	0.250	−2.194	−1.185
未假设方差齐性			−7.053	33.480	0.000	−1.689	0.240	−2.176	−1.202
FLC3:已假设方差齐性;	0.351	0.557	−6.656	41	0.000	−1.665	0.250	−2.170	−1.160
未假设方差齐性			−6.760	40.759	0.000	−1.665	0.246	−2.163	−1.168

表 5.16 外语语用质量维度(FLP)分组统计结果

测量指标	分组	数字	平均值	标准偏差	标准误差均值
FLP1	1.00	18	4.222	1.166	0.275
	2.00	17	5.941	0.748	0.181
FLP2	1.00	18	3.611	0.979	0.231
	2.00	17	6.000	0.866	0.210
FLP3	1.00	18	4.000	0.767	0.181
	2.00	17	5.706	0.985	0.239

表 5.17 自主学习质量维度（FLP）独立样本检验结果

	列文方差相等性检验		平均值相等性的 t 检验					95％置信区间	
	F	显著性	t	自由度	p	平均差	标准误	下限	上线
FLP1：已假设方差齐性；	0.802	0.377	−4.634	31	0.000	−1.963	0.424	−2.827	−1.099
未假设方差齐性			−4.688	28.209	0.000	−1.963	0.419	−2.821	−1.106
FLP2：已假设方差齐性；	1.177	0.286	−7.535	31	0.000	−2.000	0.265	−2.541	−1.459
未假设方差齐性			−7.554	30.991	0.000	−2.000	0.265	−2.540	−1.460
FLP3：已假设方差齐性；	8.729	0.006	−9.970	31	0.000	−2.294	0.230	−2.763	−1.825
未假设方差齐性			−10.09	28.068	0.000	−2.294	0.227	−2.760	−1.828

表 5.18 自主学习质量维度（AUL）分组统计结果

测量指标	分组	数字	平均值	标准偏差	标准误差均值
AUL1	1.00	16	3.625	0.957	0.239
	2.00	17	5.588	1.417	0.344
AUL2	1.00	16	4.000	0.730	0.183
	2.00	17	6.000	0.791	0.192
AUL3	1.00	16	4.000	0.516	0.129
	2.00	17	6.294	0.772	0.187
AUL4	1.00	16	3.500	1.095	0.274
	2.00	17	6.118	0.781	0.189
AUL5	1.00	16	3.813	1.047	0.262
	2.00	17	6.118	0.781	0.189
AUL6	1.00	16	3.750	0.775	0.194
	2.00	17	6.059	0.748	0.181

表 5.19 自主学习质量维度（AUL）独立样本检验结果

	列文方差相等性检验		平均值相等性的 t 检验					95%置信区间	
	F	显著性	t	自由度	p	平均差	标准误	下限	上线
AUL1:已假设方差齐性;	0.802	0.377	−4.634	31	0.000	−1.963	0.424	−2.827	−1.099
未假设方差齐性			−4.688	28.209	0.000	−1.963	0.419	−2.821	−1.106
AUL2:已假设方差齐性;	1.177	0.286	−7.535	31	0.000	−2.000	0.265	−2.541	−1.459
未假设方差齐性			−7.554	30.991	0.000	−2.000	0.265	−2.540	−1.460
AUL3:已假设方差齐性;	8.729	0.006	−9.970	31	0.000	−2.294	0.230	−2.763	−1.825
未假设方差齐性			−10.089	28.068	0.000	−2.294	0.227	−2.760	−1.828
AUL4:已假设方差齐性;	1.821	0.187	−7.941	31	0.000	−2.618	0.330	−3.290	−1.945
未假设方差齐性			−7.860	26.998	0.000	−2.618	0.333	−3.301	−1.934
AUL5:已假设方差齐性;	0.068	0.797	−7.198	31	0.000	−2.305	0.320	−2.958	−1.652
未假设方差齐性			−7.135	27.709	0.000	−2.305	0.323	−2.967	−1.643
AUL6:已假设方差齐性;	0.058	0.811	−8.713	31	0.000	−2.309	0.265	−2.849	−1.768
未假设方差齐性			−8.703	30.705	0.000	−2.309	0.265	−2.850	−1.768

第三步是可靠性分析，主要决定于三个经验值。一是判定表征维度结构的 Cronbach'a 值，Cronbach'a 有三个具体的数值：Cronbach'a 大于0.7，表示维度结构合理，达到接受水平；大于 0.8 小于 0.9 表示维度结构处于理想水平；大于 0.95 表示维度结构的可靠性较差，可以考虑删除该维度。二是判定测量指标之间的相关系数是否大于 0.3，若大于 0.3，表明测量指标可接受，反之，则要考虑删除该测量指标。三是判定修正后

项目总相关系数是否大于 0.5,若大于 0.5,表明测量指标可接受,反之,则要考虑删除该测量指标。需要说明的是,测量指标最终是否被删除,还需要综合考虑其他相关指数、具体的研究问题和研究需要。因此,尽管个别数值未达到以上列举的经验条款,仍然可以根据具体情况暂时予以保留。根据这个标准,测得外语交际质量(FLC)Cronbach'a 系数(0.932)介于 0.7 到 0.95 之间,属于可接受;外语语用质量(FLP)Cronbach'a 系数为(0.684)小于 0.7,没有达到学者建议的标准,但是与 0.7 仅相差 0.016,差距极小,仍然处于可接受的范围;自主学习质量(AUL)Cronbach'a 系数(0.804)大于 0.8 而小于 0.9,处于理想水平。因此,从各个维度的 Cronbach'a 值来看,所有的维度都需要保留。从表 5.20 统计的相关性矩阵来看,交际质量项间相关性矩阵和自主学习质量项间相关性矩阵中项目之间的相关均大于 0.3,属于可以接受范围,语用质量 FLP1 与 FLP3 之间的相关为 0.245,小于 0.3,尚未达到学者建议的标准,但是与 0.3 的标准差距不大,仍然在可接受的范围,因此也予以保留;从修正后项目总相关统计的结果来看,除语用质量的测量指标 FLP3 外,其他维度的测量指标总相关系数大于 0.5,但是与建议标准的差距较小,仍然在可接受范围,根据研究需要暂时予以保留。综上所述,根据统计对三个经验值的判断,测量问卷具备了一定程度的可靠性,证明测量维度和测量指标可以用于后续的探索性因子分析。

表 5.20　外语教学质量初始维度项间相关性矩阵

	FLC1	FLC2	FLC3	FLP1	FLP2	FLP3	AUL1	AUL2	AUL3	AUL4	AUL5	AUL6
FLC1	**1.000**											
FLC2	0.571	**1.000**										
FLC3	0.611	0.553	**1.000**									
FLP1				**1.000**								
FLP2				0.636	**1.000**							
FLP3				0.245	0.353	**1.000**						
AUL1							**1.000**					
AUL2							0.619	**1.000**				

续　表

	FLC1	FLC2	FLC3	FLP1	FLP2	FLP3	AUL1	AUL2	AUL3	AUL4	AUL5	AUL6
AUL3							0.529	0.854	**1.000**			
AUL4							0.587	0.678	0.749	**1.000**		
AUL5							0.740	0.649	0.643	0.791	**1.000**	
AUL6							0.682	0.641	0.724	0.798	0.807	**1.000**
修正后总相关	0.671	0.626	0.656	0.560	0.633	0.335	0.710	0.786	0.796	0.830	0.844	0.849

5.3.4　探索性因子分析

探索性因子分析在于弄清楚维度的测量指标及其之间的相关程度，初步揭示问卷的内在结构。笔者于 2016 年 1 月至 6 月以湖北省高职院校外语教师为调查对象，发放问卷 800 份，回收问卷 559 份，获得有效问卷 485 份，根据海斯（HAYS W L）的经验法则，用于因子分析样本量的大小依据假设维度中最大构面测量指标的 20 倍及以上最为理想。[①] 本研究的最大假设维度为自主学习质量维度，包括 6 个测量指标，样本量应该在 120 以上，用于本研究的样本量符合这一要求，证明可以用于外语教学质量维度指标的探索式因子分析。用于本研究的人口统计信息如表 5.21 所示。

表 5.21　用于探索式因子分析的大样本人口统计信息

基本资料	分类	人数	百分比
性别	女	337	69.5%
	男	148	30.5%
职称	助教	87	17.9%
	讲师	245	50.5%
	副高	129	26.6%
	正高	24	5.0%

[①]　HAYS W L. Statistics (5th Edition) [M] Orlando, FL: Holt, Rinehart and Winston, 1994.

续 表

基本资料	分类	人数	百分比
	20—30	92	19.0%
年龄	31—40	165	34.0%
	41—50	174	35.9%
	51—60	54	11.1%

按照探索性因子分析步骤,因子分析前需要对数据进行正态分布检测和项目分析(见附录 3 之附表 3.1 部分),结果表明可以执行探索性因子分析。

探索性因子分析的目的在于以较少的共同因素(维度)代表原来复杂的数据结构,是一种潜在结构分析方法。取样适切性量数(Kaiser-Meyer-Olkin Measure of Sampling Adequacy;KMO)的大小是决定测量指标是否可以用来进行因子分析的先决条件。恺撒和赖斯(KAISER H F,RICE J)认为,当 KMO 的统计值在 0.9 以上时,测量指标(单一因素)之间存在诸多共同因素,极其适合作因子分析,其适切性也是最佳的[①];当 KMO 大于 0.8 时,适合作因子分析,适切性良好;小于 0.6 时,不适合做因子分析,适切性欠佳或者无法接受。Bartlett 球形度检验的显著性若小于 0.05,表明 KMO 取样适切性量数处于理想水平,适合进行因子分析。如表 5.22 所示,KMO 取值为 0.896,显著性为 0.000,小于 0.05,表明数据适合做因子分析。

表 5.22 外语教学质量初始维度的 KMO 与 Bartlett 球形度检验结果

KMO 取样适切性量数		0.896
	上次读取的卡方	2707.736
Bartlett 的球形度检验	自由度	66
	显著性	0.000

利用主轴法及斜交转轴抽取共同因素解释总方差,如果旋转载荷平

---

① KAISER H F,RICE J. Little jiffy,mark IV[J]. Educational and psychological measurement,1974,34(1):111 - 117.

方和累计百分比大于 60%，代表萃取后的因子联合解释变异量的水平相当理想；大于 50% 或小于 60%，仍然在可以接受范围；小于 50%，表示无法接受。如图 5.23 所示，旋转后的共同因子对总变异量（原有变量总方差）的解释力累计达到 57.776%，在可以接受范围，可以做因子分析。

表 5.23　外语教学质量初始指标的方差解释表

	初始特征值			提取载荷平方和			旋转载荷平方和		
	总计	方差百分比	累积%	总计	方差百分比	累积%	总计	方差百分比	累积%
1	5.316	44.298	44.298	5.316	44.298	44.298	3.749	31.244	31.244
2	1.617	13.478	57.776	1.617	13.478	57.776	3.184	26.532	57.776
3	0.848	7.064	64.840						
4	0.756	6.298	71.138						
5	0.734	6.117	77.254						
6	0.541	4.507	81.761						
7	0.507	4.228	85.990						
8	0.458	3.813	89.803						
9	0.403	3.358	93.161						
10	0.370	3.084	96.245						
11	0.291	2.426	98.671						
12	0.159	1.329	100.000						

利用主成分分析和 Kaiser 标准化最大方差法进行直交转轴，通过 5 次迭代换算，结果如表 5.24 所示：旋转后的成分矩阵表中仅仅出现两个共同因素（组件），交际质量维度和自主学习质量维度旋转后的成分与原先假设的维度一致，语用质量维度旋转后的成分发生了较大的变化。除 FLP1 之外，其他两个测量指标并入交际质量维度，FLP2 的交叉负荷量为 0.442，超过了学者建议交叉负荷量不能超过 0.4 的水准。另外，根据一个维度必须由三个及以上测量指标的规定，单一测量指标不能构成一个维度，本研究决定删除 FLP2，原先假设的三个维度转轴后变成两个维度。此外，FLP3、AUL5、AUL6 的因素负荷量均低于学者建议标准 0.6

的要求,均需要删除。删除 FLP2、FLP3、AUL5、AUL6 等四个测量指标,将原来的 12 个测量指标进一步缩小为 8 个,其他方面未做任何调整,形成正式的高职院校外语教学质量结构模型(如图 5.10)。

表 5.24 外语教学质量初始维度与指标成分矩阵

		组件	
		1	2
交际质量	FLC1		0.807
	FLC2		0.795
	FLC3		0.754
语用质量	FLP1		0.674
	FLP2	0.425	0.590
	FLP3		0.515
自主学习质量	AUL1	0.769	
	AUL2	0.840	
	AUL3	0.836	
	AUL4	0.796	
	AUL5	0.560	
	AUL6	0.565	

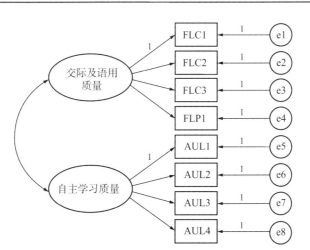

图 5.10 高职院校外语教学质量结构模型

删除四个测量指标之后的探索式因子分析过程如表 5.25 和 5.26。利用降维分析测得 KMO 取样适切性量数 0.862;Bartlett 球形度检验显著性为 0.000($<$0.05),表明适合执行因素分析;萃取出的两个维度使其解释能力提高约 13%,达到 70.601%(表 5.25);旋转后的成分矩阵使其共同因素由假设中的三个变成两个。经过因素辨识分析,将这两个共同因素命名为"交际及语用质量"和"自主学习质量"两个维度,维度中各测量指标因素负荷量在 0.647 和 0.930 之间(均在 0.6 的建议标准之上)(如表 5.26),并且具有显著性,可以接受。

表 5.25 探索式因子分析阶段各维度与指标方差解释表

	初始特征值			提取载荷平方和			旋转载荷平方和		
	总计	方差百分比	累积%	总计	方差百分比	累积%	总计	方差百分比	累积%
1	4.153	51.913	51.913	4.153	51.913	51.913	3.151	39.384	39.384
2	1.495	18.688	70.601	1.495	18.688	70.601	2.497	31.218	70.601
3	0.576	7.200	77.802						
4	0.483	6.044	83.845						
5	0.435	5.443	89.288						
6	0.380	4.746	94.035						
7	0.316	3.945	97.980						
8	0.162	2.020	100.000						

表 5.26 探索式因子分析阶段各维度与指标成分矩阵

		组件	
		1	2
交际及语用质量	FLC1		0.820
	FLC2		0.839
	FLC3		0.739
	FLP1		0.647
自主学习质量	AUL1	0.790	
	AUL2	0.903	
	AUL3	0.890	
	AUL4	0.817	

探索性因子分析表明,在外语教学质量的维度中,交际质量维度和语用质量维度可以合并为一个维度——交际及语用质量维度,原先假设的三个维度合并为两个维度,即交际及语用质量维度和自主学习质量维度。这种统计上的维度调整与本研究的维度假设并不完全一致,因此,有必要根据维度调整后的正式问卷再收集一组数据对其合理性做进一步验证。调整后的外语教学质量维度调查问卷(正式版)见附录2第二部分。

5.3.5 验证性因子分析

验证性因子分析的数据来自2016年7月至8月暑假期间笔者对四川省高职院校外语教学的抽样调查。此次调查共发放问卷900份,回收问卷759份,获得有效问卷598份;样本人口统计信息如表5.27所示。

表5.27 用于验证式因子分析的大样本人口统计信息

基本资料	分类	人数	百分比
性别	女	418	69.9%
	男	180	30.1%
职称	助教	148	24.7%
	讲师	266	44.5%
	副高	110	18.4%
	正高	74	12.4%
年龄	20—30	121	20.2%
	31—40	288	48.2%
	41—50	106	17.7%
	51—60	83	13.9%

按照验证式因子分析步骤,因子分析前同样需要对数据进行正态分布检测和项目分析(见附录3之附表3.2部分),本部分不做赘述。此外,在验证式因子分析之前,本研究进行了单维度检验,结果如下:Bartlett球形系数均显著($P=0.000$),KMO值(0.783)较适合和适合(0.821)作因子分析,因子载荷均在0.6以上,提取载荷平方和累计百分比均在60%上,表明每个维度的因子联合解释变异量的水平相当理想,两个维度均适合做因子分析。在验证式因子分析阶段,本研究首先进行了数据

适合性分析和因子识别分析,如表 5.28,Bartlett 球形系数显著($P=$0.000),KMO 值为 0.860,表明全部数据适合作因子分析;采用主成分分析和 Kaiser 标准化最大方差法旋转所提取到两个公因子,其因子载荷均在 0.6 以上,旋转载荷平方和累计百分比为 69.654%,大于 60%,符合学者建议要求,表明本数据适合做进一步的信度、效度分析和拟合度等验证式分析。

表 5.28　验证式因子分析结果(**Bartlett 的球形系数均显著,$P=0.000$**)

指标	KMO	因子载荷		初始特征值			旋转载荷平方和		
		组件 1	组件 2	总计	方差百分比	累积%	总计	方差百分比	累积%
FLC1	0.860	0.810		4.098	51.229	51.229	3.151	39.391	39.391
FLC3		0.837		1.474	18.425	69.654	2.421	30.263	69.654
FLC2		0.737		0.606	7.575	77.229			
FLP1		0.607		0.479	5.989	83.218			
AUL1			0.787	0.459	5.743	88.961			
AUL2			0.904	0.402	5.019	93.980			
AUL3			0.887	0.316	3.955	97.935			
AUL4			0.822	0.165	2.065	100.000			

为验证二因子维度的一致性,本研究进行了信度分析。一般而言,信度越大,测量的误差就越小。常见的信度检测方法是克隆巴赫(CRONBACH L J)所创的克隆巴赫系数即 α 系数,α 系数的值应该介于 0 和 1 之间。[1] 根据学者农纳利(NUNNALLY J.C)、里斯(DEVELLIS R.F)和盖伊(GAY L R)等学者共同的观点,如果 α 系数在 0.50 以下,表明结构维度不理想,整个量表可以舍弃不用;α 系数在 0.50 和 0.70 之间,可以接受,但是语句需要进一步修订;α 系数在 0.70 和 0.90 之间,维度信度高,量表信度理想;大于 0.90,维度和量表均达到特别理想的水准,这个标准同样适合维度内部各指标信度的检验。[2][3][4] 如表 5.29 所示,交际

---

① CRONBACH L J. Coefficient alpha and the internal structure of tests[J]. psychometrika, 1951, 16(3): 297-334.

② NUNNALLY J.C.Psychometric Theory [M]. 2nd ed. New York: McGraw-Hill,1978.

③ DEVELLIS R.F.Scale Development Theory and Applications[M].London: SAGE,1991.

④ GAY L.R.Educational Research Competencies for Analysis and Application[M]. New York: Macmillan,1992.

及语用质量维度和自主学习质量维度的克隆巴赫系数分别为 0.784 和 0.921,处于理想到特别理想状态,证明两个维度均具有很好的信度;如表 5.30 所示,各指标的克隆巴赫系数在 0.710 与 0.896 之间,表明其信度处于理想状态。HAIR J F,ANDERSON R E,TATHAM R L 等学者认为,指标之间的项间相关越高(最好在 0.3 以上),校正后的项目总相关越高(在 0.5 以上),表明量表的内部一致性越高。[①] 根据这个标准,本研究进行了项间相关分析,从表 5.29 项间相关性矩阵结果来看,两个维度的项间相关系数均在 0.3 以上,从项目总计统计结果来看,校正后的项目总相关都在 0.511 到 0.856 之间,均大于 0.5,表明二因子维度及指标构成的量表具有较高的内部一致性。

表 5.29　外语教学质量维度的克隆巴赫系数与指标项间相关性矩阵

	克隆巴赫系数 α	FLC1	FLC2	FLC3	FLP1	AUL1	AUL2	AUL3	AUL4
FLC1		1.000							
FLC2	0.784	0.544	1.000						
FLC3		0.547	0.506	1.000					
FLP1		0.422	0.393	0.457	1.000				
AUL1	0.921					1.000			
AUL2						0.703	1.000		
AUL3						0.627	0.822	1.000	
AUL4						0.571	0.704	0.698	1.000

表 5.30　外语教学质量各指标的项目统计

	删除项目后的标度平均值	删除项目后的标度方差	校正后项目与总分相关性	平方多重相关	项目删除后的克隆巴赫系数
FLC1	15.3445	5.861	0.631	0.412	0.710
FLC2	15.3110	6.262	0.595	0.370	0.729
FLC3	15.2475	6.076	0.632	0.402	0.711
FLP1	15.3863	6.254	0.511	0.265	0.774

---

① HAIR J F, Anderson R E, Tatham R L, et al. Multivariate data analysis. 1998[J]. Upper Saddle River, 1998:182 - 183.

续　表

	删除项目后的标度平均值	删除项目后的标度方差	校正后项目与总分相关性	平方多重相关	项目删除后的克隆巴赫系数
AUL1	15.084	9.142	0.697	0.509	0.896
AUL2	14.957	8.393	0.856	0.750	0.837
AUL3	14.988	8.387	0.814	0.705	0.853
AUL4	14.941	9.127	0.730	0.546	0.884

　　从信度分析的结果(表 5.30)来看,无论是调整后的维度,还是维度内部的各项指标,都具有很高的稳定性和可靠性,这给重复施测和验证提供了重要参考。但是,信度高并不能证明效度好,为此,本研究决定执行效度分析。

　　本部分的效度分析包括收敛效度和区别效度两个方面,步骤如下:首先,计算出维度之间的皮尔森相关系数(皮尔森相关是所有相关中的最大相关,要求绝对值介于 0.3 到 0.7 之间),若该系数绝对值大于 0.7,表明维度之间相关过高,维度有产生共线性的可能,区别效度无法通过;若绝对值小于 0.3,表明维度之间的相关极其微弱,相关性不显著,区别效度也无法通过;然后,计算出维度之间的收敛效度,以 AVE(平均方差萃取量)是否大于 0.5 为建议标准,大于或等于 0.5,证明量表具有很好的收敛效度;小于 0.5 表明量表各测量指标过于分散,不够收敛。第三步,计算出区别效度,要求维度 AVE 开根号值大于其他维度的相关系数,证明其具有很好的区别效度;最后,根据皮尔森相关表提供的平均值和标准差以及维度之间的相关系数和 AVE 值,综合判定收敛效度和区别效度。若收敛效度大于区别效度,说明量表具有较好的效度。

　　从表 5.31 皮尔森相关性来看,交际及语用质量与自主学习质量两个维度之间的皮尔森相关系数为 0.475**,介于 0.3 到 0.7,且显著,说明维度具有良好的区别效度。通过旋转后的成分矩阵提供的因素负荷量数值依次计算出交际及语用质量和自主学习质量两个维度的组成信度(CR 值)分别为 0.838 和 0.913,AVE 值分别为 0.567 和 0.725,大于0.5,代表两个维度都具有较好的收敛效度;由于 AVE 值是一个平方值(标准化因素负荷量平方),因此需要将其开方才能与皮尔森相关比较,如果这个值大于维度之间的最大相关，即收敛效度大于区别效度，则被认为量表具有效度，反之，若收敛效度的根号值小于维度之间的最大相关，即收敛效度小于区别效度，则被认为量表不具有效度，实务上则可以丢弃。如表 5.31，交际及语用质量维度的收敛效度开根号值为 0.753、自主学习质量维度收敛效度的开根号值 0.851，这两个值均大于代表区别效度的皮尔逊相关系数 0.475，证明该量表具有较好的效度。

表 5.31　外语教学质量各维度的皮尔森相关、收敛与区别效度

维度	指标	标准化因素负荷量	SMC	组成信度 CR	平均值	标准差	收敛效度 AVE	相关与区别效度 1	2
交际及语用质量	FLC1	0.810	0.656						
	FLC2	0.837	0.701	0.838	5.107	0.796	0.567	0.753	0.475
	FLC3	0.737	0.543						
	FLP1	0.607	0.368						
自主学习质量	AUL1	0.787	0.619						
	AUL2	0.904	0.817	0.913	4.997	0.970	0.725	0.475	0.851
	AUL3	0.887	0.656						
	AUL4	0.822	0.701						

备注：两个维度的 Pearson 相关性为 0.475＊＊显著性（双尾）P＝000；对角线粗体为 AVE 根号值，下三角为构面之皮尔森相关。

最后，本研究进行了模型拟合度评价。拟合度评价较上述验证层次更高，要求更加严格，是决定模型最终被接受的关键条件。本部分拟合度评价所采用的样本与上述信效度分析所用的的样本一样，都是 598 份。借助 AMOS 软件，本研究首先对交际及语用质量和自主学习质量两个子模型进行了拟合评价，然后对外语教学质量整体结构模型进行拟合评价。根据温忠麟、侯杰泰和马什等学者的研究[①]，本研究将卡方值（Chi-square）、自由度（df）、卡方/自由度（Chi-square/df）、拟合优度指数（GFI）、调整拟合优度（AGFI）、近似误差均方根（RMSEA）等绝对拟合指数和比较拟合指数（CFI）、常模拟合指数（NFI）、增值拟合指数（IFI）和塔

---

① 温忠麟，侯杰泰，马什，等.结构方程模型检验：拟合指数与卡方准则[J].心理学报，2004,36(02):186—194.

克刘易斯指数(TLI) 等相对拟合指数作为拟合度评价的主要指标。一般而言,自由度(df)越大,表示量表越精简;卡方/自由度(Chi-square/df)在1到5之间,小于3为理想值,接近5可以接受①;近似误差均方根(RMSEA)小于0.1可接受,最好小于0.08,接近0.08可以接受②;拟合优度指数(GFI)和调整拟合优度(AGFI)的值均要求大于0.85,最好大于0.9;比较拟合指数(CFI)、常模拟合指数(NFI)、增值拟合指数(IFI)和塔克·刘易斯指数(TLI)均要求大于0.9为理想值。③

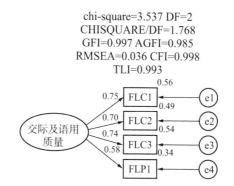

图5.11 交际及语用质量结构模型拟合结果

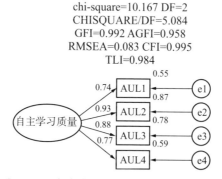

图5.12 自主学习质量结构模型拟合结果

---

① BENTLER P M, BONETT D G. Significance tests and goodness of fit in the analysis of covariance structures[J]. Psychological bulletin,1980,88(3):588.

② 侯杰泰,温忠麟,成子娟.结构方程模型及其应用[M].教育科学出版社,2004.

③ BOLLEN K A. A new incremental fit index for general structural equation models[J]. Sociological Methods & Research, 1989, 17(3):303-316.

　　子模型拟合结果如图 5.11 和图 5.12 所示,所有数值均处于可接受的理想范围,表示各子模型的拟合水平良好,维度可被接受;从外语教学质量整体结构模型拟合结果(如图 5.13)来看,所测数值都能满足上述拟合指标,整体拟合水平良好,表明外语教学质量维度可被接受。

chi-square=85.911 DF=19
CHISQUARE/DF=4.522
GFI=0.965 AGFI=0.934
RMSEA=0.077 CFI=0.972
TLI=0.959

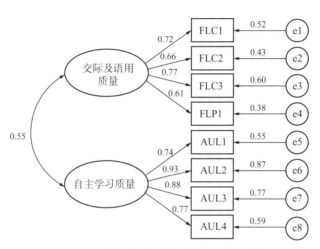

图 5.13　外语教学质量整体结构模型拟合结果

　　经过层层严格验证,本研究获得了高职院校外语教学质量的测量体系,该体系是一个与理论基本一致的八因子双维度结构,且具有较高的信度和效度,这一研究结果为后续研究奠定了重要的理论基础。

5.4　讨论

　　通过实证分析,本研究发现外语教学质量的维度划分中,交际质量维度和自主学习质量维度旋转后的成分与原先假设的维度一致,语用质量维度旋转后原先维度中两个测量指标并入了交际质量维度。因此,外语教学质量可以分为两个维度:交际及语用能力层面的质量维度(交际及语用质量)和自主学习能力层面的质量维度(自主学习质量)。本章讨论的焦点围绕理论上的"三维度"与实务上的"双维度"之间的矛盾进行。

"三维度"变"双维度"的中心问题是交际能力和语用能力之间的关系问题。有学者把交际能力和语用能力之间的关系完全对立起来,认为交际能力倾向于日常社会生活中运用语法、句法、构词等语言形式实现意图表达的功能,是一种普遍性的知识能力;语用能力必须是在语境或者具体语言事件的参与下,运用语言工具性特征解决具体问题的能力,可以简单地理解为语言应用或者语言使用能力,带有专业能力的性质;前者关注如何实现语言知识的功能,后者则关注语言如何在具体环境中使用,两种能力具有本质的不同。[①] 相反,有学者认为交际能力和语用能力之间不应该完全是对立的关系,培养学生的交际能力包括学生语用能力的培养,语用能力是交际能力的一部分,由交际行为和社会语言能力组成,没有必要将语用能力从交际能力中抽离出来作为专门的一项能力予以探讨。[②] 交际能力和语用能力"分工不分家",二者可以融为一体。学者巴克曼和帕尔默将语用能力分为两个部分,即语言功能知识和社会语言学知识,前者包括概念功能、操作功能、启发功能和想象功能,属于交际层面,后者包括具体社会背景下对语言的理解,属于语用层面[③];卡斯帕和罗斯(KASPER G, ROSE K R)将语用能力一分为二:语用系统知识和得体使用语用系统的知识,前者提供语言选择的范围,属于交际范畴,后者需要结合具体的情境作出选择,属于语用范畴。[④] 我国学者何自然倾向 BACHMAN(1990)的结论,认为语用能力就是在特定的社会和文化语境下运用语言得体交际的能力。[⑤]

外语教学质量的维度划分由"三维度"演变为"双维度"是外语教学质量维度在高职院校这一特殊类型院校上的反映。部分学者虽然认为

---

① 刘绍中.语境与语用能力[J].外国语,1997(03):25—26.

② BACHMAN L F .Fundamental Considerations in Language Testing[M]. Oxford: Oxford University Press,1990:151-157.

③ BACHMAN L F, Palmer A S. Language testing in practice: Designing and developing useful language tests[M]. Oxford:Oxford University Press, 1996.

④ KASPER G, Rose K R. Pragmatic Development in a Second Language[J]. Language Learning: A Journal of Research in Language Studies, 2002, 52: 1.

⑤ 何自然.语用学与英语学习[M].上海:上海外语教育出版社,1997.

交际能力和语用能力是两个不同的概念,但是在定义交际能力和语用能力时并没有完全把二者割裂开来。著名语言学家巴克曼指出,交际能力与语用能力是一种包含与被包含关系,语用能力就是交际能力的特殊形式,交际能力包含语用能力。本书通过实证发现,以语用能力为基础的质量不能作为单独维度存在,部分指标在合并到以交际能力为基础的交际质量维度后均获得了较高的信度和效度,从而证实了 BACHMAN(1990)的猜测。

5.5　本章小结

　　本章通过对 15 名受访者的半结构化质性访谈,归纳了外语教学质量的维度,结合第二章的文献研究,提出了外语教学质量由外语交际能力层面的质量、外语语用能力层面的质量和自主学习能力层面的质量三个层面质量构成的维度假设。通过对三个构面维度的概念和内涵梳理,发展了各个维度的操作性定义,并构建了高职院校外语教学质量初始测量问卷,通过探索式因子分析发现,同属于外语交际能力层面的质量的交际质量和语用质量可以合并为同一个维度,自主学习能力层面的质量作为一个单独维度得以保留。因此,高职院校外语教学质量是一个由交际及语用能力层面的质量和自主学习能力层面的质量构成的双维度概念。根据这一概念,本研究开发出了适应高职院校外语教学实际的外语教学质量维度体系,经过验证性因子分析,证明该维度体系被证明具有较高的信度和效度,从而为后续研究奠定了坚实的理论基础。

▼

第六章

影响外语教学质量的因素

根据第二章的文献分析,本研究初步认为,外语教师发展、外语学习环境、课堂教学过程、教学质量评价和外语学习动机是影响外语教学质量的主要因素,而这些因素是否适合高职院校外语教学语境仍然是一个悬而未决的问题。本章的研究目的在于对这些影响因素做更为细致的理论探讨和揭示,对其影响路径和作用机制做更为严格的实证分析,为下一步提出对策建议提供可靠的理论依据。

6.1　研究变量及模型建构

6.1.1　研究变量

6.1.1.1　外语教师发展

　　学者弗里曼(FREEMAN D)认为,外语教师发展状况如何,主要看两个方面:一个是内部发展,另外一个是外部发展。内部发展包括外语教师个人的职业道德、知识结构、语言技能(听说读写译能力与学习技能)、教学理念、教育教学态度、教学理论水平、教学实践技能、专业发展规划、专业发展过程等。外部发展指的是学生、学校、家庭、政府以及社会各部门对外语教师发展的具体需求。不管是内部发展,还是外部发展,都要求教师不断学习、不断反思,持续提升专业素质和教育教学技能,以此适应不断变化的社会需求。①

　　理查兹(RICHARDS J C)和法雷尔(FARRELL T S C)认为,外语教师发展有 11 个方面的表现,分别是教师工作坊(Workshop)、教师自我监控(Self-monitoring)、教师团队支持(Teacher Support Groups)、关

---

　　① FREEMAN D. The hidden side of the work: Teacher knowledge and learning to teach. A perspective from North American educational research on teacher education in English language teaching[J]. Language teaching, 2002, 35(1): 1 - 13.

键事件分析(Analyzing Critical Incidents)、同行指导(Peer Coaching)、案例分析(Case Analysis)、团队教学(Team Teaching)、同行观察(Peer Observation)、撰写教学札记(Keeping a Teaching Journal)、整理教学档案(Teaching Portfolios)和实施行动研究(Action Research)。①

华莱士(WALLACE M R)认为,教师发展就是教师完成职前准备后所参加的专业发展培训和教学指导实践经验的组合,包括 3 个反映性指标,分别是教师专业发展影响力(Scales for Professional Development Impact)、专业发展频率(Professional Development Frequency)和指导价值(Mentoring Experience)。教师专业发展影响力皆在使教师意识到积极参加专业发展活动对于教师专业发展的作用;专业发展频率即参加专业发展培训或进修活动的次数;指导价值是指教师根据自身服务教学和指导学生方面积累的经验所做出的价值判断。②

伍兹(WOODS D)和理查兹(RICHARDS J C)分别提出了外语教师发展的 6 个反映性指标。前者包括教师的理论取向、教师信念、课堂实践、认知发展、生涯发展和动机发展③;后者指的是教师的教学理论、专业知识、情景知识、教学技能、交际技能和决策技能。④

我国学者吴一安通过对国内 36 所普通本科高校 213 名优秀外语教师的调查,提出教师职业观与职业道德、教师学习与发展观、外语教学观和教学能力 4 个方面是反映外语教师发展的重要内容。外语教师职业观与职业道德主要是指外语教师的职业素养和道德修养。教师学习与发展观主要指外语教师如何看待自身的学习进展和学科发展、学科创新情况。外语教学观主要指教师如何看待外语及外语教学。教学能力主要是指教师所具备的外语知识及其运用外语知识解决问题的能力

---

① RICHARDS J C, FARRELL T S C. Professional development for language teachers: Strategies for teacher learning [M].Ernst Klett Sprachen, 2005.

② WALLACE M R. Making sense of the links: Professional development, teacher practices, and student achievement[J]. Teachers College Record, 2009, 111(2): 573-596.

③ WOODS D. Teacher cognition in language teaching:beliefs, decision-making and classroom practice[J]. Modern Language Journal, 1996, 82(2):617-622.

④ RICHARDS J C. Beyond training: Perspectives on language teacher education[M]. Cambridge University Press, 1998.

和教学能力。[①]

王立国和芮燕萍分别提出了外语教师发展的 3 个反映性指标,但是内容不同,前者包括外语教师的基本素质、专业发展素质和职业发展素质[②];后者包括发展状况、发展路径和教学反思。[③]

综上所述,国内外学者对外语教师发展的本质认识存在不同,有关外语教师发展观测点的选择上也存在一定程度的差异,有些观测点可能反映了外语教师发展的某些特征,有些可能偏离了外语教师发展的某些本质,如何比较全面、客观地选择外语教师发展的观测点,还需要结合研究目的,考虑具体的文化背景及学校类型、学科、专业、课程等因素。从我国高职职业教育的具体语境出发,国外学者 FREEMAN(2002)、RICHARDS(1997)、WALLACE(2009) 和国内学者吴一安(2005)等学者在观测点的选择上较为集中地反映了我国外语教师发展的特征和本质。本书在高职院校外语教学质量模型中纳入这个变量,是想了解高职院校外语教师发展对外语教学质量的影响是否显著。

6.1.1.2 外语学习环境

姆斯(Moos R H)通过对初、高中学习环境较为全面地考察,提出班级和班级之间学习环境差异的 6 种情形,即:学生之间关系的紧密程度、班级活动的创新程度、任务完成水平、竞争支持程度、非结构化竞争状况以及班级受控程度,在第一、二种情形下,学生的参与程度普遍较高,前者更加强调教学组织和教学透明度,后者更加突出教学的开放性和变化性;在第三、四种情形下,学生在总的支持性框架下实现各自的目标,前者倾向于学习目标的实现 ,后者倾向于友好范围下有组织、有明确规则的竞争;在第五、六种情形下,班级缺乏关系的支持,前者重视目标实现,后者完全为一些制度所控制。[④] 依据上述情形,1979 年,姆斯开发了由

---

① 吴一安.优秀外语教师专业素质探究[J].外语教学与研究,2005,37(03):199—205.

② 王立国.基于教师专业发展的教师素质标准研究[D].西北师范大学,2007.

③ 芮燕萍.大学英语教师专业发展状况实证研究——以教师反思与教学实践为例[D].上海外国语大学,2011.

④ MOOS R H. A typology of junior high and high school classrooms[J]. American Educational Research Journal,1978,15(1):53-66.

关系、个人发展、系统维持等三个维度构成的《课堂环境量表》(*Classroom Environment Scale*)[①]，该量表经姆斯和特里克特(Moos R H，TRICKETT E J)的进一步修订，原先的三个维度进一步细化为参与、亲和力、教师支持、任务取向、竞争、秩序与组织、规则明晰度、教师控制和创新等 9 个指标。[②]

弗雷泽(Fraser B J)通过调研提出，现有的学习环境量表均缺少适应性和可推广性，而教师和学生倾向于构建更加积极的课堂环境，因而需要对学习环境量表做进一步调整;[③]1996 年，弗雷泽、费希尔和麦克洛比(FRASER B J，FISHER D L，MCROBBIE C J)开发了专门用于大学课堂环境的量表 *College and University Classroom Environment Inventory* (*CUCEI*)，[④]新量表重视对个性化、参与性、凝聚力、满意度、任务导向、创新和个体化等 7 个方面的测量，用来评估大学课堂对心理和社会环境的感知，该量表经过众多学者的检验，被认为具有良好的信度和效度。

安德森和瓦尔贝格(ANDERSON G J，WALBERG H J)开发了第一份测量学习环境的学习环境量表 *Learning Environment Inventory* (*LEI*)，列举了凝聚力、人员冲突、个人偏爱、小团体、满意度、冷漠、进度、困难、竞争、多样性、班规、物质环境、目标取向、组织和民主等 15 个观测点。[⑤]

我国学者孙云梅根据姆斯和特里克特的《课堂环境量表》(CES)以及弗雷泽等学者开发的《大学课堂环境问卷》(CUCEI)等量表编制了中

① MOOS R H. Evaluating educational environments[M]. Jossey-Bass Inc Pub，1979.

② MOOS R H，TRICKETT E J. Classroom Environment Scale. Palo Alto[M]. CA：Consulting Psychologists Press，1987.

③ FRASER B J. Assessment of Learning Environments：Manual for Learning Environment Inventory (LEI) and My Class Inventory (MCI).Third Version[J]. 1982.79−98.

④ FRASER B J，FISHER D L，MCROBBIE C J. Development，validation and use of personal and class forms of a new classroom environment instrument[C]//Annual meeting of the American educational research association，New York. 1996.

⑤ ANDERSON G J，WALBERG H J. The assessment of learning environments：A manual for the Learning Environment Inventory and the My Class Inventory[M]. University of Illinois at Chicago Circle，1978.

国背景下《大学英语课堂环境评估量表》,量表一共选取了 9 个观测点,分别是:同学关系、教师支持、课堂参与、任务取向、学生间合作、平等性、学生责任、教师领导与创新等。[①] 其中,同学关系描述的是学生间了解和支持的程度;教师参与指的是教师帮助学生的程度;课堂参与指的是课堂讨论与提问的程度;任务取向指的是完成课堂语言活动的重要程度;学生间合作指的是学生合作与竞争的程度;平等性指的是教师平等对待学生的程度;学生责任指的是学生对课堂活动负责人的程度;教师领导指的是教师课堂表现的程度;教师创新指的是教师课堂设计的灵活性程度。

任庆梅以 5 所高校 1517 名大学生为样本,编制了《大学英语有效课堂环境构建与评价量表》,主要的测量内容包括学习行为、人际支持、情境支持和学习效果等 4 个方面:学习行为指的是学生联系现实、参与活动、完成任务、个性化学习、探究学习和合作学习的情况;人际支持指的是教师支持、学生融洽度和师生平等;情境支持指的是多媒体运用、活动创新和课堂管理;学习效果指的是学习兴趣、自我效能和收获评价。[②]

本书认为,ANDERSON & WALBERG (1982)、MOOS &TRICKETT (1987)、FRASER ET AL.(1996)、孙云梅(2010)、任庆梅(2016)等学者的研究成果更符合外语学习环境的本质,本研究在高职院校外语教学质量模型中纳入这个变量,是想了解外语学习环境对外语教学质量的影响是否显著。

6.1.1.3 课堂教学过程

课堂教学过程是全部教育教学过程的重要组成部分,对课堂教学过程的测量离不开对教育教学总过程的把握。穆德(MOOD A M)通过对全美 4000 所公共学校 600000 名学生的问卷调查和对部分学生、教师的测试以及校长、政府机构教育管理的访谈,将美国公共学校系统描述为输入—输出过程。[③] 格拉斯曼和宾尼阿米诺夫(GLASMAN N S, BIN-

---

① 孙云梅.大学综合英语课堂环境调查与研究[J].外语教学与研究,2010(6):438—444.
② 任庆梅.大学英语有效课堂环境构建与评价量表实证检测[J].教育研究,2016,37(4):105—111.
③ MOOD A M. Macro-analysis of the American educational system[J]. Operations Research, 1969, 17(5): 770 - 784.

IAMINOV I)构建的输入—输出结构因果模型中将教学过程描述为学生的背景特征(家庭背景和学生本人背景)、学校条件(服务、花费和职员)、教学(教师背景和特征、教学任务和教师态度)、与学校相关的学生特征(学生的社会人口特征和学生出勤)、学生态度(内外控倾向、自我概念和学术愿景)等 6 个层面。① 奥斯丁(ASTIN A W)的输入—环境—输出模型(Input-environment-output Model)包括输入层面、环境层面和输出层面等 3 个大的层面,其中,输入层面包括学生的背景和特征、先在学习、英语水平和目标承诺;环境层面包括机制政策、学术支持服务、非学术性支持服务;输出层面包括学习成绩、学术发展、留级率和毕业率等。② 贝格曼(BERGMANN H)认为,教育是人类行为的子系统,对教育质量的测量应该考虑教育的系统特征,需要将系统分成若干组成部分,教育的质量就是各个子系统的总和;教育质量包括输入质量、过程质量和输出质量三个部分,其中,输入包括人力资源、物质资源和时间三个层面;过程包括教师教学、课程和教学互动等三个层面,输出就是学生所取得的成果。③

在微观的外语课堂教学过程测量研究方面,学者克拉申(KRASHEN S D)最先提出外语教学过程体现为输入和输出两个层面的重要论断,此后许多学者对其进行了大量的实证研究。④ 佩卡(PICA T)通过实证研究发现,基于回答问题的请求型输出要比确认型输出调整的次数更多,更有利于第二语言的习得,进一步的研究发现,一定压力下的理解型输出对第二语言的习得有促进作用。⑤ 埃里斯与赫氏(ELLIS

---

① GLASMAN N S, BINIAMINOV I. Input-output analyses of schools[J]. Review of Educational Research, 1981, 51(4): 509 - 539.

② ASTIN A W. Student involvement: A developmental theory for higher education[J]. Journal of college student personnel, 1984: 297 - 308.

③ BERGMANN H. Quality of education and the demand for education—Evidence from developing countries[J]. International Review of Education, 1996, 42(6): 581 - 604.

④ KRASHEN S D. The input hypothesis: Issues and implications[M]. Addison-Wesley Longman Ltd, 1985.

⑤ PICA T. Communication with second language learners: What does it reveal about the social and linguistic processes of second language learning[J]. Georgetown University round table on languages and linguistics, 1992: 435 - 464.

R，HE X)的研究发现，在词汇学习效果方面，互动型调整输入要优越于预先调整的输入，但是就单位时间的词汇获得数量来看，预先调整的输入要比互动型调整输入好；在输出方面，互动型输出的数量和质量要好于互动型调整输入和预先调整的输入。[1] 学者麦基(MACKEY A)认为，积极的互动型调整输入(Interactively Modified Input)在提高外语学习效果方面好于消极的互动型调整输入，预先调整的输入对学生的语言发展作用极其有限，因为学生丧失了从语言错误中继续学习的机会。[2]布朗明确提出语言教学过程表现为教学理念、教学主体、教学目标、教学内容、教学方法、教学策略、教学环境和学生的学习动机等 8 个方面。[3] 文秋芳结合我国高校外语教学的实际，通过对输入和输出的测量，创造性地提出课堂教学过程中输出驱动假设，认为语言输出比输入更能促进语言知识的运用，激发学习者的外语学习欲望，这一结论在后来的实证研究中得到了进一步的验证。[4] 闫增丽和张丽梅随机抽取未通过大学英语四级考试的 40 名学生组成实验班和控制班，实验班接受"输出驱动—输入促成"训练，控制班接受传统模式教学，发现"输出驱动—输入促成"能真正实现输入—输出有效衔接，优化课堂教学过程。[5] 韩宇萌以哈尔滨师范大学 2012 级的两个行政班作为样本，通过让实验班接受"输出驱动—输入促成"培训，控制班采用传统教学模式，结果证明了"输出驱动—输入促成"的有效性。[6]

课堂教学过程是教育过程的核心组成部分，教育过程具备的特征同

---

① ELLIS R，He X. The roles of modified input and output in the incidental acquisition of word meanings[J]. Studies in second language acquisition，1999，21(2)：285－301.

② MACKEY A. Input，interaction，and second language development：An empirical study of question formation in ESL[J]. Studies in second language acquisition，1999，21(4)：557－587.

③ BROWN H D. Principles of language learning and teaching[M].4th ed.Englew Cliffs NJ：Prentice-Hall，2000.

④ 文秋芳."输出驱动—输入促成假设"：构建大学外语课堂教学理论的尝试[J].中国外语教育，2014(02)：3—12.

⑤ 闫增丽,张丽梅.输出驱动—输入促成假设下的外语教学实践探索一项提高英语语言输出质量的实证研究[J].长白山大学学报，2015(04)：74—76.

⑥ 韩宇萌.输出驱动—输入促成理论下大学英语口语教学模式研究[D].哈尔滨师范大学，2016.

样也不同程度地反映在课堂教学过程中。综合上述研究,外语课堂教学过程的宏观层面可以描述为输入、输出、过程、环境等内容,微观层面主要体现为:语料的规范性、准确性、流畅性和可理解输入;"做中学,学中做"的教学过程、任务输出和意义输出、计划和检查;言语沟通;教学监控、教学反馈和教学改进等。本书认为,ASTIN(1984)、KRASHEN(1985)、BROWN(2000)、文秋芳(2014)等学者的研究更能体现课堂教学过程的本质,鉴于课堂教学过程的中枢和纽带作用,本研究在高职院校外语教学质量模型中纳入这个变量,是想了解课堂教学过程对外语教学质量的独立中介和多重中介影响是否存在。

6.1.1.4　教学质量评价

沙克特和图姆(SCHACTER J,THUM Y M)提出教学质量评价的11个反映性指标,分别是:教师知识、教学目标、教学呈现、教学组织、教学反馈、问题、思考、学生分组、激发学生、课堂环境和学生来源。[①]

玛特苏姆拉、斯拉特和安卡等学者(MATSUMURA L C,SLATER S C,JUNKER B,et al)编制的教学质量评价量表 *Instructional Quality Assessment*(IQA)将教学质量评价划分为对教师的评价和对学生的评价两个方面,针对教师的评价指标均按照专家型教师的标准进行设计,突出对教师学术的严谨程度、对学生的期望、教师自我评价和授课质量 4 个维度的测量;针对学生的质量评价主要集中于学生对学习任务的理解、对教学目标的理解、采取的学习策略、对学习过程的控制和对评价指标本身的理解 5 个维度。由于该量表对教师、学生和机构来说,内容简洁,操作方便,可行性强,因此也得到广泛运用。[②]

作为美国许多高校制定教学质量评价量表的参照,美国教育测量服务机构(ETS:Educational Testing Service)开发的教学质量评价报告 *Student Instructional Report*(SIR)将测量内容归纳为 12 个方面(见表 6.1)。

---

①　SCHACTER J,THUM Y M. Paying for high-and low-quality teaching[J]. Economics of Education Review,2004,23(4):411 – 430.

②　MATSUMURA L C,SLATER S C,JUNKER B,et al. Measuring Reading Comprehension and Mathematics Instructionin Urban Middle Schools:A Pilot Study of the Instructional Quality Assessment. CSE Technical Report 681[J]. National Center for Research on Evaluation,Standards,and Student Testing(CRESST),2006.

表 6.1　美国 ETS 教学质量评价维度

序号	维度	序号	维度
1	课程组织与计划(Course Organization and Planning)	7	补充问题(Supplementary Questions)
2	沟通与交流(Communication)	8	课程难度(Course Difficulty)
3	师生互动(Faculty/Student Interaction)	9	学生努力与参与程度(Student Effort and Involvement)
4	作业、考试、评分(Assignments, Exams, and Grading)	10	负担与节奏(Workload, and Pace)
5	学生意见(Student Comments)	11	课程学习收获(Course Outcomes)
6	辅助教学方法(Supplementary Instructional Methods)	12	教材的总体质量(The overall quality of the textbooks)

资料来源：About the *SIR Ⅱ* ™ Student Instructional Report［EB/OL］. https://www.ets.org/sir_ii/about.

我国学者王蓓蕾和安琳从全国大学外语课堂教学大赛评价标准入手，通过对理论界和实务界 15 位外语专家和 10 位参赛教师访谈，将教学质量评价划分为 7 个方面，分别是：教师综合素质、教学设计、课堂组织、学习方式、参与度、学习收获和作业评价。教师综合素质侧重对教师语言能力、基本功、知识面的测量；教学设计侧重对教学目标、对象、教学的重难点、教学内容、教学过程和教学活动安排的测量；课堂组织侧重对师生互动、输入输出和课堂驾驭的测量；学习方式侧重对合作学习、探究式学习和自主学习的测量；参与度侧重学习兴趣、主动性和展示机会的测量；学习收获侧重对学习策略、学以致用和解决困难的测量；作业评价侧重对完成作业效果的测量等。这 7 个方面的权重分别是：教师综合素质权重为 2—3、教学设计权重为 1—2.5、课堂组织权重为 1.5—2、学习方式权重为 0.5、参与度权重为 1.5—2、学习收获权重为 1—1.5、作业评价等权重为 0—1 等。①

综上所述，SCHACTER AND THUM（2004）、MATSUMURA ET AL.（2006）、王蓓蕾，安琳（2012）等学者的研究以及美国 ETS 机构的评价维度更能体现教学质量评价的内涵，鉴于教学质量评价在教学质量研究中的中心地位，本研究在高职院校外语教学质量模型中纳入这个变量，是

① 王蓓蕾，安琳.大学英语课堂教学评价标准探微——从"外教社杯"全国大学英语教学大赛评分标准说起［J］. 外语界，2012(03)：42—50.

想了解教学质量评价对外语教学质量的独立中介和多重中介影响是否存在并且显著。

6.1.1.5 外语学习动机

1985 年,加德纳、拉隆德和莫尔克罗夫(GARDNER R C, LALONDE R N, MOORCROFT R)提出,外语学习动机的强弱可以通过动机(Motivation)、态度(Attitude)、融合性(Integrativeness)、语言焦虑(Language Anxiety)和语境(Context)等 5 个方面测得。[①] 主流观点认为,加德纳等学者从社会心理模式界定和测量外语学习动机是一种静止的观点,没有看到动机的动态性,如目标语社团和社区文化背景的异质性和富于变化性,学习者个体差异性。面对这些质疑,加德纳(GARDNER R C)于 2005 年提出了外语学习动机的扩展模式,新模式增加了对目标显著性、效价和自我效能感等三个方面的测量,并跟原来的测量内容共同构成外语学习动机的测量框架。[②]德尔涅伊(DÖRNYEI Z)认为外语学习动机的强弱体现为学习者的态度、焦虑和动机等三个方面。[③]施密特、博芮和卡萨比(SCHMIDT R, BORAIE D, KASSABGY O)认为,外语学习动机表现为学习者的情感(成功或者失败倾向、对英语本族语说话者的态度和焦虑)、目标定向(内部目标、外部目标、心理目标)和期望(期望成功)三个大的方面,可以进一步细化为目标、决策、焦虑、工具、交际、文化、本能、信念和就业等 9 个测量维度。[④] 特瑞布雷和加德纳(TREMBLAY P F, GARDNER R C)认为外语学习动机表现为学习者的目标属性、动机行为、效价、语言态度、语言属性、适应属性、自我效能和学习成果等 8 个方面。[⑤] 我国学者秦晓晴、文秋芳认为,英语学

① GARDNER R C, LALONDE R N, MOORCROFT R. The role of attitudes and motivation in second language learning: Correlational and experimental considerations[J]. Language learning, 1985, 35(2): 207 - 227.

② GARDNER R C. Motivation and attitudes in second language learning[J].//In Alex Barber (ed.), Encyclopedia of Language and Linguistics. Elsevier. 2005:348 - 355.

③ DÖRNYEI Z. Motivation in second and foreign language learning[J]. Language teaching, 1998, 31(3): 117 - 135.

④ SCHMIDT R, BORAIE D, KASSABGY O. Foreign language motivation: Internal structure and external connections[J]. University of Hawai'i Working Papers in English as a Second Language 14 (02), 1996.

⑤ TREMBLAY P F, Gardner R C. Expanding the motivation construct in language learning[J].The Modern Language Journal, 1995, 79(4): 505 - 518.

习动机表现为学生的英语成绩、个人需要、可控归因、不可控归因、学习兴趣、自我效能、语言焦虑、英语效价、远期学习目的、近期学习目的、掌握目标定向、操作性目标定向和动机行为等 13 个方面。①

　　尽管动机是一个超级复杂的心理过程,实践中不容易通过直接观察获得,测量的难度很大,但是研究显示动机是可以测量的。上述研究很好地揭示了外语学习动机的内在结构及其相关关系,本书认为,GARDNER (1985)、TREMBLAY & GARDNER(1995)、SCHMIDT ET AL(1996)、DORNYEI(1998)、秦晓晴、文秋芳(2002)等学者的研究更能反映外语学习动机的本质,从而为本研究从实务上确定外语学习动机的观测点提供了重要参考。本书在高职院校外语教学质量模型中纳入这个变量,是想了解外语学习动机对高职院校外语教学质量的直接影响是否显著。

6.1.2　模型建构

　　根据对理论文献(第二章)和测量文献(第六章)的回顾,结合本书的研究目的,本研究建立高职院校外语教学质量概念模型,如图 6.1 所示。

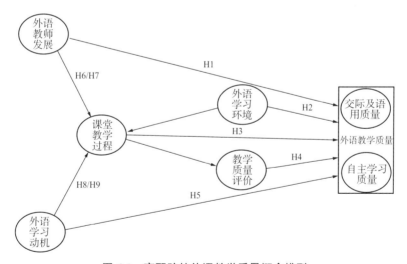

图 6.1　高职院校外语教学质量概念模型

---

　　①　秦晓晴,文秋芳.非英语专业大学生学习动机的内在结构[J].外语教学与研究,2002,34(01):51—58.

主要研究内容如下：外语教师发展对外语教学质量的显著影响（H1）、外语学习环境对外语教学质量的显著影响（H2）、课堂教学过程对外语教学质量的影响（H3）、教学质量评价对外语教学质量的显著影响（H4）、外语学习动机对外语教学质量的显著影响（H5），同时检验外语教师发展透过课堂教学过程影响外语教学质量的独立中介作用（H6）、外语教师发展透过课堂教学过程和教学质量评价影响外语教学质量的多重中介作用（H7）、外语学习动机透过课堂教学过程影响外语教学质量的独立中介作用（H8）、外语学习动机透过课堂教学过程和教学质量评价影响外语教学质量的多重中介作用（H9）。

6.2　研究假设

6.2.1　外语教师发展影响外语教学质量的直接效应假设

国外学者普遍将教师发展列为影响教学质量的关键变量。有学者认为教师发展的终结性目标就是提高教学质量，而提高教学质量需要以夯实教师发展为基本前提，进一步的研究发现，教师参加专业发展活动的时间与教学质量关系紧密，时间越长，次数越多，教育教学能力增强，就会对教学质量产生积极影响。[①]华莱士（WALLACE M R）以两组 2000 年美国康涅狄格州和田纳西州初入职教师数据和四组美国国家教育进展评估所 National Assessment of Education Progress（NAEP）提供的学生成绩为调查数据集（最小的数据集包括 1550 名学生，168 名教师；最大的数据集包括 6408 名学生、1029 名教师），通过建立结构方程模型，从最小的数据集进行测试，然后连续使用较大的州或全国的数据进行检验，发现教师专业发展对提高教学质量有正向的影响。[②]希尔（HILL KK）、

---

①　YOON K S, DUNCAN T, LEE S W Y, et al. Reviewing the Evidence on How Teacher Professional Development Affects Student Achievement. Issues & Answers. REL 2007 - No. 033[J]. Regional Educational Laboratory Southwest（NJ1），2007.

②　WALLACE M R. Making sense of the links: Professional development, teacher practices, and student achievement[J]. Teachers College Record，2009，111(2): 573 - 596.

比塞尔(BICER A)和拉普拉罗(CAPRARO R M)以得克萨斯州东南部9位教龄在1至22年的高中优秀教师(1至5年教龄的有5位,6至10年有2位,10年以上的有2位)为样本,采用课堂观察,采集教师参与专业发展活动的时间以及教学排名(其中1名教师为新手、5名为中级、3名为专家)等方面的数据,发现经过专业发展培训的教师业务进步很快,对教学的领悟力更高,教学质量更加明显。① 在国内,哈斯巴根以245名高校教师为调查对象,发现高校教师的教学态度、教学内容和教学方法对教学质量的提高有显著影响②;王宇欢以浙江省三所大学教授英语口语课程的外籍教师问为研究对象,通过问卷调查和访谈,发现提高外籍教师的准入条件对提高外语教学质量有正向影响。③

从以上分析可以看出,教师发展与教学质量之间存在某种相关性,实践中不存在没有教师的教学质量,离开教师发展这个根本性因素,教学质量的提高就不可能。本研究将外语教师发展列为外语教学质量研究的前置变量,是想了解在高职院校,外语教师发展是否对高职院校外语教学质量也存在直接影响。据此提出以下假设。

H1:外语教师发展显著影响外语教学质量。

克拉申(KRASHEN S D)指出,语言可理解性输入(Comprehensible Input)是学生外语能力形成的必要条件,这种输入高于学习者的当前水平,同时又可以被学习者所理解,因此教师需要持续参加培训和学习,提高语言水平和综合素质,可以为学习质量的提高创造条件。④ 沃尔什(WALSH S)在第33届国际英语教师协会年会上的发言 Asking the right question：Teacher talk and learner output 中指出,外语教学中,语言既是教学的内容和目标,也是教学的手段和媒介,这对外语教师的外

---

① HILL K K，BICER A，CAPRARO R M. Effect of teachers' professional development from Math Forward™ on students' math achievement[J]. International Journal of Research in Education and Science，2017，3(1)：67-74.

② 哈斯巴根.教师评价视角下的高校课堂教学质量结构方程模型[J].高校教育管理,2013,(04)：105—110.

③ 王宇欢.浙江省高校外籍教师英语口语课教学现状调查[D].浙江师范大学,2007.

④ KRASHEN S D. Inquiries & insights：second language teaching：immersion & bilingual education，literacy[M]. Alemany Press，1985.

语水平和综合品质提出了更高要求,因此,鼓励外语教师继续学习,在教学中发挥主导作用,坚持以学生为中心,以学生的可理解性和可接受性为标准,鼓励学生与学生之间、教师与学生之间就话题开展多层次、多维度的讨论,对提升交际及语用能力层面的质量有积极的作用。[①] 霍尔莫(HARMER J)认为,教师在外语课堂中存在过度使用语言的现象,在有限的时间内,学生没有机会开口说话,教学的结果是教师得到了充分的操练,而学生收效甚微,这对学生交际及语用质量的提高极为不利。[②] 有学者研究发现,在外语课堂环境下,学生语用意识和语用能力的提高不是靠教师教出来的,而是靠教师的合理引导,通过学生自身反复实践才能形成。如课堂上教师滔滔不绝地传授语用错误辨别知识,但是学生的纠错质量无论如何也达不到目的语语用标准,因此教师必须改变观念和教法,服务学生语用能力的提高。[③] 颜静兰通过对大学生的跨文化交际敏感度调查发现,教师本身的跨国、跨文化视野拓展不够,对外国文化习俗的接触量少质薄,跨文化交际能力存在很大"缺口",很难适应大学生交际能力培养的需要。[④] 洪刚通过对某省重点师大外语系本科英语专业94 名学生语用能力调查分析,发现大学生语用能力很弱,有必要提高教师双重文化能力和语用能力,这种能力对提高学生语用能力层面的质量是必不可少的。[⑤] 以上研究都支持外语教师发展与外语交际及语用质量之间有正向关系,据此,本书提出以下假设。

H1－1:外语教师发展显著影响外语交际及语用质量。

在外语自主学习研究中,外语教师的作用始终是自主学习研究中被广泛关注的变量。本森认为,技术层面的自主学习是一种脱离教育机

---

① WALSH S. Asking the right questions: Teacher talk and leaner output[C]//LATEFL 1999 Edinburgh Conference Selections. 1999: 50 - 52.

② HARMER J. The practice of English language teaching[M]. New York: Longman, 2001.

③ BARDOVI-HARLIG K, GRIFFIN R. L2 pragmatic awareness: Evidence from the ESL classroom[J]. System, 2005, 33(3): 401 - 415.

④ 颜静兰.外语教师跨文化交际能力的"缺口"与"补漏"[J].上海师范大学学报:哲学社会科学版,2014(01):138.

⑤ 洪岗.英语语用能力调查及其对外语教学的启示[J].外语教学与研究,1991,(4):52—55.

制，没有教师干预的学习行为，在这种语境下，教师这个职业是否还有存在的必要，作用到底如何发挥，种种质疑冲击着教师角色在自主学习体系中的应有定位，没有对教师作用的充分认识，自主学习很难做到深入和持久发展。[①] 库玛(KUMARAVADIVELU B)借助后方法理论对第二语言教师在自主学习体系中发挥的作用进行了明确的界定，提出教师作用的特殊性、实用性和可能性三维构想，"三维"之间交互影响和相互作用，构成一个多因素和多层次动态系统，为外语教师指导学生自主学习提供了重要依据。[②] 余小兰认为，自主学习并非意味着不要教师的指导，相反，自主学习需要教师的指导才能有计划、有目的的组织实施，因此，自主学习不能忽视教师的指导作用，这是保障和落实自主学习质量的前提和关键。[③] 贺晓蓉，赵明华，贺小华认为，外语教师是学生自主学习环境的营造者、情景的创设者、学习的咨询者、活动的组织者和评价的引导者，是影响学生自主学习质量最关键的因素。[④] 邓志辉在后方法理论指导下，通过对 105 名高校非英语专业学生的自主学习实验发现，外语教师通过教学创新实现教师身份从传统到现代的转型，对学生的外语自主学习质量的提升有重要作用。[⑤]

古人云："师傅领进门，修行在个人"，学习者自身的因素是影响教学质量提高的核心因素。但是，教师对学生的合理引导、督促、组织和评估，可以一定程度上激发学生的学习热情和学习潜能，对于提升学生自主学习质量，促进学生的个性化发展和可持续发展发挥着重要的指导作用。据此，本研究提出以下假设。

H1-2:外语教师发展显著影响外语自主学习质量。

---

① BENSON P. The philosophy and politics of learner autonomy[J]. Autonomy and independence in language learning，1997(07)：18-34.

② KUMARAVADIVELU B. Toward a Postmethod Pedagogy[J]. TESOL quarterly，2001，35(04)：537-560.

③ 余小兰.自主学习与外语教师素质培养策略[J].中国高教研究，2005(02)：92—93.

④ 贺晓蓉，赵明华，贺小华.高校外语教师在自主学习过程中的作用研究[J].宁夏大学学报：人文社会科学版，2009(02)：176.

⑤ 邓志辉.自主学习与"后方法"视域下的外语教师角色转型[J].江苏外语教学研究，2016，23(02)：11.

6.2.2 外语学习环境影响外语教学质量的直接效应假设

佐藤(SATO C J)考察了外语学习环境与学业成就之间的关系,在31名被观察的学生中,来自亚洲学生自由发言的数量只占学生发言总数的36.5%,比来自非亚洲国家学生在口头参与方面的积极性要低得多,相反,亚洲学生要求通过教师点名发言的次数是非亚洲人的两倍,而非亚洲人通常选择不被点名或其他随意性较大的方式发言,进一步的研究发现,外语学习环境对外语学习的成败有一定的影响,从长远看,学生的母语文化和习惯决定了外语学习的总体质量。[①] 菲尔莫尔(FILLMORE L W)指出,在非英语环境下提高学生外语学习质量必须满足一个基本条件,那就是外语学习环境的营造,学习者必须与这些熟悉英语语言规则和英语语言文化、并懂得何时、何地使用英语的人们或社群交往,了解使用语言的意图,以及在信息咨询和思想交流时如何恰当使用语言,通过与他们的互动,获得他们的反馈,在外语学习环境不佳的情况下达到提高学习效率和学习质量的目的;[②]克拉申(KRASHEN S)和斯卡塞拉(SCARCELLA R)认为,提高第二语言教学质量必须抓住语言输入这个"量"字,通过创造外语学习环境,使他们无论是在课堂内还是在课堂外都可以获得足够的语言输入,只有输入多了,输出才是顺理成章的事;进一步的研究发现,外语学习环境对学生外语的考试成绩有影响,非外语环境下的外语教学对学生外语成绩的影响更加显著。[③]上述研究证明,外语学习环境对外语教学质量的影响是明显的,据此,本书提出以下假设。

H2:外语学习环境显著影响外语教学质量。

从历史上看,我国从来没有任何一个阶段像今天一样与国际社会的交往如此紧密,社会的发展以及对外交流的需要决定了外语教学的方向必然是朝向交际及语用方面发展。在改革开放初期,我国对外交流的频

① SATO C J. Ethnic Styles in Classroom Discourse[J]. TESOL.1982.103 - 107.

② FILLMORE L W. Second language learning in children: A model of language learning in social context[J]. Language processing in bilingual children, 1991: 49 - 69.

③ KRASHEN S, SCARCELLA R. On routines and patterns in language acquisition and performance[J]. Language learning, 1978, 28(02): 283 - 300.

率和规模都非常有限,经济社会发展对国际的依存度较低,国际交流活动仅停留在政府管理部门和外经外贸单位,民间对外交流微弱,学校外语教学的目标主要是通过各类考试或者获得外语类资格证书,至于是否需要对接国家和社会需求没有特别要求,因此也没有引起足够的重视。随着中国经济的飞速发展、中国对外交流的进一步扩大和中国国际地位的进一步提升,中国快速融入全球并成为世界政治舞台上的重要一员,政府对外交流的级别和质量进一步提高,民间对外经济和贸易活动频繁,跨国跨地区对外交流已经成为全社会的常态。在这种社会环境下,外语教学开始关注学生交际能力和语用能力的发展,开始思考对接国家和社会需求,围绕经济社会关注的重点领域设置教学目标,以此提高外语教学的"工具性和有用性"。为响应国家战略要求,上海外国语大学在2017年专门成立中国外语战略研究中心,通过外语战略和外语政策的研究,将外语纳入国家的总体规划和进程之中,使外语政策意识上升为国家意志,从而在政策层面为外语学习营造了良好的制度环境。根据《国家中长期教育改革和发展规划纲要(2010—2020年)》关于"高校要营造良好的外语环境,为大学生提供优质的外语教育,以满足国家战略和对外开放的需求"的表述[1],说明外语学习环境的建设已经在政策层面引起了国家的重视。当国家和全社会都开始重视外语学习环境的重要性时,提高外语交际及语用能力层面的质量便成为可能,据此,本书提出以下子假设。

H2-1:外语学习环境显著影响外语交际及语用质量。

有学者认为,语言环境可以提高语言输出的自动化水平和输出效率,从而使语言沟通更加顺利并上升为一种自发行为,大量的输入和输出实践是提高学习者语言听说读写技能的关键途径。[2] 外语学习环境中一个重要的影响因素就是课堂规模,班级人数太多,个体需求太复杂,课堂教学中很难顾及每一位学生的需求,教学内容、教学评价很难在有限

---

① 国家中长期教育改革和发展规划纲要(2010—2020年)[EB/OL]. http://old.moe.gov.cn/publicfiles /business/htmlfiles/moe/info_list/201407/xxgk_171904.html.2010-07-29.

② KRASHEN S D, Terrell T D. The natural approach: Language acquisition in the classroom[J]. Modern Language Journal,1983:76-82.

的时间内完成,教学方法和教学手段很难奏效,从而对学生的自主学习提出了明确要求。目前,绝大多数学校都建成了用于本校外语教学的基础设施,如语音教室、情景录播教室和语言实验室等,这些设施既有利于教师灵活运用教学手段、选择教学方法、安排教学内容和评价学习效果,同时也有利于学生自主开展学习,例如,学生可以根据教学安排和学习需要,利用优越的教学条件自主学习、自我评估,提高自主学习质量。相对于课内环境,学校外语文化、学校国际交流与合作氛围、外语社团活动等都是外语学习环境重要的组成部分,其规模和程度决定了学生外语信息输入和外语文化熏陶的程度,对提高外语自主学习质量有重要影响。

外语教学的主要场所在课堂,课堂是外语学习环境的中心,也是学生自主学习的主要阵地。在基于课堂的外语学习环境下,如果教师能有效发挥主导作用和支持作用,充分注意学生的个体差异和课堂参与的平等性,能引导学生自学,从而为提高自主学习质量提供可能性。另外,由于虚拟现实等现代技术手段在课堂教学中的广泛运用,使语言学习获得丰富的情景支持,从而使自主学习质量的提高成为可能,据此,本书提出以下子假设。

H2-2:外语学习环境显著影响外语自主学习质量。

6.2.3 课堂教学过程影响外语教学质量的直接效应假设

努南(NUNAN D)认为,课堂教学过程对于第二语言习得的质量有重要影响。[①] 白培康和廖海洪认为,在高校专业外语课堂教学过程中教学内容与专业要求脱节、教学方法陈旧、教学内容选择的随意性、教师缺乏对教学规律的探索,种种问题对外语教学质量产生严重的影响。[②] 我国学者朱彦指出,课堂教学过程中,切实合理的教学目标、恰当可行的教学设计、难易适度的教学内容、灵活合适的教学方法、和谐的教学氛围、

① NUNAN D. Language teaching methodology[M]. New York:prentice hall,1991:114-123.

② 白培康,廖海洪.提高专业外语教学质量方法的探讨[J].中北大学学报:社会科学版,2001(02):53-54.

有效的教学评估是提高外语教学质量的必要条件。[1] 因此，外语课堂教学过程的输入是输出外语教学质量重要的前提，输入主要包括教学目标、教学内容、教学手段和教学方法的输入，其中，教学目标的输入是关键性指标，它直接规定了输出外语教学质量要达到的目标，如知识目标、技能目标或者情感目标；教学内容的输入主要是语言知识的输入、技能的输入，决定了输出外语教学质量的方向和内容；教学手段和教学方法的输入对外语教学质量输出的效率有重要影响。基于上述研究，本书提出如下假设：

H3：课堂教学过程显著影响外语教学质量

国外有学者加斯普（KASPER G）和罗斯（ROSE K R）通过实证研究证明了外语课堂教学过程对提高外语交际及语用能力层面的质量有显著作用。[2][3] 我国学者张国扬，朱亚夫的研究指出，第二语言课堂教学过程中的言语交往模式对于引发学生积极主动的听、说、读、写有重要意义，对于转化语言知识具有潜移默化的作用，有利于改善和提高交际及语用质量。[4] 刘研将 ESA 直线教学法和循环教学法分别用于控制班和实验班。经过测试和数据分析发现，课堂教学过程中使用循环教学法有利于学生交际质量的提高。[5] 刘美玲认为外语课堂教学过程有意识地创造条件促使学生之间、学生和教师之间有效的信息和情感交流，避免言语误会和文化冲突，有利于学生交际质量的发展。[6] 王美美以河北医科大学临床医学专业 65 名学生为样本，采用前后测、问卷调查和测试的方法对实验班进行语用教学，实验结束后发现，英语课堂中的显性语用教

---

[1]　朱彦.提高外语课堂教学有效性的关键因素-兼析第三届"外教社杯"全国高校外语教学大赛的优秀教学个案[J].外语界,2013（2）：50—58.

[2]　KASPER G，ROSE K R. Pragmatic Development in a Second Language[J]. Language Learning：A Journal of Research in Language Studies，2002：52 - 60.

[3]　ROSE K R. On the effects of instruction in second language pragmatics[J]. System，2005, 33(3)：385 - 399.

[4]　张国扬,朱亚夫.外语教育语言学[M].南宁：广西教育出版社,1996.

[5]　刘研.在课堂教学中提高学生的交际能力[D].西北师范大学,2003.

[6]　刘美玲.跨文化语言教学法在大学外语教学中的应用[J].宜宾学院学报,2005(07)：103.

学对语用质量的提高影响明显。[①] 卢加伟以河南某大学非英语专业 86名同学为样本,随机分出实验组和控制组,对实验组进行语用教学,研究发现,课堂教学过程中使用语用教学法对语用能力层面的质量提高有独特的作用。[②] 基于上述研究,本书究提出如下假设。

H3-1:课堂教学过程显著影响外语交际及语用质量。

霍利克(HOLEC H)认为,课堂教学过程中学生完全对自己的学习行为负责,对出现的与学习有关的问题做出决策,从而确定目标,制定计划,评估效果,因此,课堂教学过程是提升学生自主学习质量的重要过程。[③] 本森(BENSON P)认为,自主学习质量的提升是课堂教学的重要目标,课堂教学过程中通过培养学生的责任意识和自觉意识可以进一步提高学生的自主学习质量。[④] 郭瑞卿、温耀峰以吕梁高等专科学校 75 名英语专业学生为样本,实验分两组,实验组 39 人,控制组 36 人,通过 1 学期的实验,发现课堂教学过程中通过对学生进行学习策略的训练可以提高学生的自主学习质量。[⑤] 李莉以 40 人构成的实验班和 36 名同学组成的对照班为样本,通过对实验班和对照班前后测的英语成绩比较分析,发现开展自主学习活动的实验班成绩高于对照班,主动性、责任感也明显好于对照班,从而证明课堂教学过程对外语自主学习质量具有影响作用。[⑥] 周维杰通过对 72 名学生为期两周的实验,证明外语课堂教学过程中使用过程教学的方法可以保证全员和全过程参与,学生自主学习质量得到了不同程度的提升。[⑦] 张天霞通过对天津体育学院、天津理工大学、

① 王美美.通过课堂显性语用教学培养大学生的语用能力[D].河北师范大学,2007.

② 卢加伟.认知框架下语用教学对学习者二语语用能力发展的作用[J].解放军外国语学院学报,2013(01):67—71.

③ HOLEC H. Autonomy and foreign language learning[M].Oxford:Pergamon,1981:13—17.

④ BENSON P. Teaching and researching: Autonomy in language learning[M].Routledge,2013:251-259.

⑤ 郭瑞卿,温耀峰.外语教学中自主学习能力的培养[J].中国高教研究,2004(07):92—93.

⑥ 李莉.自主学习与外语课堂教学的融合[D].山东大学,2005.

⑦ 周维杰.过程教学法对翻译教学质量的影响[J].扬州大学学报:高教研究版,2008(06):90—93.

天津城建学院、天津工业大学、天津科技大学和天津中医药大学 2007 级 472 名同学的抽样调查,发现课堂教学过程实施新的教学模式有利于提高学生的自主学习质量。① 张林华、赵林彤和唐小绘认为,解决外语课堂教学低效问题的基本对策在于转变教师的外语教学观念,创新外语教学过程,探索以学生为本、以提高学生外语自主学习质量为目的的教学途径及教学方法。② 基于上述研究,本书提出如下子假设。

H3-2:课堂教学过程显著影响外语自主学习质量。

6.2.4 教学质量评价影响外语教学质量的直接效应假设

布朗(BROWN J D)和哈德森(HUDSON T)研究认为,外语教学质量评价的重点是学习者的语言行为评价以及真实环境中运用语言完成任务的能力评价,因此需要将形成性评价和终结性评价结合,避免标准化测试在教学质量评判中带来的"虚高"现象。③ 张丽丽认为,我国外语教学质量评价还停留在静态的测试层面(标准来自心理计量学),如学生某个时间节点的词汇量测试、语法句法水平测试、阅读理解测试、翻译测试,这些测试可以甄别学生的外语水平,但并非全部水平,因为静态测试在评价学生的语言潜能和自主学习能力方面尚存在很多盲点,无法测量出学生真实的外语水平。④ 蔡基刚指出,在高校外语教学领域,教学质量评价体系正确与否直接影响外语教学质量的高低;我国外语教学质量评价在评价内容上重视外语词汇、语法、句法和篇章等方面的语言知识掌握的程度,忽视了对学生外语能力的评价;在评价形式上,倾向于终结性评价而忽视形成性评价,将每学期期终的考试成绩或者《全国四六级考试》成绩作为教学质量评价的全部,以成绩论高下,导致长期单一的应试教学,忽略了学生外语能力的培养和社会对学生外语能力的需求,限制

① 张天霞.基于新教学模式的自主学习能力实证研究[J].天津外国语学院学报,2009(04):75—80.
② 张林华,赵林彤,唐小绘.高校外语课堂教学低效问题及对策[J].教育学术月刊,2010(10):111.
③ BROWN J D, HUDSON T. The alternatives in language assessment[J]. TESOL quarterly, 1998, 32(04): 653-675.
④ 张丽丽.外语教学过程中的动态评价研究[J].宿州学院学报,2007(05):160—162.

了外语教学质量的进一步提高,对外语教学质量的评价严重偏离正确的轨道。① 综上所述,虽然目前我国还没有形成完整而统一的外语教学质量评价标准,还无法对外语教学质量实施有效评价,既有的评价标准还存在诸多不足,但是对于外语教学质量评价在外语教学质量中的地位和作用的认识都是基本一致的,据此,本书提出如下假设。

H4:外语教学质量评价显著影响外语教学质量。

鲁本(RUBEN B D)和基利(KEALEY D J)开发了一个由知识取向、交际姿态、交际管理、移情、角色行为、交际模糊和礼貌表达等 7 个维度构成的外语能力评价量表,实验证明了该量表对海派技术人员及其配偶的跨文化交际和适应能力有显著影响。② 有学者对过去用于外语交际能力的测评工具进行了验证,研究发现这些评价工具均具有较高的信效度,是测量外语交际能力的重要标尺。③ 有学者将外语语用的测评划分为三个阶段:第一阶段是语言行为的理解与表达,测评的媒介是语言任务;第二阶段是会话含义和话语风格,主要的测评媒介是网络技术和计算机辅助教学评分;第三阶段是会话分析,主要测评互动能力,主要媒介是人机对话系统,分析发现,这几种评价形式对语用能力层面质量的提高有重要作用。④ 尤恩(YOUN S J)开发了一套由任务难度、语境敏感性、话轮转换、课堂沟通和互动频率等五个维度构成的外语语用评价任务系统,通过对 102 名托福成绩在 65 分到 111 分之间非英语母语学生的

① 蔡基刚.高等教育国际化背景下的外语教学评价体系调整[J].外语电化教学,2013(01):3—4.

② RUBEN B D, KEALEY D J. Behavioral assessment of communication competency and the prediction of cross-cultural adaptation[J]. International Journal of Intercultural Relations,1979,3(1):15-47.

③ SINICROPE C, NORRIS J, WATANABE Y. Understanding and assessing intercultural competence: A summary of theory, research, and practice (technical report for the foreign language program evaluation project)[J]. University of Hawai'I Second Langauge Studies Paper,2007,26(01):115-175.

④ ROEVER C, WANG S, BROPHY S. Learner background factors and learning of second language pragmatics[J]. International Review of Applied Linguistics in Language Teaching,2014,52(4):377-401.

测评,验证了语用评价任务系统本身对学生语用质量的提高有重要作用。[1] 在我国,传统的外语教学质量评价倾向于总结性评价,在评价内容上,仅关注学生语言知识的增长,对学生的批判性、创造性思维能力的评价不够,特别是对学生的情感、动机、态度等非智力因素缺少应有的重视;在评价形式上,往往是采用期终成绩决定教学质量的高低,很少考虑在真实语境下对学生交际能力和语用能力的评价,实践中也缺少有益的探索,并不利于教学质量的提高。[2] 可见,运用什么评价标准,采用何种评价形式,都对交际及语用质量的提高有重要作用。因此,本书提出如下子假设。

H4-1:教学质量评价显著影响外语交际及语用质量。

布莱克(BLACK P)和威廉(WILIAM D)研究发现,高质量的形成性评价与学生自主学习能力的提高成正相关。[3] 王登文认为,形成性评价可以有效地激发 学生的外语学习兴趣,有利于外语学习过程的监控和外语学习效果的评价,从而在引导学生进行自主学习方面具有独特的作用。[4] 陈婷、文燕通过形成性评价与自主学习之间关系的研究,认为形成性评价有利于良好学习习惯和学习策略的形成,从而全面提高自主学习质量。[5] 郭胜伟、张稚鲲、谢松对自主学习能力的评价模式进行了汇总,认为自主学习能力的评价包括教学成效评价和教学管理者评价两大类,前者体现为基于学习过程的形成性评价、基于个人判断的自我评价、基于同伴判断的互相评价和基于自我监控的元认知评价等四种评价模式,后者体现的是综合评价,如基于 AHP 的综合评价等,这些评价模式都对

---

① YOUN S J. Validity argument for assessing L2 pragmatics in interaction using mixed methods[J]. Language Testing,2015,32(2):199-225.

② 张森,张明芳.构建动态多维的外语教学评价体系[J].河北科技大学学报:社会科学版,2009(2):115—116.

③ BLACK P,WILIAM D. Assessment and classroom learning[J]. Assessment in Education:principles,policy & practice,1998,5(1):7-74.

④ 王登文.大学英语网络自主学习形成性评估设计[J].中国成人教育,2006(09):166.

⑤ 陈婷,文燕.高职高专英语自主学习与形成性评价相关性研究[J].广西政法管理干部学院学报,2009,24(01):127—128.

自主学习质量的提高有重要作用。① 程会林立足于当前高等职业技术院校外语教学过程中学生自主学习能力欠缺的现状,通过对安徽影视职业技术学院两个非英语专业班级的问卷调查,发现以形成性评价为基础的复合型评价对外语自主学习能力的培养具有重要意义。② 宋红波借助档案袋评价理论测评英语自主学习质量,发现档案袋评价有利于学生自主拟定学习计划和实施学习监控,从而提高英语自主学习质量。③ 赵伟舟等认为,自主学习质量具有综合性,利用多层次模糊评判模型对于准确评价学生的自主学习质量有重要作用。④ 综合上述研究,本研究提出以下子假设。

H4-2:教学质量评价显著影响外语自主学习质量。

6.2.5 外语学习动机影响外语教学质量的直接效应假设

学习者语言习得机制、母语迁移能力、语言学能、性格特征、动机等因素对于探讨基于个体差异的外语教学质量有重要意义,而在多种因素中,学习动机是所有因素中最关键的因素之一。赫尔曼(HERMANN G)研究了学习动机和学习质量之间的关系,认为学习动机和学习质量之间存在一种相互作用关系,学习动机可以促进学习质量,学习质量好的学习者往往具有强烈的学习动机,学习动机对学习质量的正向影响作用是绝对的,不过这种影响往往是隐蔽的,不易被察觉。⑤ 史玉娟等研究了内部动机和外部动机与非英语专业大学英语教学质量的关系,发现内部

---

① 郭胜伟,张稚鲲,谢松.大学生自主学习能力的培养与评价[J].江苏高教,2012(02):85—87.

② 程会林.形成性评价提高高职生英语自主学习能力的实证研究[D].重庆师范大学,2013.

③ 宋红波.档案袋评价与英语自主学习能力培养的关系——一项基于课外自选阅读的实证研究[J].天津外国语大学学报,2014(02):42—48.

④ 赵伟舟,景慧丽,王惠珍.基于多层次综合评价系统的教学质量评价系统的设计[J].计算机与数字工程,2016(10):1880—1883.

⑤ HERMANN G. Attitudes and Success in Children's Learning of English as a Second Language: The Motivational vs. the Resultative Hypothesis[J]. English Language Teaching Journal, 1980, 34(04): 247-54.

动机和外部动机均对提高外语教学质量均有重要作用。① 杨德洪研究发现,激发学生工具性外语学习动机,如结识外国朋友、国外旅游、出国留学等,有利于调动学生外语口语学习的积极性和提高口语教学质量。② 鲁玮也认为,外语教学中可以将学习兴趣、异域文化、人际沟通等作为激发外语学习动机的重要变量,通过增强学生在这些方面的学习动机可以提高外语教学质量。③ 周娟研究发现,在个体外语学习中,除了性别、专业、生源等影响因素外,外语学习动机对外语教学质量的影响最明显。④ 综合上述研究,本书提出以下假设。

H5:外语学习动机显著影响外语教学质量。

古人云:"知之者不如好之者,好之者不如乐之者。"这说的就是学习动机对学习结果的重要性,爱好学习的人,不如以学习为快乐的人,如果对知识有浓厚的学习兴趣,学习自然会由被动变主动,迸发出惊人的学习热情,学习质量的提高就是顺理成章的事。

有研究通过实证研究验证了学习动机在提高外语交际能力中的重要作用⑤,赖安(RYAN R M)、康莱尔(CONNELL J P)和德西(DECI E L)的研究发现,外语学习动机对语用能力的正向作用关系也极其明显。⑥ 李群燕通过对云南国防工业职业技术学院光电专业116名学生的问卷调查和测试发现,工具型动机与语用能力呈负相关,文化型动机与语用能力呈正相关。⑦ 王湘霁通过对首都师范大学和华中师范大学77名学

---

① 史玉娟,李彤.学习动机对非英语专业大学英语教学的影响[J].辽宁商务职业学院学报,2003(01):64—65.

② 杨德洪.学习动机对大学英语口语教学的影响[J].成都大学学报:社会科学版,2005(F09):71.

③ 鲁玮.学习动机对英语教学的影响[J].广东财经职业学院学报,2007(04):86—88.

④ 周娟.学习动机对大学英语学习的影响的初步探析[J].郧阳师范高等专科学校学报,2012(02):122—125.

⑤ KASPER G, ROSE K R. The role of instruction in learning second language pragmatics[J]. Language Learning, 2002, 52(s1): 237 - 273.

⑥ RYAN R M, CONNELL J P, DECI E L. A motivational analysis of self-determination and self-regulation in education[J]. Research on motivation in education: The classroom milieu, 1985(02): 13 - 51.

⑦ 李群燕.非英语专业大学生英语学习动机与跨文化交际能力相关性的调查[D].云南师范大学,2009.

生的问卷调查,发现英语专业研究生的工具型外语学习动机与学生的跨文化交际能力成正相关的关系。[1] 刘筱婷通过对 120 名非英语专业大一学生外语学习动机与语用能力水平的问卷调查,发现文化型动机、工具型动机、社会责任型动机和学习情境型动机等四种学习动机与语用能力均成正相关的关系,其中,与语用相关性最强的是文化型动机,其次是社会责任型动机和工具型动机,最后是学习情境型动机。[2] 汤闻励以加德纳的学习动机理论为框架,通过对高校外语专业学生口语教学的问卷调查,发现工具性外语学习动机对学生口语交际质量的影响超过整合性动机产生的影响。[3] 王洁的研究表明,不同生源地的学生其动机强度无显著差异,学生的学习动机强度与语用质量都有明显的相关,从动机类型上看,文化型动机与社会语用质量的相关最强。[4] 综合上述观点,本研究提出以下子假设。

H5-1:外语学习动机显著影响外语交际及语用质量。

外语学习动机与外语自主学习有密切关系。有学者认为,内在动机是培养自主学习能力的决定性因素[5],也有学者认为,决定学习动机的一个重要因素就是个体的需要,当这种需要被学习者所认可,为达到某种需要,便产生自主学习的行为;学习者的动机和行为在需要的驱使下演变成一种自愿意识和自觉行为,学习者主动拟定学习计划和目标,自觉监控自己的学习进程和学习行为,积极开展对学习效果的自我评估,因而,学习动机水平越高,自主学习的意识越强,自主学习质量的提高就越快。[6] 斯普拉特(SPRATT M)和汉弗莱斯(HUMPHREYS G)以香港理工大学 508 名大学生为样本,研究发现,学习动机越强,自主学习能力层

① 王湘霁.英语专业研究生英语学习动机与跨文化交际能力相关性实证研究[D].首都师范大学,2012.

② 刘筱婷.英语语用能力与学习动机的相关性研究[D].燕山大学,2013.

③ 汤闻励.动机因素影响英语口语学习的调查与分析[J].外语教学,2005(02):65—68.

④ 王洁.新学习环境下英语专业学生英语语用能力和学习动机的相关研究[D].兰州交通大学,2016.

⑤ DICKINSON L. Autonomy and motivation a literature review[J]. System, 1995, 23(2): 165-174.

⑥ ZIMMERMAN, B J, and D H. SCHUNK.Motivation and self-regulated learning: Theory, research, and applications[M]. Routledge, 2012.

面的质量就越高。①

一般认为,在外语学习的过程中,内在的深层次动机要比外在的表层动机更重要,动机水平越高,自主学习的意识越强,外语学习成功的可能性越大。可以说,学习动机是影响自主学习质量的关键性变量。② 徐艳红以湖南商学院北津学院非英语专业本科学生为调查对象,发现女生的学习动机和自主学习质量的相关性普遍高于男生;内在学习动机与自主学习质量呈正相关。③ 华维芬以 109 名本科英语专业学生为受试,通过对收集的数据进行因子降维处理,共提取外在动机、内在动机、学习成败、教师角色和自主学习等五个公因子,发现自主学习与其他各因子之间都存在不同程度的相关,其中,内在学习动机与自主学习之间的相关度最高,内在学习动机越高,自主学习的倾向性越强。④ 倪清泉以重庆市某所重点大学 202 名本科非外语专业学生为样本,通过问卷调查和统计发现,学生的总体学习动机水平、工具型动机和融入型动机与自主学习质量呈正相关,并且显著,据此得出结论:外语学习动机是影响自主学习能力的前提条件,对自主学习质量产生重要影响。⑤ 王利娜以中国沿海及内地四所高校 938 名非英语专业大学生为调查对象,将学习动机作为影响自主学习的中介变量构建结构方程模型,统计发现:在诸多影响自主学习的动机中,兴趣、社会责任和个人发展等内在动机对自主学习有显著促进作用,而通过考试、出国、学习环境等外在动机对自主学习没有显著作用,此外,兴趣和个人发展动机在自我效能感影响自主学习中起中介作用。⑥ 王秋香、徐霜雪以太原工业学院 300 名本科生为样本,统计发现:兴趣、学习情景动机与自主学习质量构成正相关;出国和社会责任等动机与自主学习质量构成负相关;社会责任动机除对学习策略没有显

① SPRATT M, HUMPHREYS G. Autonomy and motivation: Which comes first? [J]. Language teaching research, 2002, 6(3): 245 - 266.

② 庞维国.论学生的自主学习[J].华东师范大学学报,2001(2):80.

③ 徐艳红.独立学院大学生英语学习动机与自主学习能力相关性的研究[D].湖南师范大学,2008.

④ 华维芬.试论外语学习动机与学习者自主[J].外语研究,2009(01):57—62.

⑤ 倪清泉.大学英语学习动机,学习策略与自主学习能力的相关性实证研究[J].外语界,2010(03):30—35.

⑥ 王利娜.自我效能感,学习动机与大学生英语自主学习关系的实证研究[J].广西师范大学学报:哲学社会科学版,2014(3):195—200.

著影响外,对自主学习质量其他几个维度均有正向影响。① 综合上述观点,本研究提出以下子假设。

H5-2:外语学习动机显著影响外语自主学习质量。

6.2.6 独立中介效应假设与多重中介效应假设

(1)课堂教学过程作为外语教师发展影响外语教学质量的独立中介作用假设

艾伯特(EBBUTT)认为,教师通过对个人所持有的教学理念、所采用的教学手段和方法、所进行的教学评估以及对此所产生的教学效果进行积极反思,并在不断地反思过程中进一步审视个人的教学理念,在此基础上诊断和改进教学方法,形成新的、更加完整的教学方案,有利于课堂教学过程的优化。② 皮科可(PEACOCK M)通过对146名外语教师理念的纵向研究,发现外语教师理念的不断更新对课堂教学过程的影响显著。③ 有学者考察了教师的态度、观念和自我效能感之间的联系及其与课堂教学过程之间的关系,发现教师的教学态度和所持有的教学理念可以提升个人的教学效能,而教学效能对课堂教学过程有重要的影响。④ 柯江宁认为,外语课堂教学过程受到语言学、教育学和心理学等科学的影响,外语教师作为教学过程中最活跃的要素,通过自觉进行语言学、教育学和心理学等科学的学术训练和实践,在促进自身不断发展的同时,可以进一步丰富课堂教学过程的内容,从而对课堂教学过程产生积极的影响。⑤ 李金红通过对某高校25至40岁之间的9位外语教师课堂教学过程为期两年的跟踪研究发现,教师的责任心、业务水平、道德素质、教

---

① 王秋香,徐霜雪.学习动机对大学生英语自主学习影响的研究[J].南昌航空大学学报:社会科学版,2015(03):105—111.

② EBBUTT D. Educational action research: Some general concerns and specific quibbles [J]. Issues in educational research, 1985: 152-174.

③ PEACOCK M. Pre-service ESL teachers' beliefs about second language learning: A longitudinal study[J]. System, 2001, 29(2): 177-195.

④ RIMM-KAUFMAN S E, SAWYER B E. Primary-grade teachers' self-efficacy beliefs, attitudes toward teaching, and discipline and teaching practice priorities in relation to the "responsive classroom" approach[J]. The Elementary School Journal, 2004, 104(4): 321-341.

⑤ 柯江宁.从教育心理学看外语教师在课堂教学中的多重角色[J].南京政治学院学报,2003(02):119—120.

学观念对课堂教学过程有重要影响。① 陈金萍、高洁、代思师认为外语教师发展是影响教学质量的诸多因素中最关键的因素之一,教师对语言的掌控和对教学过程本身的把握是提高外语教学质量的重要举措。② 黎平辉认为,教师的个性及能力的提升是在课堂教学过程中生成的,教师对课程知识的个性解读和教学方法的创新,教师情感、态度和价值观的形成,都是在课堂教学过程中得以塑造的,教师积极的生命实践反过来作用课堂教学过程,从而提高教学质量。③ 上述研究考察了外语教师发展对课堂教学过程的直接作用,根据本章关于课堂教学过程与外语教学质量的关系研究,课堂教学过程对外语教学质量有直接作用,可以判断,课堂教学过程可能就是外语教师发展影响外语教学质量的独立中介,据此,本研究提出如下假设。

H6:外语教师发展透过课堂教学过程影响外语教学质量的独立中介作用显著。

由于外语教学质量包括两个维度,本章已经就课堂教学过程与外语教学质量两个维度之间关系进行过详细的理论论述,因此,假设 H6 可以进一步细化为以下两个子假设。

H6-1:外语教师发展透过课堂教学过程影响外语交际及语用质量的独立中介作用显著。

H6-2:外语教师发展透过课堂教学过程影响外语自主学习质量的独立中介作用显著。

(2) 课堂教学过程、教学质量评价作为外语教师发展影响外语教学质量的多重中介作用假设

怀特海(WHITEHEAD A N)和舍伯恩(SHERBURNE D W)在《过程与实在》一书中首次提出了"过程哲学"思想,认为宇宙万物都处在进化的过程之中,过程是有机体最根本的性质和活动,是有机体内部各元素之间相互影响、持续创造的过程。④ 这里的过程意味着联系,在本质上

---

① 李金红.大学外语教师有效教学实证研究[J].学理论,2010(33):291—292.
② 陈金萍,高洁,代思师.浅谈教师素质与外语课堂教学[J].大学教育,2013(24):93—94.
③ 黎平辉.教学过程重建与教师教学个性生成[J].全球教育展望,2014,43(07):14—22.
④ WHITEHEAD A N, SHERBURNE D W. Process and reality[M]. New York: Macmillan, 1957.

是变化的和创造性的,"过程哲学"是对过去哲学思潮中封闭、静止和僵化的批评和反思,为教学质量评价提供了新的思路和方法,实践中更倾向于采用整体意识、过程意识、关系意识重新审视和判断课堂教学过程的可行性和有效性。

依据"过程哲学",一切事物都需要首先经历一个过程,然后才能出现一个结果,过程比结果更有价值和意义。关注课堂教学的过程就是关注学生思考问题的过程、解决问题的过程和能力形成的过程,相应的评价机制就应该是过程导向而非结果导向,即从终结性评价转向形成性评价,更加关注知识和能力形成的复杂过程。例如:测试不以知识、概念和原理为重点,而以过程性知识、操作性知识和程序性知识为主,在过程中考察学生的动手能力和操作能力,教师综合运用观察、记录,动态评价学生的学习过程,同时对学生的情感、态度、价值予以评价。孔企平认为,国际上主流的教学质量评价趋势是形成性评价,有学者也称为过程性评价,强调的是教师在课堂教学过程中对学生的学习质量进行即时评价,以优化教学过程,体现过程价值。[①] 徐惠仁认为,在日常的教学评价中,因为教学过程相对复杂,难以操作,人们倾向于对教学结果的评价,但是,这对于改进教学行为,优化教学过程无实质性效果,课堂教学过程是现代评价体系中教学质量评价的重要准备和基础,对教学质量评价有重要的作用。[②] 韩富春、许春雨和宋建成认为,多元化课堂教学过程是教学质量评价的前提,课堂教学过程在于使学生在教学过程中体验进步与成就,促进学生更好地认识自我,形成学习策略,从而促进教学目标的实现,而如何科学评价教学过程,必须有一套新的评价机制与之匹配。[③] 焦瑶光认为,教学质量评价绝不是课堂教学过程的附属物,而是课堂教学过程的中心,其依据就是课堂教学过程的系统性目标;课堂教学过程是一个多环节、多层次和多功能的动态系统,只有依靠教学过程中各要素和各环节的相互作用,才能完成新的、更多的教学任务,使学生的知识、能力、情感目标得以实现;只有依靠各教学过程提供的信息才能判断目

---

① 孔企平.关于评价与教学过程有机结合的探索[J].全球教育展望,2014(12):18—24.

② 徐惠仁.浅谈教师教学过程性评价的价值与策略[J].上海教育科研,2012(07):69—71.

③ 韩富春,许春雨,宋建成.关于多元化教学过程与教学质量评价的思考[J].中国电力教育,2008(13):15—16.

标的可行性和实现程度,因此,相应的评价模式必须是基于目标系统的教学质量评价。[①] 施良方、崔允漷认为,诊断性评价作为教学质量评价的重要形式,适合针对课堂教学过程的评价,可以事前判断某些不利于教学目标实现的因素,并采取相应的补救措施。[②]

综上所述,课堂教学过程对教学质量评价的直接作用存在。根据本书的研究,外语教师发展对课堂教学过程有直接作用,教学质量评价对外语教学质量也存在直接作用,因此,可以判断,课堂教学过程、教学质量评价可能就是外语教师发展影响外语教学质量的多重中介,据此,本研究提出如下假设。

H7:外语教师发展透过课堂教学过程和教学质量评价影响外语教学质量的多重中介作用显著。

假设 H7 还可以进一步细化为以下两个子假设。

H7-1:外语教师发展透过课堂教学过程和教学质量评价影响外语交际及语用质量的多重中介作用显著。

H7-2:外语教师发展透过课堂教学过程和教学质量评价影响外语自主学习质量的多重中介作用显著。

(3) 课堂教学过程作为外语学习动机影响外语教学质量的独立中介作用假设

对学生学习动机的激发同样也是优化课堂教学过程的重要手段,一般说来,学生的学习动机越强,积极性越高,课堂教学过程越顺利,越容易实现教学目标,所以课堂教学过程与学生的学习动机是否充分唤醒有直接联系。

有学者认为,学习动机对课堂教学过程的影响如此之大,有学者甚至将二者融合在一起,称为"动机教学"。[③] 圭洛托(GUILLOTEAUX M J)和德尔涅伊(DöRNYEI Z)提出,学生的语言学习动机在课堂教学过程

---

① 焦瑶光.浅议教学评价与教学过程的关系[J].西北师大学报:社会科学版,1990(02):69—72.

② 施良方,崔允漷.教学理论:课堂教学的原理、策略与研究[M].华东师范大学出版社,1999.

③ DÖRNYEI Z, CSIZÉR K. Ten commandments for motivating language learners:Results of an empirical study[J]. Language teaching research, 1998, 2(03): 203-229.

中具有特殊意义,决定学生参与外语课堂教学过程的程度以及最终能达到的外语水平。① 伯纳乌斯(BERNAUS M)和加德纳(GARDNER R C)考察了学习动机与课堂教学之间的内在关系,证明学习动机对课堂教学过程有重要影响。② 孙守超在论述学习动机与课堂教学过程的关系指出,学习动机是推动课堂教学过程的内部动力,以兴趣、意向、愿望和需求等表现形式对课堂教学过程起助推作用。③ 李志具体分析了学习动机对课堂教学过程的作用,首先是指向作用,学习动机指引着学习的方向和学习目标,使课堂教学少走弯路;其次是推动作用,强烈的内部学习动机可以省教师大量的讲课时间,把更多的时间和空间交还给学生本人,从而避免了大量教学资源的浪费,推动课堂教学过程良性循环;最后是维持作用,课堂教学过程是一项艰苦的脑力劳动过程,需要师生克服种种干扰和挫折,强烈的学习动机可以帮助学生在面对困难时产生强大的忍耐力和意志力,始终将注意力集中在需要达到的学习目标上,使学习兴趣、学习愿望得到维持,为保证达到教学目标提供强有力的精神支持。④ 王淑玲、廉勇和王国辉认为,积极的外语学习动机可以使课堂教学过程变得更加顺利和有效,当外语学习动机经常处于唤醒状态,就会导致一种发自内心的、有意识的决定并内化为朝向某一目标的持续努力和付出,因此,外语学习动机是推动课堂教学过程不断优化的强大动力。⑤

综上所述,外语学习动机对课堂教学过程有明显的正向影响,根据本书关于课堂教学过程对外语教学质量的直接作用分析,可以判断,课堂教学过程可能就是外语学习动机影响外语教学质量的中介,据此,本研究提出如下假设。

---

① GUILLOTEAUX M J, DÖRNYEI Z. Motivating language learners: A classroom-oriented investigation of the effects of motivational strategies on student motivation[J]. TESOL quarterly, 2008, 42(01): 55 – 77.

② BERNAUS M, GARDNER R C. Teacher motivation strategies, student perceptions, student motivation, and English achievement[J]. The Modern Language Journal, 2008, 92(03): 387 – 401.

③ 孙守超.学习动机与课堂教学[J].枣庄师专学报,1992(01):98—101.

④ 李志.试论学习动机在课堂教学中的作用及评定[J].教育探索,2002(01):43—44.

⑤ 王淑玲,廉勇,王国辉.外语学习动机与课堂教学[J].承德石油高等专科学校学报,2010(02):92—94.

H8：外语学习动机透过课堂教学过程影响外语教学质量的独立中介作用显著。

根据以上关于课堂教学过程与外语教学质量两个维度之间关系的理论论述，假设 H8 可以进一步细化为以下两个子假设。

H8-1：外语学习动机透过课堂教学过程影响外语交际及语用质量的独立中介作用显著。

H8-2：外语学习动机透过课堂教学过程影响外语自主学习质量的对立中介作用显著。

（4）课堂教学过程、教学质量评价作为外语学习动机影响外语教学质量的多重中介作用假设

本书已经在理论上讨论了三对变量之间的关系，即外语学习动机对课堂教学过程的直接作用关系、课堂教学过程对教学质量评价的直接作用关系以及教学质量评价对外语教学质量的直接作用关系，可以判断，课堂教学过程、教学质量评价可能就是外语学习动机影响外语教学质量的多重中介，据此，本研究提出如下假设。

H9：外语学习动机透过课堂教学过程和教学质量评价影响外语教学质量的多重中介作用显著。

假设 H9 可以进一步细化为以下两个子假设。

H9-1：外语学习动机透过课堂教学过程和教学质量评价影响外语交际及语用质量的多重中介作用显著。

H9-2：外语学习动机透过课堂教学过程和教学质量评价影响外语自主学习质量的多重中介作用显著。

基于上述关于各变量与外语教学质量之间关系的分析，本研究提出了一系列假设，汇总如下（表 6.2），其中直接作用假设 5 对 10 条，中介作用假设 4 对 8 条，总共 18 条。

表 6.2　本研究的假设汇总表

类别	编号	假设
H1 外语教师发展显著 影响外语教学质量	H1-1	外语教师发展显著影响交际及语用质量
	H1-2	外语教师发展显著影响自主学习质量

续　表

类别	编号	假设
H2 外语学习环境显著 影响外语教学质量	H2 - 1 H2 - 2	外语学习环境显著影响交际及语用质量 外语学习环境显著影响自主学习质量
H3 课堂教学过程显著 影响外语教学质量	H3 - 1 H3 - 2	课堂教学过程显著影响交际及语用质量 课堂教学过程显著影响自主学习质量
H4 教学质量评价显著 影响外语教学质量	H4 - 1 H4 - 2	教学质量评价显著影响交际及语用质量 教学质量评价显著影响自主学习质量
H5 外语学习动机显著 影响外语教学质量	H5 - 1 H5 - 2	外语学习动机显著影响交际及语用质量 外语学习动机显著影响自主学习质量
H6 外语教师发展透过课堂教 学过程影响外语教学质量 的独立中介作用显著	H6 - 1 H6 - 2	外语教师发展透过课堂教学过程影响外 语交际及语用质量的独立中介作用显著 外语教师发展透过课堂教学过程影响外 语自主学习质量的独立中介作用显著
H7 外语教师发展透过课堂教 学过程和教学质量评价影 响外语教学质量的多重中 介作用显著	H7 - 1 H7 - 2	外语教师发展透过课堂教学过程和教学 质量 评价影响交际及语用质量的多重中介作 用显著 外语教师发展透过课堂教学过程和教学 质量 评价影响自主学习质量的多重中介作用 显著
H8 外语学习动机透过课堂教 学过程影响外语教学质量 的独立中介作用显著	H8 - 1 H8 - 2	外语学习动机透过课堂教学过程影响交际 及语用质量的独立中介作用显著 外语学习动机透过课堂教学过程影响自 主学习质量的独立中介作用显著
H9 外语学习动机透过课堂教 学过程和教学质量评价影 响外语教学质量的多重中 介作用显著	H9 - 1 H9 - 2	外语学习动机透过课堂教学过程和教学 质量评价影响交际及语用质量的多重中 介作用显著 外语学习动机透过课堂教学过程和教学 质量评价影响自主学习质量的多重中介 作用显著

6.3　样本处理与测量指标的建立

6.3.1　样本处理

本章的预试分析、探索性因子分析和验证式因子分析所用到的问卷样本与第五章维度分析的三个阶段所使用的样本同时获得，分别是 60 份、485 份和 598 份有效问卷。其中，60 份小样本用于预试处理（处理过程与第五章关于维度的样本预试过程相同，本部分不再赘述）；485 份有效问卷用于探索性式因子分析。另外，根据研究的需要，本研究采用实务上的做法，将用于验证式因子分析的 598 份有效问卷随机分成基准组和验证组，基准组由 280 份有效数据组成，用于原始结构模型的检验，主要包括信度、效度、拟合度分析、路径分析与假设检验，验证组由 318 份有效数据组成，用于模型的交叉效度验证。

6.3.2　测量指标的建立

6.3.2.1　各个构面测量指标的建立

本部分首先根据第二章对外语教学质量 5 个影响因素的理论定义和本质探讨，结合本章关于变量的测量分析，完成变量的操作性定义，然后依据操作性定义，借鉴相关学者的研究成果，设置变量的观测点并构建相应的测量指标，最后对其效度和信度做进一步的实证研究。

（1）外语教师发展测量指标的建立

外语教师发展是指外语教师为适应内外部发展要求，自身的外语水平不断提高、道德品质不断强化、行业实践能力、教学能力、理论素养不断提升的过程。依据该操作性定义，借鉴 FREEMAN（2002）、RICHARDS（1998）、WALLACE（2009）和吴一安（2005）等学者的研究成果，本书设置外语水平、行业背景、教学能力、道德品质和理论水平等 5 个观测点，并构建 5 条相应的测量指标（见表 6.3）。

表 6.3　外语教师发展的测量指标

序号	测量指标	参考文献
TD1	教师自身的外语水平满足教学需要	FREEMAN(2002)
TD2	教师不定时到企业挂职锻炼	RICHARDS(1998)
TD3	教师了解教育规律和外语学科规律	WALLACE (2009)
TD4	教师遵守日常行为规范	吴一安(2005)
TD5	教师政治理论水平高	

（2）外语学习环境测量指标的建立

外语学习环境是外语课堂环境下师生借助现代信息技术参与语言任务设计、并根据任务难度和学生差异实施个性化教学的状态。依据该定义，借鉴 ANDERSON & WALBERG(1982)、MOOS & TRICKETT(1987)、FRASER ET AL.(1996)、孙云梅(2010)、任庆梅(2016)等学者的研究成果，本书设置任务取向、课堂参与、情景支持、教师支持、平等性、个性化等 6 个观测点，构建 6 条指标（表 6.4）。

表 6.4　外语学习环境的测量指标

序号	测量指标	参考文献
LE1	教师按照工作任务组织教学	ANDERSON & WALBERG(1982)
LE2	重视企业文化在课堂教学中的渗透	MOOS & TRICKETT (1987)
LE3	关注异域文化情景	FRASER ET AL.(1996)
LE4	引导、协调和激发 学生学习外语	孙云梅(2010)
LE5	根据学生差异因材施教	任庆梅(2016)
LE6	教师本人注重教学个性化	

（3）课堂教学过程测量指标的建立

课堂教学过程是外语课堂背景下输入、过程、输出、监控、反馈和改进的程序。依据该操作性定义，借鉴 KRASHEN（1985）、ASTIN（1999）、BROWN(2000)、文秋芳(2014)等学者的研究成果，本书设置教学输入、教学过程、教学输出、教学监控、教学反馈、教学改进等 6 个观测点，构建 6 条相应的测量指标（表 6.5）。

表 6.5 课堂教学过程的测量指标

序号	测量指标	参考文献
TP1	教师准确输入教学内容	ASTIN(1984)
TP2	根据语言学习规律组织教学	KRASHEN(1985)
TP3	在行业背景下设计与输出语言任务	BROWN(2000)
TP4	对照教学计划检查教学开展情况	文秋芳(2014)
TP5	多路径反馈教师教学状况	
TP6	教师自愿全面改进教学	

（4）教学质量评价测量指标的建立

表 6.6 教学质量评价的测量指标

序号	测量指标	参考文献
QA1	教师关注课程建设和运行	SCHACTER AND THUM (2004)
QA2	善于利用计算机辅助教学	MATSUMURA ET AL.(2006)
QA3	多渠道与学生进行讯息交换	SIR 量表
QA4	以学生为中心调整教学方法	王蓓蕾,安琳(2012)
QA5	学生的学习效果达到教学目标	
QA6	教学任务与工作任务对接顺利	
QA7	给学生布置过多的课外作业	

教学质量评价既是对教师在课堂组织、教学指导、教学互动、技术使用的评价,也是对学生学习效果和学习任务难度的评价。依据该操作性定义,借鉴 SCHACTER AND THUM (2004)、MATSUMURA ET AL.(2006)、王蓓蕾,安琳(2012)等学者的研究成果以及 SIR 量表,本书设置课堂组织、辅助教学、课堂沟通、教学方法、学习结果、任务难度和课业负担等 7 个观测点,构建 7 条相应的测量指标(表 6.6)。

（5）外语学习动机测量指标的建立

外语学习动机是外语学习者基于一定的学习需求和学习目的,秉持坚定的学习信念和强烈的学习兴趣,突破语言焦虑、发挥自我效能,实现一定学习目标的动力倾向。借鉴 GARDNER(1985)、TREMBLAY & GARDNER(1995)、SCHMIDT ET AL(1996)、DORNYEI(1998)、秦晓晴、文秋芳(2002)等学者的研究成果,本书设置学习兴趣、自我效能、语言焦虑、学习目的、目标定向、学习需求和学习信念等 7 个观测点,并构建 7 条相应的测量指标(表 6.7)。

表 6.7　外语学习动机的测量指标

序号	测量指标	参考文献
LM1	学生对外语有强烈的学习兴趣	GARDNER.ET.AL.(1985)
LM2	外部压力推动学生学习外语	TREMBLAY & GARDNER,(1995)
LM3	学生怀疑个人的外语学习能力	SCHMIDT ET AL(1996)
LM4	以提高人文素养为目的学习外语	DORNYEI(1998)
LM5	学生的外语学习目标具有超前性	GARDNER(2005)
LM6	学生对外语学习有终身发展需求	秦晓晴,文秋芳(2002)
LM7	学生自愿克服困难学习外语	

6.3.2.2　初始测量指标体系的建立

由于上述各个构面的测量指标均建立在学者的研究成果基础之上,这些研究成果是基于不同类型和层次的学校获得的,不能直接用于高职院校外语教学质量的测量,因此需要对每个构面的测量指标适用于高职院校外语教学质量的科学性和可操作性做一个鉴别,使最终形成的指标集能充分反映各个变量的不同侧面。为此,本研究组织专家就测量指标的适切性进行了交流探讨和评定,主要内容包括:测量指标是否明确代表各变量的测量内容,是否存在同一测量指标代表多个变量及其测量内容的现象,是否存在语义歧义或表述模糊的测量指标,并对这些测量指标作相应修改和订正。经过探讨,专家们基本同意各变量的测量指标,同时也提出了一些改进意见,建议去掉表 6.3 中的"TD4""TD5"、表 6.5 中的"TP6"、表 6.7 中的"LM6""LM7"等 5 个观测点及相应的测量指标,以便更有针对性地测量出外语教师的素质、课堂教学过程和学生的外语学习动机,更好地反映高职院校外语教学的具体情况。根据专家的建议,笔者再次查阅了相关文献,并专门组织了某高职院校公共外语教研室 25 位外语教师对删除后的指标完整性、适切性和代表性进行了研讨。根据讨论结果,笔者用适合高职院校外语教学的语句对上述测量指标的内涵进行了适当调整、修改和补充,从而形成了由 26 个测量指标构成的高职院校外语教学质量影响因素初始指标集(见表 6.8),并在此基础上制定了高职院校外语教学质量影响因素预试问卷(见附录 1 第三部分)。

表 6.8 高职院校外语教学质量影响因素初始指标集

变量	序号	测量指标	参考文献
外语教师发展	TD1	教师自身的外语水平满足教学需要	FREEMAN(2002)
	TD2	教师不定时到企业挂职锻炼	RICHARDS(1998)
	TD3	教师了解职教外语教学规律	WALLACE(2009)吴一安(2005)
外语学习环境	LE1	教师按照工作任务组织教学	ANDERSON & WALBERG(1982)
	LE2	重视企业文化在课堂教学中的渗透	MOOS & TRICKETT(1987)
	LE3	关注异域文化情景	FRASER ET AL.(1996)
	LE4	引导、协调和激发学生学习外语	孙云梅(2010)
	LE5	根据学生差异因材施教	任庆梅(2016)
	LE6	教师本人注重个性化教学	
课堂教学过程	TP1	教师准确输入教学内容	KRASHEN(1985)
	TP2	在职业行动导向下安排外语教学	ASTIN(1999)
	TP3	在行业背景下输出语言任务	BROWN(2000)
	TP4	对照教学计划检查教学开展情况	文秋芳(2014)
	TP5	多路径反馈教师教学状况	
教学质量评价	QA1	教师关注课程建设和运行	SCHACTER AND THUM(2004)
	QA2	善于利用计算机辅助教学	MATSUMURA ET AL.(2006)
	QA3	多渠道与学生进行讯息交换	SIR 量表
	QA4	以学生为中心调整教学方法	王蓓蕾,安琳(2012)
	QA5	学生的学习效果达到教学目标	
	QA6	教学任务与工作任务对接顺利	
	QA7	给学生布置过多的课外作业	

续　表

变量	序号	测量指标	参考文献
外语学习动机	LM1	学生对外语有强烈的学习兴趣	GARDNER.ET.AL.(1985)
	LM2	外部压力推动学生学习外语	TREMBLAY& GARDNER,(1995)
	LM3	学生怀疑个人的外语学习能力	SCHMIDT ET AL(1996)
	LM4	以提高人文素养为目的学习外语	DORNYEI(1998)
	LM5	学生的外语学习目标具有超前性	GARDNER(2005)

6.4　结果及分析

6.4.1　探索性因子分析

本部分拟对影响高职院校外语教学质量的 5 个因素做探索性因子分析。由于第五章已经对外语教学质量的两个构面进行了验证式因子分析,结果证明均具有较高的信效度,本部分不再进行重复验证,直接引用这两个构面的测量指标(见表 6.9)。

表 6.9　第一次旋转后的成分矩阵表

		组件						
		1	2	3	4	5	6	7
交际及语用质量	FLC1	0.820						
	FLC2	0.605						
	FLC3	0.559						
	FLP1	0.793						
自主学习质量	AUL1		0.725					
	AUL2		0.796					
	AUL3		0.797					
	AUL4		0.761					
外语教师发展	TD1			0.875				
	TD2			0.908				
	TD3			0.864				

续　表

		组件						
		1	2	3	4	5	6	7
课堂教学过程	TP1				0.836			
	TP2				0.812			
	TP3				0.763			
	TP4				—			
	TP5				0.591			
外语学习动机	LM1					0.778		
	LM2					0.759		
	LM3					0.728		
	LM4					0.677		
	LM5					0.743		
外语学习环境	LE1						0.803	
	LE2						0.836	
	LE3						0.789	
	LE4						0.755	
	LE5						0.518	
	LE6						0.440	
教学质量评价	QA1							0.703
	QA2							0.587
	QA3							0.715
	QA4							0.592
	QA5							0.643
	QA6							0.694
	QA7							—

（提取方法:主成分分析；旋转方法:Kaiser 标准化最大方差法）

因子分析一共涉及 7 个构面,分别是交际及语用质量构面、自主学习质量构面、外语教师发展构面、外语学习环境构面、课堂教学过程构面、教学质量评价构面和外语学习动机构面。用于因子分析的所有数据均通过正态分布检测和独立样本检验(检验过程与第五章维度的检验过程一致),KMO 取样适切性量数为 0.887,Bartlett 球形度检验显著性为

0.000(见表 6.10),根据恺撒(KAISER H F)和莱斯(RICE J)的观点[1],KMO 统计量值在 0.8 以上,即适切性达到"良好标准",说明数据适合进行因子分析。

表 6.10　调整前的 KMO 与 Bartlett 球形度检验系数

KMO 取样适切性量数		0.887
Bartlett 的球形度检验	上次读取的卡方	9657.101
	自由度	561
	显著性	0.000

经过第一次降维分析,发现旋转后的成分矩阵表(见表 6.9)中 TP4 和 QA7 两个测量指标的因子载荷不存在,表明这两个测量指标与其他测量指标均无相关,因此,予以删除。另外,LE5 和 LE6 两个测量指标的因子载荷过低,小于学者的建议值 0.6,[2]表明这两个题项与其他题项的相关度小,因此也予以删除。去掉这四个测量指标后发现数据的 KMO 取样适切性量数为 0.881,Bartlett 球形度检验显著性为 0.000(见表 6.11),证明变量之间有共同因素存在,说明调整后的数据适合做进一步的因子分析。

表 6.11　调整后的 KMO 与 Bartlett 球形度检验系数

KMO 取样适切性量数		0.881
Bartlett 的球形度检验	上次读取的卡方	8459.144
	自由度	406
	显著性	0.000

降维分析的主要任务就是就是对原先的变量进行浓缩,在信息重叠部分提取共有因子,达到优化构面的目的。经过第二次降维分析(见表 6.12),各因子对构面总方差的解释率达到 70.185%(见表 6.13),属于"良

---

① KAISER H F, RICE J. Little jiffy, mark Ⅳ[J]. Educational and psychological measurement,1974,34(1):111-117.

② HAIR J F, BLACK W C, BABIN B J, et al. Multivariate data analysis[M].Upper Saddle River,NJ:Prentice hall,1998.

好标准"，据此，本研究初步确定了各个构面的指标构成，即：交际及语用质量构面由 4 条指标构成、自主学习质量构面由 4 条指标构成、外语教师发展构面由 3 条指标构成、课堂教学过程构面由 4 条指标构成、外语学习动机构面由 5 条指标构成、外语学习环境构面由 4 条指标构成、教学质量评价构面由 5 条指标构成。全部构面由 29 个测量指标构成（见表 6.12）。

表 6.12　第二次旋转后的成分矩阵表

		组件						
		1	2	3	4	5	6	7
交际及	FLC1	0.850						
语用	FLC2	0.625						
质量	FLC3	0.564						
	FLP1	0.826						
自主	AUL1		0.744					
学习	AUL2		0.831					
质量	AUL3		0.822					
	AUL4		0.755					
外语	TD1			0.875				
教师	TD2			0.907				
发展	TD3			0.864				
	TP1				0.862			
课堂	TP2				0.839			
教学	TP3				0.790			
过程	TP5				0.653			
	LM1					0.799		
外语	LM2					0.744		
学习	LM3					0.718		
动机	LM4					0.699		
	LM5					0.754		

续　表

		组件						
		1	2	3	4	5	6	7
外语	LE1						0.835	
学习	LE2						0.852	
环境	LE3						0.801	
	LE4						0.724	
教学	QA1							0.657
质量	QA3							0.694
评价	QA4							0.652
	QA5							0.683
	QA6							0.742

（备注:提取方法:主成分分析;旋转方法:Kaiser 标准化最大方差法）

表 6.13　总方差解释表

	初始特征值			提取载荷平方和			旋转载荷平方和		
	总计	方差百分比	累计%	总计	方差百分比	累计%	总计	方差百分比	累计%
1	9.109	31.409	31.409	9.109	31.409	31.409	3.329	11.479	11.479
2	2.514	8.669	40.079	2.514	8.669	40.079	3.177	10.955	22.435
3	2.314	7.979	48.058	2.314	7.979	48.058	3.092	10.662	33.096
4	2.205	7.605	55.663	2.205	7.605	55.663	2.876	9.917	43.013
5	1.531	5.278	60.940	1.531	5.278	60.940	2.819	9.722	52.735
6	1.473	5.078	66.019	1.473	5.078	66.019	2.693	9.288	62.023
7	1.208	4.166	70.185	1.208	4.166	70.185	2.367	8.162	70.185
8	0.791	2.726	72.911						
9	0.708	2.443	75.354						
10	0.634	2.185	77.539						
11	0.607	2.094	79.633						
12	0.531	1.830	81.463						

续　表

	初始特征值			提取载荷平方和			旋转载荷平方和		
	总计	方差百分比	累计%	总计	方差百分比	累计%	总计	方差百分比	累计%
13	0.525	1.811	83.274						
14	0.494	1.705	84.979						
15	0.480	1.656	86.635						
16	0.465	1.603	88.238						
17	0.411	1.417	89.656						
18	0.389	1.341	90.996						
19	0.384	1.325	92.321						
20	0.356	1.227	93.548						
21	0.334	1.153	94.700						
22	0.271	0.935	95.636						
23	0.252	0.869	96.504						
24	0.241	0.829	97.334						
25	0.213	0.735	98.068						
26	0.186	0.640	98.708						
27	0.150	0.517	99.226						
28	0.144	0.496	99.722						
29	0.081	0.278	100.000						

6.4.2　信度、效度和拟合度分析

虽然第五章已经对外语教学质量的两个维度构面进行了探索性因子分析和验证式因子分析,结果都表现出较高的信度、效度和拟合度,但是,作为新开发的构面,在与其他构面同时进行分析时,还需要对原构面进行进一步的验证。

本部分先对包括上述两个维度的 7 个构面分别进行一级 CFA 检验,以便为总模型的信度、效度和拟合度分析提供基础。为便于结果判

断,本研究根据文献对相关的检验标准(学者建议标准)罗列如下(见表 6.14)。

表 6.14　CFA 检验指标建议标准

配适指标	建议标准
因子负荷量	一般要求大于 0.6
SMC	一般要求大于 0.36
绝对拟合指标	
Chi-square/df	1 到 3 之间是严谨标准,3 到 5 之间是宽松标准
P 值	P 值大于 0.05(样本 200 以上可不用报告 P 值)
GFI(拟合度指数)	越接近 1 拟合程度越好,一般要求大于 0.9
AGFI(修正拟合优度指数)	越接近 1 拟合程度越好,一般要求大于 0.9
RMSEA(近似误差均方根)	越接近 0 拟合程度越好,一般要求小于 0.08
增值拟合指标	
CFI	越接近 1 拟合程度越好,一般要求小于 0.9
TLI(NNFI)	越接近 1 拟合程度越好,一般要求小于 0.9

利用 AMOS 作出交际及语用质量 CFA 构面图(图 6.2),测得非标准化下 FLC1、FLC2、FLC3 的因子负荷量分别为 0.77、0.72 和 0.76,都在 0.6 以上,相应的 SMC 值分别为 0.59、0.51 和 0.58,都大于 0.36,符合学者建议标准,予以保留。FLP1 的因子符合量为 0.57,SMC 值为 0.33,与建议标准均相差 0.03,由于差距极小,根据学者建议[1],仍然在可接受的范围,也予以保留。从指标拟合度指标来看,卡方值除以自由度(Chi-square/df)为 2.113,在 1 到 3 之间,证明测量模型严谨;P 值为 0.121,大于 0.05,符合学者建议标准;RMSEA 值为 0.063,小于 0.08,属于可接受区间;其他几项指数:GFI 为 0.992、AGFI 为 0.962、CFI 为 0.993、TLI 为 0.980,均在 0.9 以上,符合学者建议标准,证明模型拟合程度良好,因此,交际及语用质量构面所有的测量指标都予以保留。

---

① HAIR J F, BLACK W C, BABIN B J, et al. Multivariate Data Analysis: A Global Perspective[M]. Upper Saddle River, NJ: Pearson Education, 2010: 34.

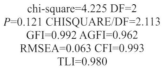

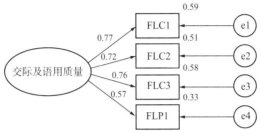

图 6.2　交际及语用质量 CFA 构面图

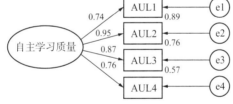

图 6.3　自主学习质量 CFA 构面图

采用同样的判断标准,自主学习质量构面(如图 6.3)各测指标的因子负荷量都在 0.6 以上,SMC 值都在 0.36 以上,模型的绝对拟合指标和增值拟合指标均符合学者建议标准,因此,该构面所有的测量指标同样需要保留。

外语教师发展构面(如图 6.4)各测量指标的因子负荷量都在 0.6 以上,SMC 值都在 0.36 以上,均符合标准。在模型拟合度方面,卡方值(Chi-square)为 0,DF(自由度)为 0,其他数值均不存在,模型符合恰好辨识标准(即所估计的自由度和本研究估计的参数完全一致,而且是唯一值)。根据赫尔等学者的建议,对于一个只有三个测量指标的构面,其构面品质决定于因子负荷量是否都在 0.6 以上,与拟合指标数值大小没有直接联系①,所以外语教师发展构面三个测量指标均予以保留。

课堂教学过程构面(如图 6.5)中测量指标 TP1、TP2、TP3 的因子负荷量都在 0.6 以上,SMC 值都在 0.36 以上,模型拟合数值均符合建议标准,这三个指标均予以保留;对于测量指标 TP5,其因子负荷量为 0.58,SMC 值为 0.34,非常接近建议标准,仍然可以接受。因此,课堂教学过程构面的所有测量指标同样需要保留。

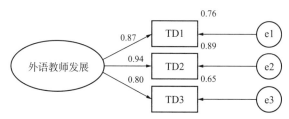

图 6.4　外语教师发展 CFA 构面图

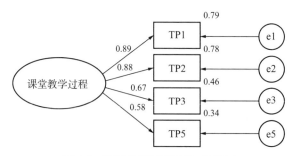

图 6.5　课堂教学过程 CFA 构面图

---

① HAIR J F, BLACK W C, BABIN B J, et al. Multivariate data analysis[M].Upper Saddle River, NJ: Prentice hall, 1998.

如图 6.6 和图 6.7，外语学习动机和教学质量评价两个构面所有测量指标因子载荷及拟合指数均达到建议标准，因此，两个构面所有的测量指标均予以保留。

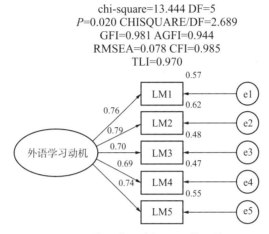

图 6.6　外语学习动机 CFA 构面图

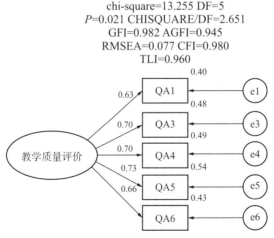

图 6.7　教学质量评价 CFA 构面图

如图 6.8 所示，外语学习环境构面 4 个测量指标的因子载荷以及 SMC 值都符合建议标准，而在模型拟合度方面，卡方值除以自由度（Chisquare/df）为 24.581，与建议标准相差甚远。另外，P 值、AGFI 值、RM-

SEA 值和 TLI 值均未达到建议标准,模型拟合极不理想,因此,构面 CFA 检验无法通过。这种情况的出现可能与数据收集过程有很大关系。由于研究需要,本研究并不希望将此构面删除,一般而言,从统计上提高模型拟合度是解决类似问题的通行方法。

由于模型拟合度计算都是建立在卡方值的基础上,卡方值是一个差异值,卡方值越大,模型差异越大,拟合度就越差,因此,降低卡方值是提高拟合度的一个重要方法。从协方差表(表 6.15)统计的修正指标(Modification Indices)来看,删除残差 e4 及其对应的残差可以降低 50 个卡方值,降低的卡方值数量超过删除其他任何一个残差所降低的卡方值,因此,本研究选择删除 e4。如图 6.9,删除 e4 后的因子载荷及 SMC 值均符合标准,修正后的模型拟合度达到恰好辨识,因此,该构面其余 3 个测量指标予以保留。

表 6.15 协方差表 covariance

			M.I.	Par Change
e3	←——→	e4	39.911	0.229
e2	←——→	e4	10.089	−0.088
e1	←——→	e3	9.543	−0.084
e1	←——→	e2	7.241	0.053

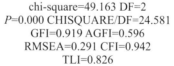

chi-square=49.163 DF=2
P=0.000 CHISQUARE/DF=24.581
GFI=0.919 AGFI=0.596
RMSEA=0.291 CFI=0.942
TLI=0.826

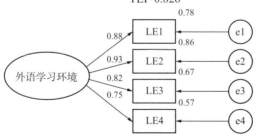

图 6.8 外语学习环境 CFA 构面图

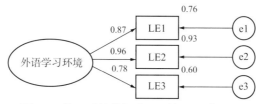

chi-square=0.000 DF=0
P=*P* CHISQUARE/DF=\CMINDF
GFI=1.000 AGFI=\AGFI
RMSEA=\RMSEA CFI=\CFI
TLI=\TLI

图 6.9 修正后的外语学习环境 CFA 构面图

通过对 7 个构面的一级 CFA 检验,本研究最终获得高职院校外语教学质量的影响因素构面图(图 6.10)。如图所示,外语教师发展构面包括 3 个测量指标、课堂教学构面包括 4 个测量指标、外语学习动机构面包括 5 个测量指标、外语学习环境构面包括 3 个测量指标、教学质量评价构面包括 5 个测量指标、交际及语用质量包括 4 个测量指标、自主学习质量包括 4 个测量指标,总共 28 个测量指标。

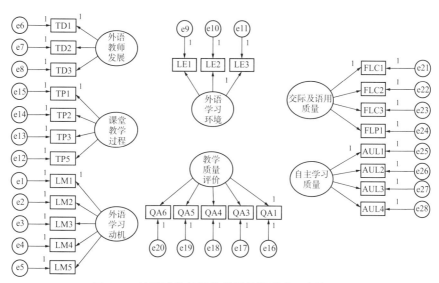

图 6.10 高职院校外语教学质量的影响因素构面图

6.4.2.1 信度分析

信度又称组成信度(Composite Reliability,CR),是构面内部的一致性程度,组成信度越大,构面内部的一致性越高,组成信度(CR 值)可接受的范围是 0.7 及以上。

本研究先假设构面和构面之间没有任何相关(图 6.11),因此任何一个构面的测量指标都不会受到其他构面或者测量指标的影响。通过运行 AMOS 软件,获得各个构面的因子载荷及其对应的 SMC 值、非标准化(Undtd.)值、标准误(S.E.)、Z-value 值(非标准化除以标准误的商)及 P 值。根据赫尔等学者的建议标准,Z-value 值要求大于 1.96 且显著,表 6.16 中所有构面的测量指标 Z-value 均大于 1.96,P 值均显著,表明构面和构面之间没有任何相关,为接下来的信度和效度检验奠定了的坚实的基础。

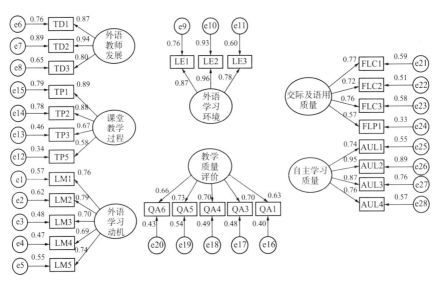

图 6.11　高职院校外语教学质量的影响因素构面因子载荷图

表 6.16　构面参数值

构面	题项	Unstd.	S.E.	Z-value	P
	FLC1	1.000			＊＊＊
	FLC2	0.873	0.083	10.550	＊＊＊
交际及语用质量	FLC3	0.939	0.086	10.952	＊＊＊
	FLP1	0.770	0.089	8.599	＊＊＊

续 表

构面	题项	Unstd.	S.E.	Z-value	P
自主学习质量	AUL1	1.000			* * *
	AUL2	1.277	0.081	15.860	* * *
	AUL3	1.214	0.081	14.963	* * *
	AUL4	1.015	0.080	12.761	* * *
外语教师发展	TD1	1.000			* * *
	TD2	1.110	0.055	20.064	* * *
	TD3	0.939	0.056	16.891	* * *
课堂教学过程	TP1	1.000			* * *
	TP2	1.051	0.061	17.111	* * *
	TP3	0.749	0.060	12.504	* * *
	TP5	0.706	0.068	10.348	* * *
外语学习动机	LM1	1.000			* * *
	LM2	0.998	0.080	12.501	* * *
	LM3	0.963	0.087	11.041	* * *
	LM4	0.885	0.081	10.917	* * *
	LM5	0.936	0.079	11.803	* * *
外语学习环境	LE3	1.000			* * *
	LE1	1.121	0.069	16.289	* * *
	LE2	1.223	0.072	16.980	* * *
教学质量评价	QA1	1.000			* * *
	QA3	1.086	0.121	8.956	* * *
	QA4	1.135	0.126	8.993	* * *
	QA5	1.265	0.137	9.261	* * *
	QA6	1.063	0.124	8.595	* * *

根据图 6.11 所示的标准化因素负荷量,计算出标准化因素负荷量的平方,即题目信度(SMC)的值,根据上述组成信度(CR)和平均方差萃取量(AVE)的计算方法,计算出各个构面的组成信度和收敛效度。如表(表 6.17)所示,标准化因素负荷量(Std. Factor Loading)符合建议标准;标准化因素负荷量平方或者题目信度(SMC)在 0.327 在 0.927 之间,在可接受范围,证明所有的测量指标都具有较好的信度;各构面的信度(CR)值分别为:0.800、0.900、0.906、0.849、0.855、0.906、0.814,均在 0.7以上,符合标准,证明全部构面都有良好的信度。此外,根据 AVE 计算公式获得各构面的 AVE 值,分别为 0.503、0.694、0.764、0.591、0.541、0.763和0.468,均在 0.36 以上,大部分 AVE 值在 0.5 以上,都在可接受的到理想的值之间,表示全部构面的收敛效度良好。

表 6.17　高职院校外语教学质量的组成信度和收敛效度表

构面	题项	标准化因素负荷量	SMC	CR	AVE
交际及语用质量	FLC1	0.771	0.594	0.800	0.503
	FLC2	0.716	0.513		
	FLC3	0.761	0.579		
	FLP1	0.572	0.327		
自主学习质量	AUL1	0.740	0.548	0.900	0.694
	AUL2	0.945	0.893		
	AUL3	0.874	0.764		
	AUL4	0.756	0.572		
外语教师发展	TD1	0.869	0.755	0.906	0.764
	TD2	0.943	0.889		
	TD3	0.804	0.646		
课堂教学过程	TP1	0.891	0.794	0.849	0.591
	TP2	0.881	0.776		
	TP3	0.675	0.456		
	TP5	0.583	0.340		

构面	题项	标准化因素负荷量	SMC	CR	AVE
外语学习动机	LM1	0.757	0.573	0.855	0.541
	LM2	0.790	0.624		
	LM3	0.695	0.483		
	LM4	0.687	0.472		
	LM5	0.743	0.552		
外语学习环境	LE1	0.870	0.757	0.906	0.763
	LE2	0.963	0.927		
	LE3	0.778	0.605		
教学质量评价	QA1	0.629	0.396	0.814	0.468
	QA3	0.696	0.484		
	QA4	0.700	0.490		
	QA5	0.734	0.539		
	QA6	0.656	0.430		

6.4.2.2　效度分析

效度检验包括收敛效度与区别效度的检验。收敛效度（Convergent Validity：CV），又称为聚合效度，是指采用不同方法测定同一性质时其测量结果相似或者类似的程度，当构面内部测量指标之间的相关达到一定程度，构面被认为具有收敛效度（即构面对测量指标解释能力的平均），用字母 AVE 表示，AVE 值一般要求大于 0.5，0.36 到 0.5 之间可以接受，AVE 越高，收敛效度越好。[1]　区别效度（Discriminant Validity）是指构面中的任何一个测量指标同其他构面或者指标没有相关或者相关很低，如果构面内部指标之间的相关大于构面与其他构面之间的相关，构面被认为具有区别效度，当区别效度大于收敛效度，模型被认为具有效度。

---

[1]　FORNELL C，LARCKER D F. Structural equation models with unobservable variables and measurement error：Algebra and statistics[J]. Journal of marketing research，1981：382 - 388.

　　区别效度的演算过程如下:本研究先将图 6.11 所有的构面(自变量)拉相关获得构面相关图(图 6.12),通过计算构面及测量指标的协方差矩阵(All Implied Moments),获得构面和构面之间的 Pearson 相关(表 6.18)。

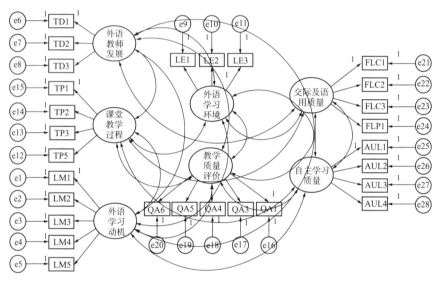

图 6.12　构面相关图

表 6.18　构面之间的 Pearson 相关表

	自主学习质量	交际及语用质量	教学质量评价	课堂教学过程	外语学习环境	外语教师发展	外语学习动机
自主学习质量	1.000						
实际及语用质量	0.548	1.000					
教学质量评价	0.555	0.683	1.000				
课堂教学过程	0.399	0.475	0.393	1.000			
外语学习环境	0.535	0.532	0.488	0.208	1.000		
外语教师发展	0.506	0.353	0.306	0.386	0.226	1.000	
外语学习动机	0.384	0.673	0.541	0.300	0.378	0.172	1.000

　　由于 AVE 值是标准化因素负荷量平方的平均值,Pearson 相关是一个非平方值,因此,首先需要对 AVE 值开方,然后才能用 AVE 的开方值

跟 Pearson 相关比较。如表 6.19，将 AVE 开方值放在对角线为 1 的位置，Pearson 相关放在下三角位置，自主学习质量构面的 AVE 开方值为 0.833，与它相关的其他六个构面的 Pearson 相关分别为 0.548、0.555、0.399、0.535、0.506、0.384。显然，AVE 开方值大于下三角与它相关的六个构面的 Pearson 相关值，证明自主学习质量构面与其他 6 个构面具有区别效度。同理，交际及语用质量构面、教学质量评价构面、课堂教学过程构面、外语学习环境构面、外语教师发展构面、外语学习动机构面的 AVE 开方值均大于下三角与它相关的六个构面的 Pearson 相关值，证明每个构面与其他 6 个构面都具有区别效度。

表 6.19 区别效度表

	AVE	自主学习质量	交际及语用质量	教学质量评价	课堂教学过程	外语学习环境	外语教师发展	外语学习动机
自主学习质量	0.694	0.833						
交际及语用质量	0.503	0.548	0.709					
教学质量评价	0.468	0.555	0.683	0.684				
课堂教学过程	0.591	0.399	0.475	0.393	0.769			
外语学习环境	0.763	0.535	0.532	0.488	0.208	0.873		
外语教师发展	0.764	0.506	0.353	0.306	0.386	0.226	0.874	
外语学习动机	0.541	0.384	0.673	0.541	0.300	0.378	0.172	0.736

6.4.2.3 拟合度分析

图 6.13 为高职院校外语教学质量结构模型拟合效果图。根据结构方程模型最常报告的拟合指标建议，Chi-square/df 为 1.458，在 1 到 3 之间，属于严谨标准；P 值达到 200 以上样本数的取值要求，符合建议标准；拟合优度指数 GFI 和修正拟合优度指数 AGFI 的值接近 0.9，可接受；近似误差均方根 RMSEA 为 0.041，小于 0.08，也可接受；CFI 和 TLI(NNFI)均在 0.9 以上，符合建议标准。因此，结构模型的拟合效果良好，证明事先假设结构方程模型解释能力较强，这个结论为接下来的路径分析与假设检验奠定了坚实的基础。

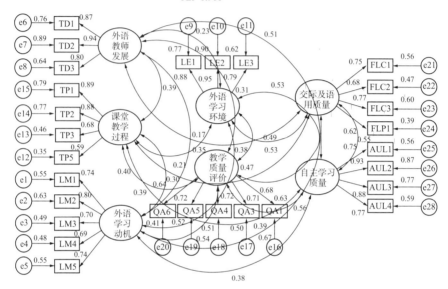

图 6.13　高职院校外语教学质量结构模型拟合效果图

6.4.3　路径分析与假设检验

6.4.3.1　路径分析

路径分析的前提是模型中各变量之间不具有共线性,为此,本研究首先需要分别就外语教学质量的两个维度作回归分析,判断各变量是否存在共线性。两个维度作回归分析图如图 6.14—6.15 所示。

根据图 6.14—6.15,结合表 6.20 的统计:交际及语用质量维度所有相关变量的相关估计在 0.208 到 0.540,自主学习质量维度相关估计在 0.171 至 0.541 之间,表示所有变量都属于低度到中度相关,本研究中假设的各条路径都不存在共线性,表明本研究中影响因素选择的正确性。

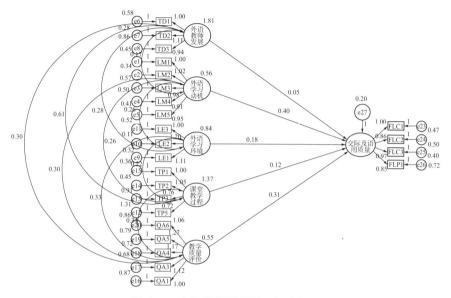

图 6.14　交际及语用质量回归分析图

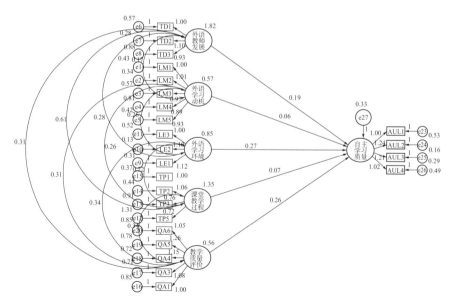

图 6.15　自主学习质量回归分析图

表 6.20　各变量相关表

Correlations 相关变量	Estimate 相关估计	
	实际及语用质量	自主学习质量
外语学习动机←→外语教师发展	0.172	0.171
外语学习动机←→教学质量评价	0.540	0.541
外语学习动机←→外语学习环境	0.377	0.378
外语学习动机←→课堂教学过程	0.300	0.299
外语教师发展←→教学质量评价	0.305	0.306
外语教师发展←→外语学习环境	0.224	0.226
外语教师发展←→课堂教学过程	0.386	0.387
外语学习环境←→教学质量评价	0.486	0.489
课堂教学过程←→教学质量评价	0.393	0.393
外语学习环境←→课堂教学过程	0.208	0.207

　　为判断各路径的重要程度,对事先设定的假设模型给予充分的解释,本研究对外语教学质量的两个维度分别作路径分析,结果分析如下。

　　(1) 交际及语用质量路径分析

　　为方便分析,本研究先假设路径为线性,各外生变量不存在测量误差,各内生变量之间不存在相关,然后再通过建立相关进行分析。如图 6.16,通过在外语教师发展、外语学习动机和外语学环境三个自变量之间

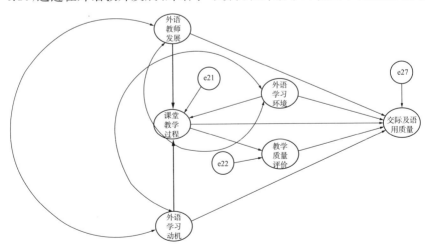

图 6.16　交际及语用质量影响因素路径模型图

建立相关,然后进行估计和非标准化处理,结果如图 6.17 和表 6.21 所示。

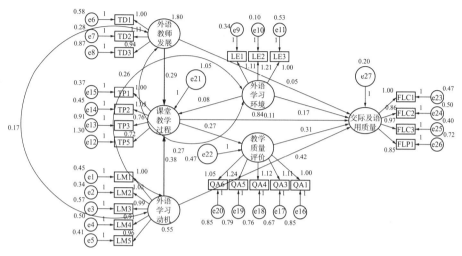

图 6.17　交际及语用质量路径模型非标准化图

表 6.21　交际及语用质量路径模型方差(Variances)估计表

	Estimate	S.E.	C.R(Z - VALUE)	P
外语学习动机	0.553	0.081	6.829	＊＊＊
外语教师发展	1.803	0.203	8.868	＊＊＊
外语学习环境	0.837	0.110	7.629	＊＊＊
e21	1.052	0.122	8.610	＊＊＊
e22	0.466	0.088	5.286	＊＊＊
e27	0.204	0.040	5.135	＊＊＊

如图 6.17 所示,在交际及语用质量路径模型中,课堂教学过程、教学质量评价、交际及语用质量三个构面均被估计到,相对应的残差值 e21、e22 和 e27 分别为 1.05、0.47 和 0.20,均为正数。外语教师发展、外语学习动机和外语学习环境三个构面尚未被估计到,相对应的方差分别为 1.80、0.55 和 0.84,也为正数。根据表 6.21 的路径模型方差(Variances)估计,模型中所有残差和方差的 P 值均为三星(P 值＜0.01),均具有统计上的显著性,证明模型没有违犯估计(Offending Estimates)的情况发

生。另外,从交际及语用质量构面中的 9 条主效应(表 6.22)来看,课堂教学过程对交际及语用质量的路径系数为 0.105,为正数,表示正相关,P 值为 0.016 小于 0.05,接近 0.01,具有统计上的意义和显著性。外语学习环境、教学质量评价和外语学习动机对交际及语用质量的路径系数均为正数,表示正相关,P 值小于 0.01,显著;外语教师发展、外语学习动机对课堂教学过程、课堂教学过程对教学质量评价路径系数均为正数,表示正相关,P 值小于 0.01,显著。此外,外语教师发展对交际及语用质量、外语学习环境对课堂教学过程的路径系数分别为 0.055 和 0.077,虽为正数,但是 P 值大于 0.05,并不显著。

表 6.22　交际及语用质量影响因素非标准化路径系数估计表

	Estimate	S.E.	C.R.	P
交际及语用质量←课堂教学过程	0.105	0.044	2.407	0.016
交际及语用质量←外语学习环境	0.175	0.048	3.650	＊＊＊
交际及语用质量←教学质量评价	0.312	0.068	4.581	＊＊＊
交际及语用质量←外语学习动机	0.417	0.069	6.031	＊＊＊
交际及语用质量←外语教师发展	0.055	0.032	1.710	0.087
课堂教学过程←外语教师发展	0.295	0.055	5.379	＊＊＊
课堂教学过程←外语学习动机	0.376	0.109	3.448	＊＊＊
课堂教学过程←外语学习环境	0.077	0.084	0.921	0.357
教学质量评价←课堂教学过程	0.271	0.048	5.655	＊＊＊

根据交际及语用质量路径模型标准化图(图 6.18)和标准化系数估计表(表 6.23),所有的标准化值为正并呈现出如下趋势:当课堂教学过程每增加 1 个标准差,交际及语用质量大约增加 0.17 个标准差,教学质量评价大约增加 0.42 个标准差;当外语学习环境每增加 1 个标准差,交际及语用质量大约增加 0.22 个标准差,课堂教学过程大约增加 0.61 个标准差;当教学质量评价每增加 1 个标准差,交际及语用质量大约增加 0.32 个标准差;当外语学习动机每增加 1 个标准差,交际及语用质量大约增加 0.42 个标准差,课堂教学过程大约增加 0.24 个标准差;当外语教师发展每增加一个标准差,交际及语用质量大约增加 0.10 个标准差,课

堂教学过程大约增加 0.34 个标准差。

　　如果说非标准化关注的是影响关系的显著性,那么标准化关注的则是影响关系的重要性,标准化值越大,影响越大,因此在所有影响"交际及语用质量"的因素中,"外语学习动机"的标准化值最大,表明这个影响因素最重要(约为 0.42)。另外,课堂教学过程对教学质量评价、外语教师发展对课堂教学过程也表现出一定的重要性,而这些变量对交际及语用质量也都有不同程度的影响,这为后续"交际及语用质量"的中介效应分析建立了基础。

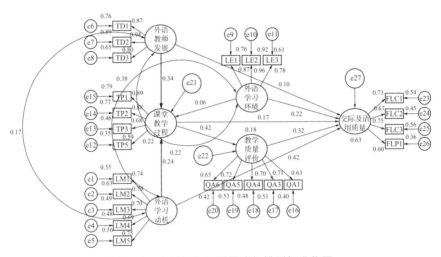

图 6.18　交际及语用质量路径模型标准化图

表 6.23　交际及语用质量影响因素路径模型标准化估计

	Estimate
交际及语用质量←课堂教学过程	0.165
交际及语用质量←外语学习环境	0.216
交际及语用质量←教学质量评价	0.317
交际及语用质量←外语学习动机	0.419
交际及语用质量←外语教师发展	0.099
课堂教学过程←外语教师发展	0.340
课堂教学过程←外语学习动机	0.240

	续　表
	Estimate
课堂教学过程←外语学习环境	0.061
教学质量评价←课堂教学过程	0.419

（2）自主学习质量路径分析

与交际及语用质量影响因素路径分析类似，本研究根据各构面 CFA 信效度分析结果和相关假设，运用 AMOS 作出自主学习质量影响因素路径模型图（图 6.19）。图 6.19 所示的模型中一共包括 6 个变量和 9 条影响路径，分别是外语教师发展对自主学习质量、课堂教学过程对自主学习质量、外语学习动机对自主学习质量、外语学习环境对自主学习质量、教学质量评价对自主学习质量、外语教师发展对课堂教学过程、外语学习动机对课堂教学过程、外语学习环境对课堂教学过程、课堂教学过程对教学质量评价。在该模型中，课堂教学过程、教学质量评价和自主学习质量等三个变量被估计到，所对应的三个残差分别是 e21、e22 和 e27；外语学习动机、外语教师发展和外语学习环境等三个变量未被估计到。

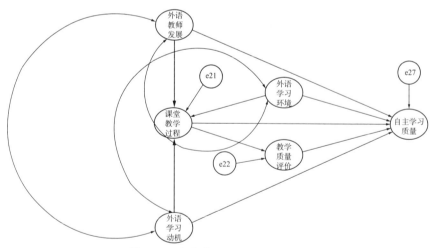

图 6.19　自主学习质量路径模型图

在自主学习质量影响因素路径模型非标准化图中（图 6.20），所有的残差值和方差均为正数，而且都显著（如表 6.24），模型没有违犯估计的情况发生。另外，如表 6.25，所有的路径系数均为正，表示正相关，除了课堂教学过程对自主学习质量、外语学习动机对自主学习质量、外语学习环境对课堂教学过程等三条路径不够显著外，其他 6 条路径都显著。

从图 6.21 和表 6.26 呈现的自主学习质量影响因素路径模型及标准化估计可知，在所有影响"自主学习质量"的变量中，"外语教师发展"和"外语学习环境"相对重要，标准化估计值都在 0.33 左右；"外语教师发展"对"课堂教学过程""课堂教学过程"对"教学质量评价"也表现出极大的重要性，这些变量对自主学习质量也都有不同程度的影响。

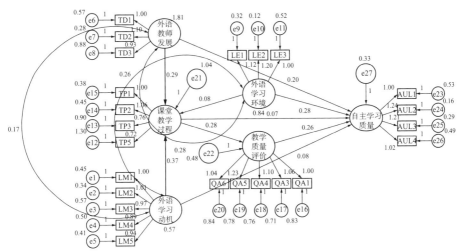

图 6.20　自主学习质量路径模型非标准化图

表 6.24　自主学习质量影响因素路径模型方差（Variances）估计表

	Estimate	S.E.	C.R(Z - VALUE)	P
外语学习动机	0.570	0.082	6.943	＊＊＊
外语教师发展	1.813	0.203	8.926	＊＊＊
外语学习环境	0.844	0.110	7.678	＊＊＊
e21	1.044	0.122	8.560	＊＊＊
e22	0.481	0.089	5.381	＊＊＊
e23	0.327	0.049	6.623	＊＊＊

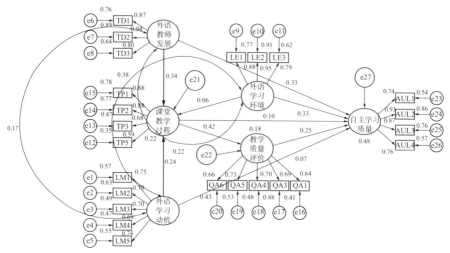

图 6.21　自主学习质量路径模型标准化图

表 6.25　自主学习质量影响因素非标准化路径系数估计表

	Estimate	S.E.	C.R.	P
自主学习质量←课堂教学过程	0.066	0.045	1.472	0.141
自主学习质量←外语学习环境	0.285	0.052	5.500	＊＊＊
自主学习质量←教学质量评价	0.255	0.067	3.829	＊＊＊
自主学习质量←外语学习动机	0.078	0.062	1.258	0.208
自主学习质量←外语教师发展	0.195	0.035	5.591	＊＊＊
课堂教学过程←外语教师发展	0.294	0.054	5.389	＊＊＊
课堂教学过程←外语学习动机	0.368	0.107	3.435	＊＊＊
课堂教学过程←外语学习环境	0.075	0.083	0.901	0.367
教学质量评价←课堂教学过程	0.276	0.049	5.687	＊＊＊

表 6.26　自主学习质量影响因素路径模型标准化估计

	Estimate
自主学习质量←课堂教学过程	0.096
自主学习质量←外语学习环境	0.330
自主学习质量←教学质量评价	0.246
自主学习质量←外语学习动机	0.074

续　表

	Estimate
自主学习质量←外语教师发展	0.331
课堂教学过程←外语教师发展	0.341
课堂教学过程←外语学习动机	0.239
课堂教学过程←外语学习环境	0.060
教学质量评价←课堂教学过程	0.420

路径分析的结果可以归纳为以下三点。

首先,不管是交际及语用质量,还是自主学习质量,其残差和方差都是正数,而且显著,并不存在违反估计的情形存在,表明本研究中测量指标的选择是合理的。另外,非标准化系数表明,在交际及语用质量影响因素中,课堂教学过程、外语学习环境、教学质量评价、外语学习动机等四条路径具有显著性;在自主学习质量影响因素中,外语学习环境、教学质量评价、外语教师发展等三条路径具有显著性。

其次,标准化系数表明,在所有影响交际及语用质量的因素中,外语学习动机对交际及语用质量的影响相比之下更重要,课堂教学过程对教学质量评价、外语教师发展对课堂教学过程的影响也表现出一定的重要性。在所有影响自主学习质量的因素中,外语教师发展对自主学习质量、外语学习环境对自主学习质量的影响相比之下更重要。另外,外语教师发展对课堂教学过程、课堂教学过程对教学质量评价的影响也表现出极大的重要性。

最后,在交际及语用质量影响因素中,外语教师发展对交际及语用质量、外语学习环境对课堂教学过程的路径系数均不具有统计上的显著性。在自主学习质量影响因素中,课堂教学过程对自主学习质量、外语学习动机对自主学习质量、外语学习环境对课堂教学过程等三条路径系数不具有统计上的显著性。理论上,本研究应该将这些不显著路径从路径图中删除,但是考虑到模型设定的理论基础,在争取专家意见后,在不存在多重共线性的情况下,如果这些路径仍然不显著,可能是路径假设不当造成的,因此,有必要对所有理论假设做进一步的验证。

6.4.3.2　假设检验

前文已经对本研究涉及的每一个构面进行了一阶 CFA 验证式因子

分析,经过修正,模型已经具备了很好的信效度和拟合度,而且没有共线性情况的发生。另外,经过路径分析,本研究对模型中各个构面之间的关系及其影响类型和影响程度有了较深入的认识,那么,这些关系、影响类型和影响程度是否符合研究假设,这是本研究始终关注的核心问题。在后续的研究中,本书将对研究假设做进一步检验,包括两个检验:一是直接效应检验,二是中介效应检验。

(1) 直接效应检验

如图 6.22 所示,在交际及语用质量假设模型中,一共有 5 个直接效应假设,分别是 H1-1,H2-1,H3-1,H4-1 和 H5-1。

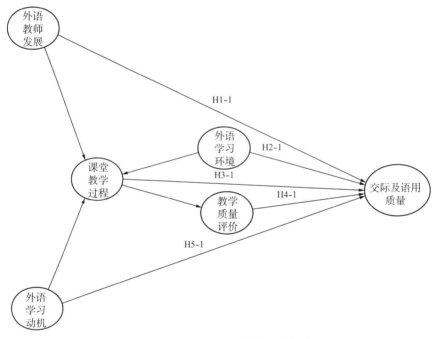

图 6.22　交际及语用质量假设模型

结合上文的路径分析结果与非标准化系数估计(表 6.27),发现外语教师发展对交际及语用质量的影响不显著($P=0.087>0.05$),说明模型并不支持原假设 H1-1。课堂教学过程对交际及语用质量的影响具有统计意义并接近显著($P=0.016<0.05$),其余三个变量对交际及语用质量的作用都显著($P<0.01$),说明模型支持原假设 H2-1、H3-1、

H4-1 和 H5-1(表 6.23)。

表 6.27　交际及语用质量假设模型非标准化系数估计表

	P	Label
交际及语用质量←外语教师发展	0.087	H1-1
交际及语用质量←外语学习环境	* * *	H2-1
交际及语用质量←课堂教学过程	0.016	H3-1
交际及语用质量←教学质量评价	* * *	H4-1
交际及语用质量←外语学习动机	* * *	H5-1

如图 6.23,在自主学习质量影响因素假设模型中一共有 5 个直接效应,分别是 H1-2,H2-2,H3-2,H4-2 和 H5-2。路径分析结果(表6.28)表明,课堂教学过程和外语学习动机两个自变量对自主学习质量的影响并不显著,路径系数分别为 0.141 和 0.208(大于 0.05),表明模型并不支持假设 H3-2、H5-2。与此同时,其余 3 个变量对自主学习质量影响系数显著,表明模型支持假设 H1-2、H2-2 和 H4-2(表 6.28)。

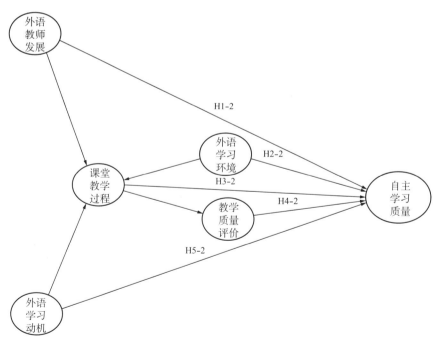

图 6.23　自主学习质量假设模型

表 6.28 自主学习质量非标准化路径系数估计表

	P	Label
自主学习质量←外语教师发展	* * *	H1 - 2
自主学习质量←外语学习环境	* * *	H2 - 2
自主学习质量←课堂教学过程	0.141	H3 - 2
自主学习质量←教学质量评价	* * *	H4 - 2
自主学习质量←外语学习动机	0.208	H5 - 2

（2）中介效应检验

中介效应（Mediator Effect）是自变量 X 透过中介变量 M（Mediator）对因变量 Y 所产生的影响。中介效应检验的目的在于探索自变量 X 到因变量 Y 的内在作用机制，解释这种影响"为什么"会发生，具有重要的理论与现实意义。

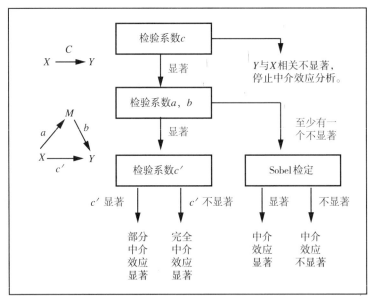

图 6.24 中介效应检验程序

关于中介效的检验和分析，不同的学者运用的方法不尽相同，马克卡侬（MACKINNON D P）等学者将不同学者的中介效应检验方法归纳为 14 种,并对这 14 种方法的长处和不足进行了详细的分析。① 温忠麟,张雷,侯杰泰和刘红云(2004)通过对 JUDD 和 KENNY(1981)、SOBEL(1982)、BARON 和 KENNY(1986)、CLOGG 等(1992)、FREEDMAN(1992)以及 MAC KINNON(1995,1998,2002)的中介效应检验指标的比较,提出了一种具有综合性质的中介效应检验程序(图 6.24),②被国内学界普遍接受,本书也采用这种程序。

中介效应检验程序如下:首先检验路径系数 C,如果 C 显著,则依次进入路径系数 a 和 b 的检验环节,如果 C 不显著,则停止中介效应分析。此外,如果 a 和 b 都显著,则表明自变量 x 对因变量 y 的影响一部分是通过中介变量 M 实现的,即部分中介。为测得部分中介是否显著,需要对 c'' 进行检验,如果 c'' 显著,则表明变量 M 的部分中介效应成立,如果 c'' 不显著,则表明自变量 x 对因变量 y 的影响完全是通过变量 M 的中介效应实现的,完全中介效应成立。但在实务上,仅仅根据 a 和 b 的显著性来判断中介效果是否存在带有明显的局限性,索贝尔认为,a 和 b 都显著并不能检定 a 乘以 b 是否显著,如果 a 和 b 中有 1 个不显著,中介效应是否存在仍然需要继续进行检验,如显著,表明 M 的中介效应成立,否则中介效应不成立。③ 著名统计学家海耶斯(HAYES A F)却认为,不管是巴伦和肯尼(BARON R M,KENNY D A)④,还是索贝尔等人,其检定中介效应的前提是样本服从正态分配,但实践中样本通常是非对称的,a 乘以 b 通常无法保证符合正态分布,Z 值正负 1.96 并不代表中介效应一定显著;因此传统方法并不能完全检定中介效应,如何解决传统方法的

———————

① MACKINNON D P, LOCKWOOD C M, HOFFMAN J M, et al. A comparison of methods to test mediation and other intervening variable effects[J]. Psychological methods, 2002, 7(1): 83.

② 温忠麟,张雷,侯杰泰,等.中介效应检验程序及其应用[J].心理学报,2004,36(05):614—620.

③ SOBEL M E. Asymptotic confidence intervals for indirect effects in structural equation models[J]. Sociological methodology, 1982, 13: 290 – 312.

④ BARON R M, KENNY D A. The moderator-mediator variable distinction in social psychological research: Conceptual, strategic and statistical considerations [J]. Journal of Personality and Social Psychology, 1986, (51): 1173 – 1182.

缺陷,海耶斯建议采用 Bootstrapping 技术,通过编写语法术语实现,[1]本研究也采用这种方法对外语教学质量(包括交际及语用质量和自主学习质量两个维度)进行中介效应分析。

(1)交际及语用质量的中介效应

交际及语用质量的中介效应假设(图 6.25)分别是 H6 - 1、H7 - 1、H8 - 1 和 H9 - 1。

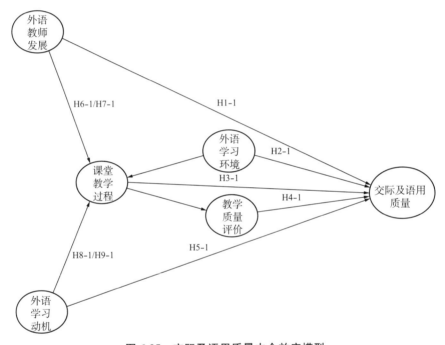

图 6.25　交际及语用质量中介效应模型

如图 6.25,由于前文的路径分析和直接效应检验均验证假设 H1 - 1 不显著,根据中介效应检验程序,需要停止假设 H6 - 1 和 H7 - 1 的中介效应分析。与此同时,假设 H5 - 1 已经被验证为显著,根据检验程序,本研究可以执行 H8 - 1 和 H9 - 1 两个假设的中介效应分析,即检验 abc、ad 两个特定的中介效果(如图 6.26)。

① HAYES A F. Beyond Baron and Kenny: Statistical mediation analysis in the new millennium[J]. Communication monographs, 2009, 76(4): 408 - 420.

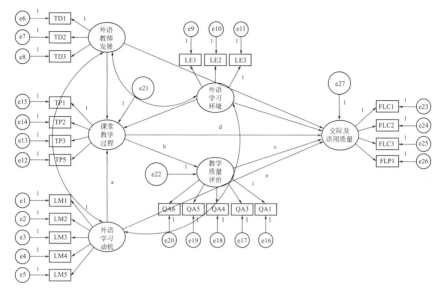

图 6.26　交际及语用质量特定的中介效果

为获得 abc、ad 两个特定的中介效果,笔者利用 AMOS 软件中的 Create New Estimate 功能,编写如下语法术语并执行:

Function Value(group Number As Integer , bootstrap Sample Number As Integer , v As CValue) As Object Implements IUser Value.Value

'Your code goes here.

Dim x(4) As Double

$x(0) = v.ParameterValue("a") * v.ParameterValue("b") * v.ParameterValue("c")$

$x(1) = v.ParameterValue("a") * v.ParameterValue("d")$

$x(2) = x(0) + x(1)$

$x(3) = v.ParameterValue("e")$

$x(4) = x(3) + x(2)$

其中,$x(0)$代表多重中介效果,$x(1)$代表中介效果,$x(2)$代表总间接效果,$x(3)$代表直接效果,$x(4)$代表总效果。

♯Region "Advanced"

Function Label(groupNumber As Integer) As Object Implements

IUserValue.Label

'You can replace the following line.

Dim x(4) As String

labels(0)="LMtoTPtoQAtoFLCFLP"

labels(1)="LMtoTPtoFLCFLP"

labels(2)="TotalIE"

labels(3)="DE"

labels(4)="TE"

Return lables

上述语法术语中,labels(0)代表从外语学习动机(LM)到课堂教学过程(TP)、教学质量评价(QA)和交际语用质量(FLCFLP)的中介效应;labels(1)代表外语学习动机(LM)到课堂教学过程(TP)、交际及语用质量(FLCFLP)的中介效应;labels(2)代表总间接效果;labels(3)代表直接效果;labels(4)代表总效果。在 AMOS 选择 95% 的置信区间(percentile confidence intervals)和 95% 的偏置校正置信区间(Bias-Corrected confidence intervals),利用 Bootstrapping 技术,执行 5000 次,结果如表 6.29 所示。

表 6.29 交际及语用质量影响因素中介效果报告表

关系 Relationship	点估计值 Point Estimate	系数相乘积 Product of Coefficients	Bootstrapping						
			校正区间 Bias-Corrected 95%CI			置信区间 Percentile 95%CI			
		SE	Z	Lower	Upper	P	Lower	Upper	P
LM－TP－QA－FLCFLP	0.032	0.019	1.684	0.008	0.092	0.001	0.006	0.082	0.002
LM－TP－FLCFLP	0.040	0.023	1.739	0.007	0.099	0.019	0.002	0.089	0.042
Total IE	0.071	0.034	2.088	0.024	0.166	0.001	0.020	0.148	0.002
DE	0.417	0.094	4.436	0.262	0.636	0.001	0.254	0.630	0.002
TE	0.488	0.110	4.436	0.310	0.741	0.001	0.300	0.719	0.002

(备注:Bootstrapping 执行 5000 次,表中均为非标准化值。Z=点估计值/SE)

对于特定间接效果"外语学习动机"（LM）→"课堂教学过程"（TP）→"教学质量评价"（QA）→"交际及语用质量"（FLCFLP）而言，Bootstrapping 的结果显示，不管是校正区间，还是置信区间，从 Lower 端到 Upper 端均未包括 0，P 值均小于 0.05，代表特定的间接效果具有统计上的意义，假设 H9-1 成立。对于间接效果"外语学习动机"（LM）→"课堂教学过程"（TP）→"交际及语用质量"（FLCFLP），其校正区间和置信区间中的上下限（从 Lower 端到 Upper 端）均未包括 0，P 值均小于 0.05，代表该间接效果具有统计上的意义，假设 H8-1 成立。另外，总的间接效果（Total IE）、直接效果（DE）和总效果（TE）的 Z 值均大于 1.96，校正区间和置信区间（从 Lower 端到 Upper 端）的均未包括 0，P 值小于 0.05，表明间接效果、直接效果和总效果均达到显著。

（2）自主学习质量中介效应分析

图 6.27 为自主学习质量中介效应模型，对于自主学习质量特定中介效应的检验，方法及步骤与交际及语用质量的检定方法完全一致，这里不再赘述，只呈现重要步骤及研究结果。

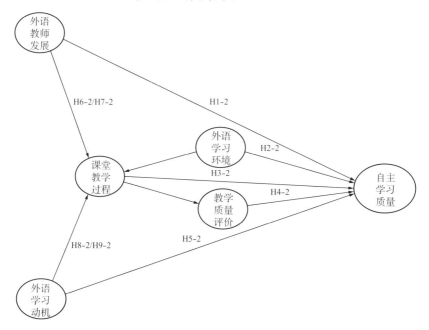

图 6.27 自主学习质量中介效应模型

根据前文分析得知,直接效应 H5－2 不显著,遵照中介效应分析步骤,停止 H8－2、H9－2 的中介效应分析。同时,H1－2 显著,故执行 H6－2、H7－2 两个假设的中介效应分析(图 6.27),即检验 abc、ad 两个特定的中介效果(图 6.28)。

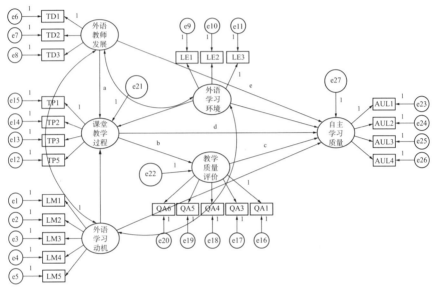

图 6.28　自主学习质量特定的中介效果

表 6.30　自主学习质量影响因素中介效果报告表

关系 Relationship	点估计值 Point Estimate	系数相乘积 Product of Coefficients	Bootstrapping						
			校正区间 Bias-Corrected 95%CI			置信区间 Percentile 95%CI		
		SE	Z	Lower	Upper	P	Lower	Upper	P
TD→TP→QA→AUL	0.021	0.009	2.333	0.007	0.044	0.002	0.006	0.040	0.006
TD→TP→AUL	0.019	0.017	1.118	−0.005	0.062	0.142	−0.005	0.060	0.161
Total IE	0.040	0.020	2.000	0.012	0.095	0.003	0.010	0.085	0.007
DE	0.195	0.035	5.571	0.131	0.272	0.001	0.123	0.262	0.002
TE	0.235	0.031	7.581	0.177	0.300	0.001	0.172	0.294	0.002

(备注:Bootstrapping 执行 5000 次,表中均为非标准化值。Z=点估计值/SE)

如表 6.30 所示，对于特定的中介效果"外语教师发展"(TD)→"课堂教学过程"(TP)→"教学质量评价"(QA)→"自主学习质量"(AUL)而言，其 Z 值为 2.333，大于 1.96，Bootstrapping 结果显示，其校正区间和置信区间的 Lower 端到 Upper 端均未包括 0，P 值均小于 0.05，代表特定间接效果显著，假设 H7-2 成立。对于另一个特定的间接效果"外语教师发展"(TD)→"课堂教学过程"(TP)→"自主学习质量"(AUL)，Z 值为 1.1118，小于 1.96，Bootstrapping 的结果显示，其置信区间中的下限 (Lower) 为 -0.005，上限 (Upper) 为 0.60，包括 0，P 值为 0.161，大于 0.05，间接效果不显著，证明假设 H6-2 不成立。与此同时，总的间接效果 (Total IE)、直接效果 (DE) 和总效果 (TE) 的 Z 值均大于 1.96，校正区间和置信区间 (从 Lower 端到 Upper 端) 均未包括 0，P 值小于 0.05，达到显著。

本书全部假设的检验结果如表 6.31 所示。

表 6.31　外语教学质量影响因素假设检验结果

类别	编号	假设	检验结果
H1:外语教师发展显著影响外语教学质量	H1-1	外语教师发展显著影响交际及语用质量	不支持
	H1-2	外语教师发展显著影响自主学习质量	支持
H2:外语学习环境显著影响外语教学质量	H2-1	外语学习环境显著影响交际及语用质量	支持
	H2-2	外语学习环境显著影响自主学习质量	支持
H3:课堂教学过程显著影响外语教学质量	H3-1	课堂教学过程显著影响交际及语用质量	支持
	H3-2	课堂教学过程显著影响自主学习质量	不支持
H4:教学质量评价显著影响外语教学质量	H4-1	教学质量评价显著影响交际及语用质量	支持
	H4-2	教学质量评价显著影响自主学习质量	支持

类别	编号	假设	检验结果
H5:外语学习动机显著 影响外语教学质量	H5-1	外语学习动机显著影响交际及 语用质量	支持
	H5-2	外语学习动机显著影响自主学 习质量	不支持
H6:外语教师发展透过 课堂教学过程影响外语 教学质量的独立中介效 应存在	H6-1	外语教师发展透过课堂教学过 程影响外语交际及语用质量的 独立中介效应存在	不支持
	H6-2	外语教师发展透过课堂教学过 程影响外语自主学习质量的独 立中介效应存在	不支持
H7:外语教师发展透过 课堂教学过程和教学质 量评价影响外语教学质 量的多重中介效应存在	H7-1	外语教师发展透过课堂教学过 程和教学质量评价影响交际及 语用质量的多重中介效应存在	不支持
	H7-2	外语教师发展透过课堂教学过 程和教学质量评价影响自主学 习质量的多重中介效应存在	支持
H8:外语学习动机透过 课堂教学过程影响外语 教学质量的独立中介效 应存在	H8-1	外语学习动机透过课堂教学过 程影响交际及语用质量的独立 中介效应存在	支持
	H8-2	外语学习动机透过课堂教学过 程影响自主学习质量的独立中 介效应存在	不支持
H9:外语学习动机透过 课堂教学过程和教学质 量评价影响外语教学质 量的多重中介效应存在	H9-1	外语学习动机透过课堂教学过 程和教学质量评价影响交际及 语用质量的多重中介效应存在	支持
	H9-2	外语学习动机透过课堂教学过 程和教学质量评价影响自主学 习质量的多重中介效应存在	不支持

　　从表 6.31 可以看出,结构方程模型总体上支持了假设 H2 和 H4,即外语学习环境、教学质量评价对外语教学质量(交际及语用质量和自主学习质量)的影响。其中,外语学习环境对外语教学质量两个维度的影

响程度分别为 0.216、0.330，教学质量评价显著影响外语教学质量的两个维度的影响程度分别为 0.317、0.246。同时，模型也部分地支持了 H1-2，H3-1，H5-1，H7-2，H8-1 和 H9-1 等 6 条子假设，即外语教师发展显著影响自主学习质量（影响程度为 0.331）、课堂教学过程显著影响交际及语用质量（影响程度为 0.165）、外语学习动机显著影响交际及语用质量（影响程度为 0.419）、外语教师发展透过课堂教学过程和教学质量评价影响自主学习质量（影响程度为 0.021）、外语学习动机透过课堂教学过程影响交际及语用质量（影响程度为 0.040）、外语学习动机透过课堂教学过程和教学质量评价影响交际及语用质量（影响程度为 0.032）。相反，结构方程模型并不支持主效应 H6 以及部分子假设 H1-1，H3-2，H5-2，H7-1，H8-2，H9-2，证明这些假设不成立。

6.4.4 模型的交叉效度评估

上述检验已经证明了模型具有较好的可靠性和有效性，为验证模型是否具有适合不同地区、不同类型高职院校外语教学的不变性，本研究进行了交叉效度分析。模型的交叉效度分析（Model Cross Validation）理论上需要重新收集一组数据，但是这在实务上很难做到。本研究将验证式因子分析阶段收集到的 598 份样本数据随机分成了两组，一组由 280 个样本组成的样本群命名为基准组，一组由 318 个样本组成的样本群命名为验证组，基准组样本群已经用来求证模型，本部分将使用实验组样本群进行模型的交叉效度分析。在进行交叉效度分析之前，本研究对实验组进行了探索式和验证式因子分析，验证过程与利用基准组求证原始模型完全一致，验证结果均具有较好的信度和效度，其模型拟合结果如下（图 6.29—图 6.30），相关指标均达到建议标准，具有较好的拟合度。

交叉效度分析按照外语教学质量的两个维度分别进行，实验将用验证组的数据对本章所求证的模型作交叉效度评估，即验证以下 5 个模型全等：测量结构模型（Measurement Weights）全等、结构路径模型（Structural Weights）全等、结构方差模型（Structural Covariances）全等、结构残差模型（Structural Residuals）全等、测量残差模型（Measurement Re-

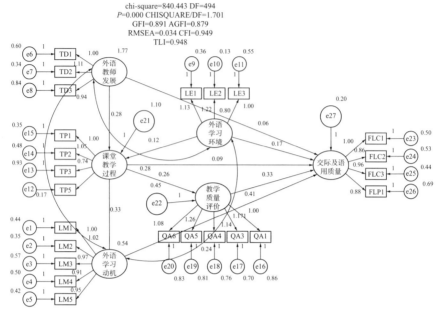

图 6.29　实验组模型拟合结果（交际及语用质量）

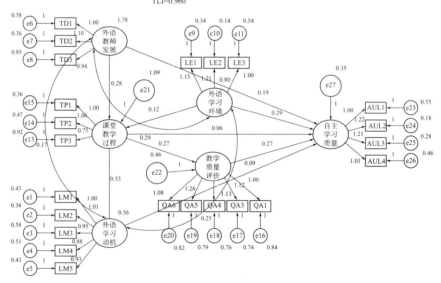

图 6.30　实验组模型拟合结果（自主学习质量）

siduals)全等,如果两组之间没有差异(至少差异未达到实务上的显著性),那么假设模型通过交叉效度评估。

(1) 交际及语用质量模型交叉效度评估

基准组和验证组待估计的参数分配分别如图 6.31 和图 6.32 所示,首先假设两组中五个模型的任何一对参数估计全等(附录 4 之附表4.1),如果基准组和验证组实务上的差异未达到显著性,则证明本研究假设的模型成立。

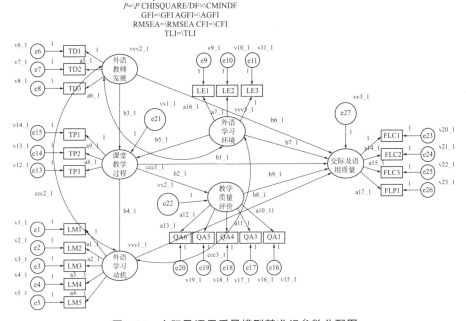

图 6.31　交际及语用质量模型基准组参数分配图

如表 6.32 所示,在五个模型估计的所有参数中,P 值($P=1$、1、0.992、0.994、0.996)均大于 0.05,表明差异不具有统计上的显著性;TLI 值(-0.005、-0.003、-0.002、-0.001、0.005)均小于 0.05,表明五个模型的差异均未达到实务上的显著性,其他值均符合建议标准,证明交际及语用质量模型中的基准组和验证组没有差异,五个模型全等成立,原假设模型通过交叉效度评估。

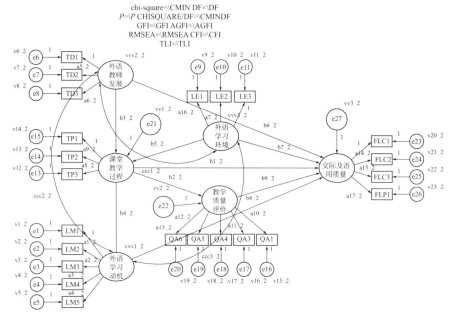

图 6.32　交际及语用质量模型验证组参数分配图

表 6.32　交际及语用质量模型比较表

Model	DF	CMIN	P	NFI Delta-1	IFI Delta-2	RFI Rho-1	TLI Rho-2
Measurement Weights	17	1.130	1.000	0.000	0.000	−0.005	−0.005
Structural Weights	9	0.773	1.000	0.000	0.000	−0.002	−0.003
Structural Covariances	6	0.808	0.992	0.000	0.000	−0.001	−0.002
Structural Residuals	3	0.085	0.994	0.000	0.000	−0.001	−0.001
Structural Residuals	23	9.053	0.996	0.001	0.001	−0.004	−0.005

（2）自主学习质量模型交叉效度评估

自主学习质量模型交叉效度评估步骤及方法与交际及语用质量模型一致，这里不再赘述，仅呈现检验结果。

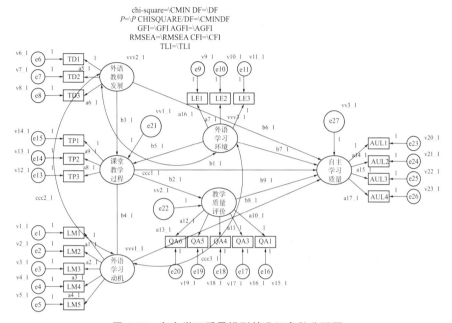

图 6.33　自主学习质量模型基准组参数分配图

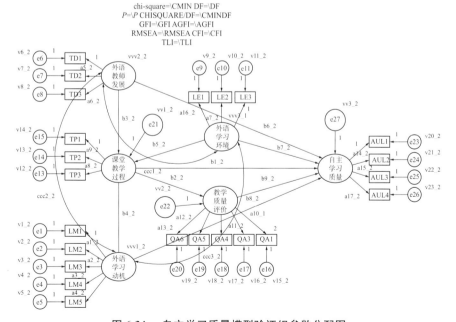

图 6.34　自主学习质量模型验证组参数分配图

表 6.33　自主学习质量模型比较表

Model	DF	CMIN	P	NFI Delta - 1	IFI Delta - 2	RFI Rho - 1	TLI Rho - 2
Measurement Weights	17	1.498	1.000	0.000	0.000	−0.004	−0.004
Structural Weights	9	0.772	1.000	0.000	0.000	−0.002	−0.002
Structural Covariances	6	0.771	0.993	0.000	0.000	−0.001	−0.001
Structural Residuals	3	0.282	0.963	0.000	0.000	−0.001	−0.001
Structural Residuals	23	9.492	0.994	0.001	0.001	−0.004	−0.004

　　通过对自主学习质量模型的基准组(图 6.33)和验证组(图 6.34)的模型比较,发现五个全等模型的差异均没有达到理论上和实务上的显著性。如表 6.33 所示,在五个模型估计的所有参数中,P 值($P=1$、1、0.993、0.963、0.994)均大于 0.05,表明差异不具有统计上的显著性。另外,TLI 值(−0.004、−0.002、−0.001、−0.001、0.004)均小于 0.05,其他数值均符合建议标准,表明五个模型的差异均未达到实务上的显著性,五个模型全等成立,证明基准组和验证组没有差异,模型通过交叉效度评估。至此,通过严格式验证性分析和交叉效度评估,证明原假设模型具有理论上和实务上的稳定性和不变性,因此原假设模型成立。

6.5　讨论

6.5.1　关于影响路径的讨论

　　影响外语教学质量的五个因素均呈低度到中度相关,相互之间均不存在共线性,证明本研究中五个影响因素的选择是正确的。根据标准化估计值的大小,影响交际及语用质量的五个因素按照重要程度排序如下:外语学习动机(0.42)＞教学质量评价(0.32)＞外语学习环境(0.22)＞课堂教学过程(0.17)＞外语教师发展(0.10)。另外,外语学习环境、外语教师发展和外语学习动机对课堂教学过程也有一定程度的重要性,重要程度标准化值大小分别为 0.61、0.34 和 0.24,课堂教学过程对教学质量评价的重要程度为 0.42。在影响自主学习质量的五个因素中,按照重要程度,外语教师发展(0.331)＞外语学习环境(0.330)＞教学质量评价(0.25)＞课堂教学过程＞(0.10)＞外语学习动机(0.07)。另外,外语学习环境、外语教师发展、外语学习动机对课堂教学过程也表现出一定的重要性,重要程度标准化值大小分别为0.60、0.34和0.24,课堂教学过程对教学质量评价的重要程度标准化值为0.42。

6.5.2　关于直接效应的讨论

6.5.2.1　外语教师发展与外语教学质量

研究发现,外语教师发展显著影响外语自主学习质量,而对交际及语用质量的影响并不显著。这个结果与本研究的理论假设不完全一致。

不难理解,本书探讨的是高职院校外语教学质量,高职院校不同于中职院校,更不同于中小学,与普通本科高校也不属于同一类型,有其鲜明的职业性和技术性特征,这就决定了外语教师发挥作用的特殊性。高职院校的人才培养定位是培养生产、建设、服务、管理一线的技术技能型人才,其教育教学均围绕这一终极目标展开,外语教学也不例外,在有限的学时内,高职院校外语教师主要作用侧重于指导学生、引导学生如何通过自主学习获取工作过程中需要的外语知识和外语技能,督促、组织和评估,激发学生的学习热情和学习潜能,促进学生未来可持续发展方面发挥作用。相对而言,高职院校外语教师队伍建设由于缺少明确的目标、规划和投入,外语教师不管是在专业理论知识、专业实践技能、教育教学能力及经验都比较欠缺,对于提高学生交际及语用质量的作用有限,这也正是高职院校外语教学无法满足社会经济发展需求的重要原因。

6.5.2.2　外语学习环境与外语教学质量

外语学习环境对于提高外语教学质量有明显的正向作用。进一步研究表明,外语学习环境不仅显著影响外语交际及语用质量,而且显著影响自主学习质量。应该说,我国是一个外语学习大国,但未必是外语学习强国,一个重要原因就是外语学习环境不是很理想,导致国家所拥有的外语能力却始终不能满足国家进一步改革和发展的需求,外语教学"费时低效"的局面一直未得到根本性地扭转。良好的外语学习环境的营造可以使复杂的外语教学内容化繁为简、化虚为实,有利于减轻学习者的心理负担,增强学习的兴趣和主动性,从而提高学习的效率和教学质量。

对于高等职业外语教学而言,由于外语学习环境的缺乏,学生外语交际能力、语用能力普遍较差,要使这种现状有根本性改善,营造好的外语学习环境更有必要。高职院校学生的学习基础和学习能力跟普通高校相比均存在一定差距,学生的外语学习兴趣不高,加上自我控制能力缺乏,外语自主学习效果欠佳。如果国家层面重视外语教学,社会层面支持外语教学,在课堂内外营造良好的外语学习氛围,培育良好的外语学习环境,使学生获得广泛的信息输入,从而为自主学习创造条件,使提高自主学习质量成为可能。

6.5.2.3 课堂教学过程与外语教学质量

研究发现,课堂教学过程并不完全支持外语教学质量的提高。进一步研究表明,课堂教学过程显著影响外语交际及语用质量,而对外语自主学习质量的影响不显著。这个结果与研究的理论假设有所不同,是正式研究前不曾想到的,但仔细考虑亦可以理解,随着我国对外开放战略的持续推进,我国国际交流的深度和广度史无前例,这一浪潮也早已波及外语教育领域,倒逼外语课堂教学中采用适当的方法培养学生的跨文化交际能力和语用能力。例如,采用小班化教学,增加学生之间交际的频率,提高语言应用能力;精炼教学内容,根据工作岗位需要的语言知识和语用能力组织教学等。然而,在高职院校外语教学时数进一步压缩的状况下,课堂教学过程中学生可自由支配的时间减少,这种情况并不利于学生自主学习质量的提高。

6.5.2.4 教学质量评价与外语教学质量

教学质量评价对外语教学质量的影响是明显的。进一步研究发现,教学质量评价不仅显著影响交际及语用质量,而且显著影响自主学习质量。应该说,教学质量评价是提高外语教学质量的前提,良好的教学质量评价方法和内容可以有效地诊断教学过程中存在的不足,使教学不断改进,从而达到提高教学质量的目的。以教学质量过程评价为例,评价在关注教学结果的同时,更重视对教与学的行为和过程评价,既包括对教师备课、教学、辅导、改作业和考试等教学环节的评价,也包括对学生学习过程中知识、技能和情感的评价,目的在于通过对教学过程的调节达到提高教学质量的目的。如果我国外语教学质量评价还停留在静态的学期终结性考试和四、六级测试层面,还在以成绩论高下,而对交际及语用质量,和自主学习质量的评价缺乏统筹规划,极有可能导致外语教学偏离正确的轨道。

6.5.2.5 外语学习动机与外语教学质量

研究发现,外语学习动机对外语教学质量的影响不全显著,进一步研究表明,外语学习动机显著影响外语交际及语用质量,而对外语自主学习质量的影响不显著。这个结果虽然与研究的理论假设有所出入,但是理解起来也不是太难。一般而言,学生的外语学习动机越强,越愿意投入时间和精力学习外语,外语交际及语用能力提高的速度就越快,反之,则慢。根据加德纳(GARDNER R C)和兰伯特(LAMBERT W E)对"工具型"和"融入型"外语学习动机的分类[1],我国大部分高职院校学生的外语学习动机都还是"工具型"动机,即认为外语学习的目的就是考试或者方便毕业后找工作,一旦目的达到,继续学习的积极性快速减退,这样的外语学习常常半途而废。由于缺乏内在的"融入型"动机,外语学习并非出个人的真正需要和强烈愿望,加上对外语学习缺少成败归因[2],因而无法对自己的努力程度进行合理的评价,自我效能受到严重影响,没有了学习的愿望,提高自主学习质量便无从谈起。

6.5.3 关于中介效应的讨论

6.5.3.1 课堂教学过程在外语教师发展与外语教学质量之间的中介效应

本研究将课堂教学过程作为中介变量放在外语教师发展与外语教学质量两个变量之间,发现课堂教学过程的中介效应在高职院校外语教学质量研究领域并不存在,不仅对外语教师发展影响外语交际及语用质

① GARDNER R C, LAMBERT W E. Motivational variables in second-language acquisition[J]. Canadian Journal of Psychology/Revue canadienne de psychologie, 1959, 13(4): 266.

② WEINER B. Human motivation: Metaphors, theories, and research[M]. Sage, 1992.

量的中介效应不存在,而且对外语教师发展影响自主学习质量的中介效应亦不存在,这与本研究提出的理论假设完全不一致,是研究不曾预料到的结果。原因在于,路径分析中,外语教师发展对外语交际及语用质量的直接效应不显著(H1-1),由于这个前提不存在,根据中介效应检验程序,实验直接停止了外语教师发展透过课堂教学过程影响外语教学质量的中介效应分析(H6-1)。至于外语教师发展对外语交际及语用质量的直接效应不显著的原因,本章已经在直接效应分析部分做出了解释,这里不再赘述。

6.5.3.2 外语教师发展、课堂教学过程、教学质量评价与外语教学质量

研究将课堂教学过程、教学质量评价作为多重中介变量放在外语教师发展与外语教学质量两个变量之间后,发现外语教师发展透过课堂教学过程和教学质量评价影响外语交际及语用质量的多重中介效应不存在,这与外语教师发展对外语交际及语用质量的直接效应(H1-1)不显著有关,本章已经作出详细说明。进一步的研究表明,外语教师发展透过课堂教学过程和教学质量评价影响自主学习质量的多重中介效应是存在的,这一结果可以从如下几个方面理解。一是外语教师发展显著影响自主学习质量,关于这一点,本章已经作出详细的解释。二是外语教师发展对课堂教学过程的影响明显,外语课堂教学过程是外语教学实施的过程,是遵守语言规律和教育教学规律的、有目的和有计划的实践过程,而实施这个过程的主体是外语教师,他们在确定教学目标、制定教学计划、组织课堂教学和实施教学评估等诸环节中发挥重要作用,某种程度上,外语教师发展是保证课堂教学过程成功实施的重要基础和先决条件。三是课堂教学过程对教学质量评价的影响,课堂教学过程在于使学生在教学过程中体验进步与成就,促进教学目标的实现,这个过程的环节和具体形态决定了相应的教学质量评价模式;四是教学质量评价对自主学习质量的影响也是显著的,关于这一点,本章也做出了详细的解释,这里不必要重述。从总的间接效果(Total IE)来看,外语教师发展透过课堂教学过程和教学质量评价影响自主学习质量的多重中介效应也是显著的,表明在提高外语自主学习质量的过程中,除了从局部出发,重视

外语教师发展、课堂教学过程和教学质量评价三个因素分别起到的作用,还要从整体着眼,关注这些因素之间的传递效应对自主学习质量产生的影响。

6.5.3.3　外语学习动机、课堂教学过程与外语教学质量

本研究发现课堂教学过程在外语学习动机与外语教学质量之间的独立中介效应并非完全存在,进一步的研究发现,结构模型仅支持课堂教学过程在外语学习动机和交际及语用质量之间的独立中介效应,并不支持课堂教学过程在外语学习动机和自主学习质量之间的独立中介效应。课堂教学过程在外语学习动机和交际及语用质量之间起到独立的中介效应,这与吉约托(GUILLOTEAUX M J)和多内(DÖRNYEI Z)的研究结果较为一致。① 在课堂教学过程中,强烈的外语学习动机可以指引着外语学习的目标和方向,并且可以节省教师大量的讲课时间,从而把有限的时间留给学生,让学生与学生之间通过大量的交际演练和运用实践,使提高交际及语用质量成为可能。在影响自主学习质量层面,由于外语学习动机对自主学习质量的影响(H5-2)不显著,遵照中介效应分析步骤,实验直接停止(H8-2)即课堂教学过程在外语学习动机和自主学习质量之间的中介效应分析。应该说,高职院校大部分学生的外语学习动机都还是停留在"工具型"层面,实践中缺少对外语学习的长远规划和投入,加上自我监控、自我评价的能力缺乏,因此,通过课堂教学过程提高学生的自主学习质量还不大可能。

6.5.3.4　外语学习动机、课堂教学过程、教学质量评价与外语教学质量

研究发现,课堂教学过程和教学质量评价在外语学习动机和外语教学质量之间的多重中介效应不完全存在,进一步的研究发现,外语学习动机透过课堂教学过程和教学质量评价影响交际及语用质量的多重中介效应存在,而影响自主学习质量的多重中介效应不存在。课堂教学过程和教学质量评价在外语学习动机和交际及语用质量之间具有多重中

---

① GUILLOTEAUX M J, DÖRNYEI Z. Motivating language learners: A classroom - oriented investigation of the effects of motivational strategies on student motivation[J]. TESOL quarterly, 2008, 42(1): 55-77.

介效应,即外语学习动机影响课堂教学过程,进而影响教学质量评价,最终影响交际及语用质量。作为一门技能特色明显的学科,外语交际及语用能力层面质量的提高只有通过对学生外语学习动机的培养,对课堂教学过程的优化以及采用适当的教学质量评价模式才能达到,这就更加要求重视学生外语学习内部动机的培养,彻底转变沿袭已久的"工具型"动机,培养外语学习的"融入型"动机,从根本上调动学习外语的积极性。学习外语的热情高了,动力有了,愿意积极主动配合教师授课,愿意多听、多说、多练,从而使课堂教学过程变得轻松而高效,有利于实现课堂教学过程的良性循环。当然,外语课堂教学过程的高效和良性循环并不是自发的和不受约束的,必须根据外语课堂教学过程的实际,采取合适的教学质量评价模式,才能达到提高交际及语用质量的目的。外语学习动机透过课堂教学过程和教学质量评价影响自主学习质量的多重中介效应不存在,缘由在于直接效应 H5-2 即外语学习动机对自主学习质量的影响不显著,遵照中介效应分析步骤,实验停止了对外语学习动机透过课堂教学过程和教学质量评价影响自主学习质量的多重中介效应(H9-2)分析,直接导致原假设的中介效应不存在这个问题。需要补充说明的是:由于高职院校"技术、技能型"人才培养目标定位,高职院校外语学习的"工具型"动机短期内难以扭转,加上学生自我规划、自我约束、自我改进的意识较弱,自主学习能力欠缺,因此,完全把希望寄托在通过对课堂教学过程和教学质量评价的优化来提高外语自主学习质量,既不可能,也不现实。

6.6 本章小结

本章首先对研究变量的测量内容及其在本研究中的重要性进行了文献回顾,在此基础上提出本研究的概念模型和研究假设。然后根据各变量的理论定义,结合本书的研究目的进行了操作性定义,并设置了反映各个变量的观测点及相应的测量指标,通过组织召开专题研讨会、开展专家咨询,建立了高职院校外语教学质量影响因素测度体系。经过预试分析、指标提炼,进一步完善了该体系,最终形成了高职院校外语教学质量影响因素测量问卷。通过因子分析、信度、效度和拟合度分析、路径分析和假设检验,全面、深入地认识了外语教学质量的影响路径及其作业机制。通过对模型的交叉效度评估,发现五个全等模型的差异均没有达到理论上和实务上的显著性,进一步检验了假设模型具有适合不同院校的不变性,再一次证明本书所建构的模型具有统计上的鉴定力。本章是全文的核心部分,是本研究提出对策建议的直接理论依据。

▼

第七章

研究结论

通过前六章的探讨,本书已对外语教学质量的现状、基本内涵、维度结构和影响因素等问题进行了较为系统的理论研究和实证检验。本章拟对全文的研究作概括性归纳,以阐明本书的主要结论和对策建议。在此基础之上,对研究可能存在的创新以及研究本身存在的局限做进一步说明,并指出未来可能的研究方向。

7.1 主要结论

7.1.1 外语教学质量与经济社会发展和个人发展需求的适应性不够

由于高职院校外语教学的身份与地位尚不独立,日常教学依附于本科高校的学科模式,缺乏明确的教学定位,导致外语教学质量与经济社会发展和个人发展的需求适应性还不够:教师队伍与高职院校转型发展的大局适应性不够,教学环境与宏观层面的外语教育规划不相符合,教学管理运行与学校内涵建设不完全同步,生源类型多样化与教育供给不充分长期并存,社会服务职能定位与地方经济社会发展的要求不相匹配,而所有这些问题都与高职院校外语教学质量问题密切关联。

7.1.2 外语教学质量由交际及语用质量和自主学习质量两个维度构成

外语教学质量的维度源于对外语教学质量内涵的认识。外语教学质量问题是长期以来困扰外语从业者和外语学习者的教育问题,近年来也引起了国家的重视和社会的普遍关注,而且学术界和实务界也经常使用外语教学质量这个概念,然而对其内涵却鲜有深入研究。本书遵从逻辑演绎的方法,从教学质量观的演进脉络出发,通过对几种外语教学的质量观的梳理和辨析,从理论上析出外语教学质量的内涵,即:外语教学质量就是指外语教学为适应经济社会发展和个人需要而必须达到的能力目标总和,包括外语交际能力、外语应用能力和自主学习能力三种能力。

根据质性访谈的结果,外语教学质量被划分为三个维度:交际能力层面的质量(简称外语交际质量)、语用能力层面的质量(简称语用质量)和自主学习能力层面的质量(简称自主学习质量)。进一步的实证研究发现,交际质量和语用质量可以合并为一个维度,即交际及语用质量,原先假设三维最终合并成两维,即交际及语用质量维和自主学习质量维。其中,交际及语用质量维反映的是外语教学的内适性质量和外适性质量,自主学习质量反映的是外语教学的个适性质量。验证性因子分析表明,外语教学质量的两个维度均具有较好的信度、效度和模型拟合度。

7.1.3 外语教师发展和外语学习动机对外语教学质量的影响最重要

影响外语教学质量的五个因素均呈低度到中度相关,相互之间均不存在共线性,根据标准化估计值的大小,影响自主学习质量的五个因素按照重要程度从大到小排序如下:外语教师发展、外语学习环境、教学质量评价、课堂教学过程、外语学习动机。在影响交际及语用质量的五个因素中,按照重要程度大小排序,依次为外语学习动机、教学质量评价、外语学习环境、课堂教学过程、外语教师发展;另外,外语学习环境、外语教师发展和外语学习动机对课堂教学过程、课堂教学过程对教学质量评价也有一定程度的重要性。

7.1.4 外语学习环境和教学质量评价对外语教学质量的直接效应均显著

影响外语教学质量的直接效应总共 7 条,根据非标准化结果,影响交际及语用质量的直接效应有 4 条,分别是:外语学习环境显著影响交际及语用质量、课堂教学过程显著影响交际及语用质量、教学质量评价显著影响交际及语用质量、外语学习动机显著影响交际及语用质量。影响自主学习质量的直接效应有 3 条,分别是:外语教师发展显著影响自主学习质量、外语学习环境显著影响自主学习质量、教学质量评价显著影响自主学习质量。可见,外语学习环境和教学质量评价对外语教学质量两个维度的直接效应均显著。

7.1.5 课堂教学过程对外语教学质量的中介效应显著

影响外语教学质量的中介效应总共有 3 条。其中,独立中介效应有 1 条,即外语学习动机透过课堂教学过程显著影响交际及语用质量。多重中介效应有 2 条,分别是:外语教师发展透过课堂教学过程和教学质量评价显著影响自主学习质量;外语学习动机透过课堂教学过程和教学质量评价显著影响交际及语用质量。可见,课堂教学过程对外语教学质量两个维度的中介效应均显著。

7.2 对策建议

高等职业教育与经济依存度高,是国家"一带一路"倡议中经济建设的重要支撑,肩负着拓展"一带一路"沿线国家和地区职业教育交流合作、培养技术技能型人才、推进沿线国家产教协同的重大使命。随着我国高等职业教育国际化的推进,国内外高职院校之间的合作与交流的日益加强,外语及外语教学的重要价值愈发凸显,如何提升高职院校外语教学质量已经成为推动高等职业教育国际化和高等职业教育"走出去"的重要前提。本书根据实证研究得出的结论,运用能力本位教育理论、全面质量管理理论和教学质量保障等理论,同时借鉴国际上保障外语教学质量的经验,提出如下对策建议。

7.2.1 创新教师发展的联动机制

从路径检验的结果看,外语教师发展不仅是影响交际及语用质量的重要因素,而且是影响自主学习质量的最重要因素,同时也是影响课堂教学过程的因素;从假设效应的检验结果来看,外语教师发展透过课堂教学过程和教学质量评价对外语自主学习质量产生显著性影响。可见,外语教师发展对于提高外语教学质量的重要性不言而喻。从外语教师发展构面中各指标的构成情况看,行业背景指标的标准化因素负荷量最

高,达到 0.943,其次是外语水平和教学能力等两个指标,分别达到0.869
和 0.804。相对于外语水平和教学能力,高职院校学生对外语教师是否
拥有行业背景抱有极大的希望。事实情况是,绝大部分外语教师的来源
均是学校,所获得的知识也是学科体系下系统的语言理论和语言知识,
与社会生活和职场需要,特别是行业需要的实践性知识和技能还有一定
差距,尚不能满足学生毕业后工作岗位的实际需要,而学校在短时间内
还无法提供既有较高外语水平和教学能力又有深厚行业背景的教师资
源来满足这一需求。鉴于此,本研究从质量保障的内外两个层面出发提
出如下建议。

7.2.1.1　内部层面

（1）在行业能力层面

一是树立跨界的教师能力观。高职院校外语教师与普通高校外语
教师一样,所从事的教育教学工作具有学术性和示范性,除此以外,还具
有体现其自身特色的实践性和行业性。从能力本位教育理论出发,高职
院校外语教师这种特性对应的能力应该是一种跨界的能力,教师不仅具
备符合岗位需要的专业能力和教学能力,而且要具备行业赋予的实际操
作能力,这是成为一名合格高职院校外语教师的基本条件。在"一带一
路"背景下,外语教师应该培养"跨界"的能力观,不仅要学习沿线国家的
语言文化知识,还要了解沿线国家的行业发展状况;不仅要具备语言能
力,而且要具备行业背景下的实际操作能力。重视外语教师的行业实践
能力,并不意味着对教师学科能力的轻视,相反,是对外语教师学科能力
的进一步加强,使原本单纯的外语学科知识和学科能力变得更加复杂、
更加综合,某种意义上,外语教师的学科知识已经演变成为跨学科、多学
科甚至是超学科的复杂学科。

二是建立"双师型"外语教师的认证机制。鉴于我国职业资格证书
制度本身还不够完善,职业资格证书与专业工作实践经历脱节等问题,
单纯通过职业资格证书判定外语教师是否具备行业背景和实践能力还
存在诸多困难。为解决这个问题,可以借鉴欧美经验,结合我国实际,在
宏观层面制定外语教师行业能力标准,建立教师行业经历认定程序,坚
持静态性和动态性相结合的判定原则,不仅关注证书的静态显性特征,

更要考察证书可能证明的实际水平、研究能力等动态的隐性特征,确保"双师型"外语教师具有实际的行业背景。

三是增强教师了解行业的可行性,引导教师转型发展。学校层面可以通过组建行业领域高水平人才和领军人物团队,对外语教师进行最新理论与技术的科普或主题讲座,开阔外语教师理论视野和提升行业实践水平,为教师在职自主发展、自我提高创造良好的条件,有助于教师积极转变观念,推动传统"学术型"外语教师向职业教育"实践型"外语教师过度。此外,学校还可以通过提高薪酬、优先推荐各级人才培养项目、优先保障职称晋升等各种事关教师利益的举措,激励教师在职完成教学任务的前提下主动参与行业企业组织的生产活动和技术交流活动,了解一线生产和管理发展的最新动态,达到完善和升华教师原有的专业理论,快速更新理论和适应新形势、新技术和新动态的目的。最后,可以通过制定措施鼓励外语教师亲自参与行业或者企业某一岗位的实际工作流程,观摩学习实际生产过程或者服务过程,了解工作过程对操作技能的具体要求,以及从工作领域到学习领域过程中技术技能的转换情况,从而使教师明确自身在技术技能方面与真实工作岗位的要求存在的差距和不足,便于教师有针对性地学习和提高行业能力。

(2)在外语能力层面

一是增加相关学科知识,高职院校外语教师的外语能力不是简单的外语学科能力,而是"外语＋"能力,即外语加相关专业的复合型外语能力。教师可以根据学校的专业设置和自己的研究方向确定职业发展的主要方向,据此扩展既有的知识边界,拓展新的专业领域。另外,可以通过学位学历进修,系统学习和掌握其他专业的理论知识;通过课余旁听其他专业课程,对其他专业的基本理论和研究前沿有所了解;通过培训、访学、参加相关行业的职业资格证书考试,获取相关专业领域的重要信息;通过与企业兼职教师和行业从业人员的教学合作,了解某一地区、某一行业的重要产业、产品的销售地区和主要的生产流程;通过与生产环境和工作情景的交互,在行动中完成新的知识体系的建构,形成复合型的外语能力。

二是夯实外语实践能力。从外语教师的实际出发,提高外语教师行业背景下的外语实践能力。外语教师可以根据本地区行业转型升级的需要,主动熟悉行业状况和特征,主动融入行业发展,提高行业背景下的外语实践能力。学校要在加快高等职业教育"走出去"的背景下,加快外语教师实践能力的培养,着力优化外语教师结构,加强"双语"教师、"小语种"教师队伍建设,提升外语教师服务学校参与"一带一路"建设的实践能力,如:适应其他专业要求的职业素养和实际工作能力、与行业企业合作开发外语课程的能力、指导学生实习和参与合作开发的能力等。同时,学校要搭建校企合作平台,联通与外语相关的工作岗位,给予教师亲自体验工作过程和企业文化、全程参与企业生产过程和管理活动的机会,增强外语教师服务行业企业"走出去"的能力。

(3)在教学能力层面

一是外语教师本人要从宏观上把握职业教育的发展趋势,了解职业教育的教育教学特点,根据语言及语言教学的规律管理和组织外语教学活动并对其进行合理评价,提高教学效能感和教学有效性。其次,教师要适应职业教育教学规律,树立合作教学观,积极与其他专业教师、与行业一线技术骨干和与本专业骨干教师合作教学,在合作教学中解决面临的实际问题和难题,实现共同的教学目标。

二是在教学过程中加强外语思维训练,科学定位外语作为语言在教学中的职业化和工具化辅助功能,熟悉语言思辨训练的知识体系和操作要领,搭建思辨能力教学资源平台;教学过程中乐于发现和思辨,敢于尝试思辨能力教学策略,善于将知识讲授与逻辑思辨融为一体;在教材编写和选材上善于将思辨技能的分项训练纳入各个章节,并将思辨能力的培养作为教学评估和持续改进的重要内容。

7.2.1.2 外部层面

借鉴美国和欧盟经验,结合我国实际尽快制定面向"一带一路"的高职院校外语教学质量保障框架,通过聘用高质量的教师,增加对教师投入,同时实施淘汰制度,增强教师竞争力,保障和提高外语教师质量。另外,相关部门尽快出台高职院校外语教师教学能力在线发展相关指南,明确教师发展的目标、方式和考核办法,制定教师在线发展激励机制,增强教师执教的动力和信心,培育教师执教的职业素养、职业情感和职业精神。同时,相关业务职能部门需要研究制定有效的在线教学能力认定和评价制度,将外语教师职前学科知识向实践知识转化、职后知识与获取相应职业资格证书有效衔接,实施分级、分类、分阶段,定量和定性相结合综合考核制度,促进教师在线发展。

7.2.2 构建生态型外语教学环境

从路径和效应的检验结果来看,外语学习环境对外语教学质量的两个子维度不仅重要,而且影响显著,从模型拟合结果看,外语学习环境构面中企业文化参与指标的标准化因素负荷量最大,达到 0.963,任务取向和情景支持其次,分别为 0.870 和 0.778。可以看出,一是高职院校学生更看重企业文化参与对外语学习环境的影响,着眼于从教育场域内部营造促进学生外语技能与职业技能协同发展的语言学习环境。二是重视任务取向在建构外语学习环境中的作用,突出语言学习的自发性、自然性和可理解性三个重要特征。三是强调利用计算机、移动通信设备和网络辅助支持在情境性语言学习环境建构的作用。可见,构建基于"人、机、环境"的生态型外语教学环境对于提升外语教学质量至关重要,鉴于此,本研究从质量保障的内外两个层面出发提出如下建议。

7.2.2.1 内部层面

(1)构建外部支持环境

一是学校支持。推进学校环境外语化,学校各种建筑、路牌、告示栏、黑板报、学习园地、各种图片标语尽可能做到用外语标示,至少做到中外文双语标示,以此增加师生潜意识接触外语的机会,人为地开辟接近目的语语境的外语学习环境;还可以通过一定的资金投入和制度保障,加大外语品牌社团和品牌活动的宣传力度,增强"外语角""外语活动周""外语沙龙""外语社团文化节""外语戏曲、演讲比赛"等传统第二课堂外语活动的影响力与吸引力,建立外资、合资企业文化体验中心,着力营造"说外语、用外语"的外语氛围,在全校营造真实的外语环境和文化。

二是国家政策,顺应国家"一带一路"倡议、"中国制造 2025"、高等教育国际化以及职业教育"走出去"等战略,依靠学校国际交流与合作机构以及合作办学实体分批次选派"交换生"赴境外,尤其是"一带一路"沿线国家机构学习和提高外语水平,体验真实的社会文化世界和技术世界,真正融入目的语国家的社会生活和社群交往,促使学生养成外语交际和外语沟通的良好习惯。此外,还可以统筹规划国外学生来华留学的渠道和支持政策,吸引更多的外国学生来华留学与交流,提高学校留学生规模和留学生在各专业的占比,利用留学生母语本族语效应,鼓励师生与留学生的外语交流,推动外语学习环境的营造。

(2)营造外语自然环境

尽管第二语言学习者可以在一个较小的群组环境下有更多的互动机会,从而有效学习和操练目的语,但是他们与真实的目的语环境接触的机会仍然较少,自然语言环境极其缺乏。要改变这种状况,需要从我国高职院校外语教学实际出发,一靠教师,在外语环境下,教师可以通过任务分析、角色扮演、模拟教学等形式,针对职场环境中出现的具体问题,模拟生产环境或者服务环境,让学生亲自体验角色的心理和情景,在解决问题的过程中培养和发展学生通过外语获取资料的能力、决策能力和表达能力,使学生在完成任务的过程中自然地习得语言。

根据"一带一路"沿线国家和地区经济和社会发展的需求以及学生未来发展的需求,遵循从基础外语课程到行业外语课程的顺序,重构基于任务的"基础外语+行业外语"高职院校外语课程体系。基础外语课程重在培养基本的外语听、说、读、写能力和各种职场环境下基本的交际能力,行业外语课程重在培养基于工作过程的语言应用能力。与此同时,教学内容上要逐渐从定向化到综合化和模块化方向发展,使外语学习从基础阶段顺利过渡到行业阶段,实现理论知识与生产实践的"无缝对接",体现从基础知识到实际的应用。积极与沿线国家行业、企业合作,把反映沿线国家和地区行业、企业和岗位群典型任务和工作过程的资料纳入教材编写的资源,通过咨询沿线国家和地区行业、企业一线骨干和具有丰富经验的中高层管理人员,确定教材编写的核心内容,形成教材内容与生产环节融通,知识与应用紧密融合的教材结构。

(3)营造外语虚拟环境

一是学校二级学院或外语教研室需要制定系统的教师信息技术培训方案,邀请企业技术人员进行专业培训,为教师提升计算机操作能力提供支持,推动教师将信息技术与外语课程整合,提高外语教师构建语言学习虚拟环境的能力。

二是教师本人需要主动适应信息化教学观念,将具备应用信息技术与教学整合的能力作为自身专业发展的重要内容,自觉提升信息素养,养成应用信息技术的习惯,并将信息技术整合到教学的各个环节,为外语学习环境的营造提供支撑。

鉴于虚拟外语学习环境已经成为外语教学一个重要组成部分,运用虚拟现实技术开发的近似真实的三维外语学习环境成为未来外语学习环境建设的主要趋势。在这种形势下,外语教师有必要了解利用信息技术虚拟外语学习环境的工具和方法,能熟练应用相关软件和操作各种移动设备,具备指导学生在虚拟外语学习环境下进行自主学习、合作学习和探究学习的能力。在"一带一路"背景下,虚拟外语学习环境的构建可以以沿线国家真实的社会文化和社会习俗为参照,使学生体验这些国家独特的民族风情和交往方式,沉浸在近似真实的目的语社会环境中。总之,虚拟外语学习环境为外语教学未来可持续发展提供了空前的机遇,预示着外语教学从教学方法、教学手段和教学评估都要有所创新,使外语教学更加生动、高效和实用。

7.2.2.2　外部层面

社会经济的发展不仅需要"高、精、尖"的外语学术型人才,同时也需要面向服务和管理一线的技术技能型外语人才,以适应和满足社会对不同类型外语人才的需求。从外部教学质量保障的视角出发,借鉴欧美等发达国家的经验,本书认为政府作为外语教学质量保障的主体,有责任发挥主导和权威作用,编制适合高等职业教育人才培养规格的外语教学行动计划,在全社会营造重视外语、学习外语的大环境。

《现代职业教育体系建设规划(2014—2020 年)》(教发〔2014〕6 号)明确指出:有计划地学习和引进国际先进成熟适用的专业课程、培养标准和教材体系,服务国家对外开放战略,培育国际竞争力,提高职业教育对周边国家的辐射力和影响力。《高等职业教育创新发展行动计划(2015—2018)》也要求加强与职业教育发达国家之间的政策对话,探索援助发展中国家职业教育的渠道,吸引境外学生来华学习。可以预见,外语教学在未来的"一带一路"以及职业教育"走出去"等宏观方略中将扮演越来越重要的角色,为此,构建外语学习的大环境应该成为高职院校外语教学外语质量外部保障的重要内容和任务。

7.2.3 进一步优化课堂教学过程

从影响路径的检验结果来看,课堂教学过程既对交际及语用质量具有重要影响,也对教学质量评价具有重要影响;从假设效应的检验结果来看,课堂教学过程对交际及语用质量影响显著。不仅如此,课堂教学过程还是外语学习动机影响交际及语用质量的独立中介和多重中介,同样也是外语教师发展影响自主学习质量的多重中介。从验证性因子分析和模型拟合结果看,课堂教学过程构面中教学输入、教学过程、教学输出、教学反馈等四个观测点对应的测量指标标准化因素负荷量分别为0.891、0.881、0.675、0.583,说明这 4 个测量指标是反映高职院校外语学课堂教学过程的重要指标。从保障高职院校外语教学质量出发,结合前文的研究,本研究从质量保障的内外两个层面出发提出如下建议。

7.2.3.1 内部层面

(1) 重视语言输入的可接受性

一方面,教师需要不断提高外语水平,不断锤炼自己的课堂语言,如外语语音、语调、语速和语流的训练,使其更规范、更准确、更流畅,更接近母语为外语说话者的语言水平,在授课过程中根据学生的听课反馈,如表情反馈、心理反馈,把握好语言本身的难易程度和学生可接受水平的适切度,增强学生对教师语言的可理解输入。另一方面,教师需要了解班级学生整体的外语水平,通过学生的高考外语成绩、外语等级考试成绩和学生完成作业的状况以及平常的学习表现判断学生的外语接受能力,选取学生较熟悉或者与学生生活相关性较强、语言难度略高于学生当前水平的语料作为输入语料。最后,充分利用多媒体和移动互联网技术,选择丰富动态的影像、声音、图片,营造出逼真的语言情景和身临其境的语言氛围,增强学习的好奇心和学习兴趣,提高学生对目标语的注意力和关注,从而加快信息解码和语言加工的速度,使学生潜意识或者有意识地习得某些语言特征。

（2）重视过程管理

一是管理角色的定位。教师要做教学过程的组织者、协调者、促进者和咨询者。例如,在课前,教师可以向学生详细介绍每个步骤的操作要领、告诉学生需要动手完成的任务;在课中,教师深入学生中,与学生交流、探讨,引导学生积极思考,让学生自己动手解决问题;在课后,教师进行充分反思,如教学步骤是否正确、时间分配是否合理、任务布置是否科学、是否顾及学生个体差异、教学指导是否有效等。

二是牢固树立职业行动导向教学理念,教学过程需要以企业工作任务和工作项目为载体,按照行业和企业情境中具体岗位的工作过程展开,遵循"资讯、计划、决策、实施、检查和评估"等六个步骤为中心,加强过程管理;教学过程中以采用基于职业行动导向的教学方法,如头脑风暴法、卡片展示法、案例法、关键词法、项目引导法等。针对每一种方法的运用,教师都需要介绍方法的特点和要求以及需要用到的材料、工具,让学生清楚操作要领,为完成任务和项目做好准备。在指导过程中,教师需要帮助学生学会正确思考、学会沟通,而不是提供参考答案;在评价学生表现时,尽可能既肯定优点,又指出不足,引导学生回顾和反思自己的实践经验,完成自我建构,形成和扩展职业能力。

（3）科学设计输出任务

根据工作情景和工作情境设计出真实的、符合学生当前外语水平的输出任务,工作情景是教师在外语课堂教学过程中创设的、工作过程中实际存在的情形,具有模拟性、局部性、针对性和启发性特征;工作情境是来自行业或者企业,是学生亲自实践和经历的情形,具有真实性、深刻性、整体性和持久性特征。一方面,输出任务的选择要有难易程度之分,必须符合学生当前的外语水平。例如,外语水平稍高、平常又比较关注专业学习的学生对行业外语的了解就相对容易,输出任务的难度就要比那些外语水平一般、平常对专业关注不够的学生高一些。对于难度较大、综合性较强,对外语水平要求较高的情境型输出任务建议安排在学期末或者在高年级阶段,这个阶段的学生具备了一定的外语基础,对专业课程和专业外语有所接触,并具备一定的行业或者实践经历,对输出任务有一定的驾驭能力。另一方面,由于输出任务的综合性和复杂性,内容设计上通常具有一定的开放性和实践性,顺利完成确实存在难度,教师既要给学生提供训练机会,又要提供具体指导,不能只选择当"评判者",而不指出具体的改进方案,在帮助学生的过程中充分发挥"脚手架"的作用,与学生共同讨论,共同决策,商量解决方案的多重可能性,促成有意义的语言任务输出。

(4) 重视教学反馈

积极探索多路径反馈教学的模式,例如教师—学生路径、学生—教师路径、学生—自身路径,以此达到了解教学状况、判断教学效果、促进教学改进的目的。

在教师—学生路径的反馈模式下,教师要始终站在学习者的立场,根据学习者的语言水平和认知风格、对反馈方式的了解程度以及可能达到的效果对反馈所采取的方式作出选择。一般情况下,教师对学生的反馈应该是肯定性反馈为主,少用否定性反馈;多用形成性反馈,少用结果性反馈,以发挥反馈的导向和激励作用,促进学生对外语学习的深刻理解和浓厚兴趣。

在学生—教师路径的反馈模式下,教师需要善于观察学生课堂上的表现和课后作业的完成情况,经常收集来自学生对教学的意见,理性看待学生对教师的反馈,有则改之,无则加勉。对于学生反馈的问题,教师有必要对其进行分类,厘清哪些意见属于教学态度问题,哪些属于外语水平问题,哪些属于教学能力问题,并将其作为调控教学,优化教学的依据。

在学生—自身路径的反馈模式下,教师需要帮助学生根据自己的外语知识基础、语言能力、专业知识和行业实践经验,制定符合自身实际情况的外语学习目标和学习策略,帮助学生通过监控自己的学习行为和学习过程,评价学习效果,完成学习任务。

7.2.3.2 外部层面

从外部教学质量保障出发,一是学校层面要从思想上提高认识,高效的外语教学过程一定是有计划、有组织、监控有力、反馈及时,各个因素同时起作用的结果,一定是尊重教育教学规律,主动进行教育教学方法、教学手段、教学评价改革,妥善安排教学内容,教育教学持续改进,不断实现目标的过程。二是针对信息时代下教学过程的透明性、规范性、引导性和动态性特征,学校负责教学的部门或外语教研室需要制定对策,整合教学对象、教学内容和教学方法等信息资源,使这些资源从输入到输出在数量和价值方面发生一系列变化,实现功能的转化和价值的双重叠加。三是重视外语教学质量监控和改进,对各种教学活动设置控制点和制定标准,实施监督并对偏差及时纠正,保证这些活动按照教学规范进行。

另外,从全面质量管理理论出发,高职院校外语教学质量保障是人的要素(全体师生员工)和物的要素(各相关要素)共同参与的结果。人的要素包括外语教师、学生、学校各职能部门管理人员、学校分管教学的校长等;物的要素,如课堂、教学媒体、教学仪器、教学手段和教学资金投入等,由人的要素和物的要素互相牵制、共同作用促进外语教学质量的提高。因此,加强对这些人的要素和物的要素的有效管理,规范其运行,对于优化外语课堂教学过程尤其重要。

7.2.4 实施外语教学形成性评价

从影响路径的检验结果来看,教学质量评价对外语教学质量的两个维度均表现出重要性;从假设效应的检验结果来看,教学质量评价对外语教学质量的两个维度的影响均显著。不仅如此,教学质量评价既是外语教师发展影响自主学习质量的独立中介,同时也是外语学习动机影响交际及语用质量的多重中介。可见,教学质量评价的作用极其重要。从模型拟合结果看,对教学质量评价解释力最大的五个观测点依次是学习结果、教学方法、课堂沟通、任务难度和课程组织,标准化因素负荷量分别为 0.734、0.700、0.696、0.656 和 0.629。根据这个结果,结合前文,本研究从质量保障的内外两个层面出发提出如下建议。

7.2.4.1 内部层面

(1)了解学习结果评价,转变评价模式

一是明确学习结果的内涵、意义及操作策略。二级学院或者基层外语教研室可以组织相关的讨论或者邀请相关专家开展关于学习结果研究方面的讲座,了解学习结果的内涵及其学习结果评价的意义,组织外语教师参加学习结果评价程序以及如何使用评价结果方面的培训,解决评价过程中遇到的认知和方法困难,为教师开展学习结果评价提供必要的支持。

二是转变高职院校外语教学质量评价模式。由原来仅对教师教学效果的评价转向教师教学效果评价和学生学习结果评价相结合的模式;在评价方法上既可以采用结构化的问卷进行定量评价,也可以采用访谈、档案袋法、知识测验法等质性方法进行灵活性评价;在评价组织上可以由专业外语教师、行业、企业骨干员工、管理人员组成评价机构,制定学习结果评价标准,并将评价结果作为改进和提高外语教学质量的重要依据。

(2)创新教学方法

一是将高职院校外语教学定位在职业教育范畴,教学方法的变革建立在职业教育教学模式和改革的背景和框架之内,借鉴能力本位(CBE)的教学模式、行动导向教学模式创新高职院校外语教学方法的内容和形式,使高职院校外语教学方法与职业教育的教学目标、教学内容和教学过程匹配。

二是建立与教学方法相适应的教学管理制度和激励机制,规范教学方法的使用以及对教学方法的评价,鼓励其他教师采用新的教学方法,并对新教学方法的使用进行定向跟踪和研究,检验新方法的可信度和效度,并向其他院校推广。重视学习者本身在知识建构和技能形成中的作用,引导学生独立思考,增强学生的评判能力、创新能力和应变能力,变"授人以鱼"为"授人以渔",从知识注入式转向问题启发式,从语言点讲解转向学生语言能力培养,从重教轻学转向学生的学能和学法培养。

三是熟悉并掌握以现代技术为手段的外语教学方法,熟悉新教学方法运用的程序,利用新的教学方法对学生进行语言操练,考察学生语言知识和语言应用达到的程度,并有意识地将新的教学方法向教学对象转移,逐渐内化为学生的学习方法和学习策略,为学生的自主学习和终身学习打好基础。通过教学方法的调整使学生在这个过程中有获得感和愉悦感,培养学生对教学方法的兴趣,推动教学方法创新。

(3)重视课堂沟通的有效性

一是建立"以生为本"的课堂沟通环境。从实际行动出发把学生放在教学过程的中心,充分尊重他们的主体地位,关注他们的性格特征、心理变化和习惯养成,倡导建立和谐、平等、合作的新型师生关系和以沟通协商为主要形式的课堂形态。从培养外语交际能力的目标出发,鼓励学生之间交流、争辩、讨论和协商,挖掘沟通潜能,培养沟通能力。

二是健全管理制度,配备专职指导教师,出台沟通能力评价标准,并将其作为考核教师课堂教学业绩的重要内容。其次是在制度上杜绝教师课堂"满堂灌"式的知识复制教学模式,将关注重心转向学生,督促学生用外语进行沟通,及时纠正沟通中的不当行为,研究带有倾向性的问题,分析产生这些问题的原因,并提出进一步改进的要求。

（4）控制任务的难易程度

由于外语教师对外语课程所在的专业及其对应的行业了解甚少,对工作任务的难易程度缺少充分认识和有效控制,因此,要求外语教师与其他专业教师开展合作教学是控制学习任务难度的重要举措。其次,教师作为外语教学的辅助者、协调者和参与者,在做语言任务分配时应该充分考虑到学生在学习动机、学习风格和自信心水平等方面的个体差异,因人而异分配学习任务。课堂活动中,教师需要给予每位同学平等的关注和帮助,最大限度地减少人为因素导致的学习任务难度问题,并在此基础上通过激发学生的积极性,鼓励小组讨论、合作学习,降低学习任务的难度。

（5）加强课程设计

一是"校企合作",根据工作任务设计课程体系,打破按照学科边界设置高职院校外语课程的传统模式,打破传统的专家式课程内容组织形式,充分考虑学生的需要,以是否有利于培养学生真实的外语职业能力为标准进行外语课程的设计。课程设计过程中,尽可能吸收骨干教师、企业骨干、中层管理人员、课程开发专家以及一线教师的参与,设计出具有地方行业、产业特色和学校特色的、可供学生有效学习的课程体系。

二是根据工作流程设计课程内容,按照行业、企业工作过程对外语能力规格的要求,体现从工作组织到课程组织、"外语知识"到"外语能力"转向的特征,充分考虑外语作为一门语言的基础性、学科性和工具性特征以及高职学生外语基础薄弱、外语能力欠缺等特点,采取主题式、话题式、项目式或问题式等方式进行设计。

7.2.4.2 外部层面

一是鼓励具有政府性质的行业或者企业等中介机构积极参与评估活动,依据一定的标准和程序,有计划和有系统地对高职院校外语教学进行评估和监管,促进高职院校外语教学提高适应社会政治、经济文化等环境变化的能力,有利于高职院校外语教学内外部形成合力,达到预定的教学目标或人才培养要求,从而适应与满足社会经济、社会发展对外语教学的需求,实现高职院校外语教学与社会需求的高度契合。

二是根据不同区域的开放程度,建立地方外语教学预警机制。由于长期以来国家垄断和政府包办一切的计划体制流弊,我国高职院校外部教学质量评价一直以来都习惯于政府实施质量评价,对政府有一种根深蒂固的路径依赖,基本形成了政府"一统天下"的格局。这样整齐划一的保障机制在宏观层面形成全国性的高职院校质量评价政策、推动各高职院校建立内部质量评价体系的同时,很难为不同区域的高职院校教学提供多样化的解决方案,带有明显的局限性。事实上,由于不同区域的经济、社会发展特征及其对外开放程度对外语教学的要求不同,如外语能力培养、语种规划和教学内容要求不同,地方政府教育部门可以根据区域开放程度,设计科学的外语教学评价机制,建立健全外语教学的进入和退出机制,达到提高外语教学质量的目的。

7.2.5 激发学生的外语学习动机

从影响路径的检验结果来看,外语学习动机不仅对外语教学质量的两个子维度都表现出重要性,而且对课堂教学过程也表现出一定程度的重要性;从假设效应的检验结果来看,外语学习动机对交际及语用质量影响显著。不仅如此,外语学习动机还可以透过课堂教学过程和教学质量评价显著影响交际及语用质量。由此可见,外语学习动机对外语教学质量的作用可见一斑。从模型拟合结果看,外语学习动机构面中按照解释力,从大到小依次为自我效能、学习兴趣、目标定向、语言焦虑、学习目的,其标准化因素负荷量分别为 0.790、0.757、0.743、0.695 和 0.687,根据这个结果,本书从质量保障的内外两个层面出发提出如下建议。

7.2.5.1 内部层面

(1) 强化学生的自我效能

一方面,高职院校学生经历高考的"独木桥"后在心理上存在明显的挫败感,部分学生对个人的行为和能力产生怀疑,甚至对前途感到迷惘,在这种情况下,教师的外部强化有利于学生对自己的行为进行客观判断,帮助学生找到学业不理想的真正原因,为学生制定明确的学习目标和使用相应的学习策略提供了重要支持。与此同时,教师必须要求学生同步进行自我强化,调整自己的学习行为和学习策略,设定符合自身实际的、切实可行的目标,建立起继续学习的信心。

另一方面,教学过程中,教师尽可能多地使用人际调节,营造轻松、和谐的外语课堂学习心理氛围,通过集体积极的情绪信号影响学生的情绪,唤醒学生的认知,例如,帮助学生(尤其是语言学困生和后进生)改变不良情绪,帮助他们产生积极的情绪反应,有意识地减小问题难度,让学生通过解决问题体验成功,降低外语学习厌恶感和挫败感,增强学生对自己行为的调节,提高自我效能。其次,对学生进行归因训练,引导学生对外语学习的行为进行成败归因,可以是小组讨论模式,分析行为原因,做出正确归因;也可以是强化矫正,对学生积极归因予以强化,帮助形成积极的习惯;还可以是任务导向,分析任务的完成与个人努力和能力之间的关系,从而进一步帮助学生强化自我效能,产生积极的外语学习动机。

(2) 增强教与学的兴趣

一是提高认识,高职院校外语教学是服务高等职业教育国际化和高等职业教育"走出去"的推动力量,也是响应"一带一路"倡议和"中国制造 2025"等国家重大方略的重要支撑,并非仅仅为了学生通过考试、就业等狭隘的个人需要而教。在这方面,外语教师本人应该做好表率,思想上牢固树立为国而教、为民而教的宏伟理想,使学生潜移默化地受到教师感染,才能对外语学习产生持久、浓厚的学习兴趣。

二是公平对待每一位学生,保护好每一位学生的好胜心和学习积极性,使他们保持稳定的外语学习动机。例如,对于学生外语学习上的点滴进步,教师都应该给予及时的表扬和鼓励,让他们无时无刻感受到外语学习带给自己的喜悦感和成就感;对于不足之处,教师也应该从保护外语学习的积极性出发,在充分肯定具有外语学习潜力的前提下,委婉指出其可以进步的空间,提出切合实际的改进要求,决不可轻描淡写,讽刺挖苦,这样只能适得其反。

(3)帮助学生进行目标定向

一方面,由于学习目标定向具有超前性,能够有效地预测学生个人的学业适应、心理适应和社会适应。因此,教师在开始学习外语这门课程之前,就要鼓励学生进行目标定向,告知学生思考如何将外语学习与今后可能从事的职业或者行业相结合,如何将注意力集中在语言知识和相关行业、企业知识的学习上,并将这种目标定向作为高职外语学习生涯的基本目标,帮助学生树立通过努力达到目标的自信并使学生对其深信不疑,相信自己有学好外语的能力。

另一方面,高职院校学生普遍被认为是"高考落榜生",他们因此蒙受巨大的心理压力,不愿意被别人贴上"失败者"的标签,这在目标定向上表现出回避的特征,不利于外语的学习。外语教学中,教师尽量减少批评学生的频率,减少无关的干扰因素,尽量避免以其他形式有意无意暗示学生无能或者低能,或者直接给予消极评价,即使要批评,最好采用迂回或委婉的方式进行,尽可能地保护学生外语学习的积极性,减少学生外语学习过程中的消极情绪和厌学情绪,保护他们的好奇心和进取心,激发外语学习的内在动力。

(4)帮助学生克服语言焦虑

一方面,外语教师在教学过程中有意识地去了解学习者的心理状态,观察他们的认知方式和情感变化以及语言学习过程中的忧虑、不安等心理状态和自我怀疑、紧张等不良感觉,如回答问题时出现出汗、发抖、坐立不安、结巴和害怕等表现。教师需要如实记载这些表现的环境、时间以及严重程度,认真分析产生语言焦虑的原因,不失时机地找学生谈话、交流,让学生认识到自己语言学习的优势和强项,克服不良情绪和不必要的语言焦虑。

另一方面,高职院校外语教学是基于行业背景的外语教学,工作情景的差异性往往导致语言教学的复杂性,学生由于缺少对工作情景的了解,导致小组活动中焦虑的产生。当出现这种焦虑时,教师应该帮助学生甄别焦虑产生的情景因素,如果是工作情景型焦虑,外语教师需要和专业教师合作提出解决办法,鼓励学生多参加社会实践和行业实践,获得情景型实践经验,减少语言学习时的工作情景焦虑;如果是语言情景型焦虑,教师应该在语言活动中营造轻松愉快、积极向上语言学习氛围,减少语言学习的压力和焦虑;同时,教师还可以运用语言学领域成熟的语言焦虑量表,如国际著名的外语课堂焦虑量表(Foreign Language Classroom Anxiety Scale)①测量班级学生的语言焦虑程度,了解焦虑的类型及其焦虑的程度,咨询有关专家的基础上制定消除语言焦虑的具体措施。

(5)转变教学观念,实施教学改革

帮助学生转变外语学习的考试观、证书观、面子观和身份观等观念,克服外语学习的功利性,树立外语学习的能力观。坚持外语教学的发展性,推动"外语+专业"教学改革,加强外语教学与其他专业学习相结合,通过专业优势互补,教学资源共享,整合外语学习资源,构建"外语+专业"知识学习网络,将外语学习与行业实践相结合,建立外语学习与行业实践协同机制。

7.2.5.2　外部层面

由于长期以来学校人才培养目标与行业、企业需求的分离,导致学校外语教学目标不明确,外语学习动机模糊等问题,为此,一方面需要推动行业参与机制的形成,努力推动外语教学与社会需求高度契合;另外一方面,教师在为新入校的学生进行心理疏导的基础上,向学生讲清楚高职外语学习的方向和需要达到的预期目标,便于学生从一开始就思考外语学习如何同个人未来的职业选择相结合,与可能涉及的行业相结合,从而有计划地学习外语。

---

① Horwitz E K, Horwitz M B, Cope J. Foreign language classroom anxiety[J]. The Modern language journal, 1986, 70(2): 125-132.

7.3 研究可能存在的创新

本研究存在三个可能的创新，主要体现在以下几个层面。

7.3.1 观念层面

质量保障理论、全面质量管理理论等相关理论通常运用于传统制造业领域，国外 20 世纪 90 年代开始将其应用于高等教育领域，我国紧随其后，近年来也取得一些研究成果，但是在高校外语教育教学领域，鲜有学者从这些理论出发研究和解决问题。鉴于我国外语教学质量问题始终得不到有效解决，本书尝试将质量保障理论、全面质量管理理论和相关理论相结合，通过实证研究提出保障高职院校外语教学质量的若干建议，从而创造了质量及其相关理论在解决高职院校外语教学质量问题中的应用实践。

7.3.2 理论层面

一是辨析了外语教学质量的概念，构建了外语教学质量的维度。国内外普遍倾向宏观的教育教学质量保障研究，而聚焦学科、专业、课程等微观教学领域的质量研究匮乏。虽然欧美国家已有一些类似外语教学质量概念、维度的研究成果的出现，但是学术界并未就这些成果达成一个相对成熟、统一的共识。国家间文化的差异也使得既有概念与维度不适合中国特色高等职业教育外语教学的具体情境。本研究并未直接套用西方学者的研究成果，而是从教学质量观的演进脉络出发，通过对几种外语教学的质量观的梳理和辨析，从理论上析出了外语教学质量的内涵，通过质性访谈和定量研究，构建了外语教学质量的双维度八因子结构，进一步检验了 BACHMAN（1990）、SAUVIGNON（1991）等著名学者的理论，为后续的深入研究奠定了基础。

二是确定了影响外语教学质量的路径。所有影响外语教学质量的路径均不存在共线性。在影响外语交际及语用质量的路径中，课堂教学过程、外语学习环境、教学质量评价、外语学习动机和外语教师发展均表现出一定程度的重要性,相对而言,外语学习动机最重要;在所有影响自主学习质量的路径中,外语教师发展、外语学习环境、教学质量评价、课堂教学过程、外语学习动机均表现出一定程度的重要性,相对而言,外语教师发展最重要。

三是论证了影响外语教学质量的效应。外语学习环境、课堂教学过程、教学质量评价、外语学习动机对交际及语用质量的直接效应显著,外语教师发展、外语学习环境、教学质量评价对自主学习质量的直接效应显著;课堂教学过程在外语学习动机和交际及语用质量之间的独立中介效应显著;课堂教学过程和教学质量评价不仅在外语教师发展和自主学习质量之间的多重中介效应显著,而且在外语学习动机和交际及语用质量之间的多重中介效应也显著。

7.3.3　实践层面

本书在实证研究结论的基础上,运用能力本位教育理论、全面质量管理理论和教学质量保障等理论,借鉴国际上保障外语教学质量的经验,从我国高职院校外语教学的实际出发,提出了五条保障我国高职院校外语教学质量的建议:一是创新教师发展的联动机制;二是构建生态型外语教学环境;三是进一步优化课堂教学过程;四是实施外语教学形成性评价;五是激发学生的外语学习动机。

7.4　研究局限与研究展望

7.4.1　研究局限

首先是认识局限。本书从教学质量观的演进脉络出发,通过对几种外语教学的质量观的梳理和辨析,从理论上析出外语教学质量的内涵,这样的演绎与归纳虽然建立在较为严谨的逻辑思辨基础之上,但是与从外语学科的概念出发认识外语教学质量的概念尚有一定的距离。如果本研究从外语学科视角认识外语教学质量的内涵,将其定义为听、说、读、写、译等五种语言技能的教学效果,着重研究影响五种语言技能教学效果的因素,提出相应的保障措施,这样的研究可能更有利于外语教学实践。

其次是取样局限。本书的调查主要是研究者利用参加各省高职院校外语类学术会议进行的,由于参加会议的教师基本上都是高职院校外语教师,因此本研究所选取的样本性质较为明确地反映了总体的属性,样本规模也基本符合专家、学者的建议以及各种统计软件的要求。尽管如此,这种随机抽样方式仍然存在瑕疵。比如,在本研究的问卷内容中,某些指标可能符合综合类高职院校的实际,而与财经类、医药类、工科类等专业型高职院校并不符合;某些指标带有明显的地域性,符合东部地区高职院校的情况,并不一定符合中部、西部地区高职院校的状况,符合江浙地区高职院校不一定符合其他地区高职院校的实际,这些情形都有可能导致被试者无法理解问卷指标,难以作答,数据的可靠性便得不到保证。另外,可能出现同一位教师与笔者同时跨省参加相同学术会议的情况,导致同一位教师多次重复回答同一份问卷的情形发生,必然对数据的可靠性带来一定的影响。总之,尽管笔者在取样过程中花费了大量的时间、精力采取措施减少共同方法偏差与作答者偏差,仍然不能完全避免以上因素对数据带来的影响。

第三,在中介效应的验证方面,本书一共假设 8 个中介效应,仅有 3 个中介效应获得支持,这说明,所选取的某些变量可能并不适合做中介变量,而某些适合作中介的变量可能更适合作调节变量,本研究尚未在这个方面进行更有意义的探索。另外,某些明显起作用的调节变量,如生源地(农村、城市;东、中、西部等)、性别(男、女)、是否示范学校等变量都可以纳入本研究作调节效应分析,而本研究并没有做这方面的尝试。

最后,在本研究结论的推广方面,由于本研究仅以高职院校外语教学为对象开展外语教学质量的实证研究,研究结论难以直接推广到普通本科高校、中职院校以及基础教育外语教学中。

7.4.2　研究展望

近 20 年,外语教学质量问题已经成为我国教育领域中的热点问题,由此引发的思考与研究尚处于探索阶段,很多重要议题有待进一步深入。本研究是针对外语教学质量所做的一项探索性研究,虽然在概念辨析、维度划分、影响因素提炼、影响路径与效应验证和对策建议等方面取得了一些有价值的成果与创新,但是受本人研究水平限制,还存在诸多不足之处,有待于后续研究进一步完善。本书仅探讨了高职院校外语教学质量,而没有涉及其他类型学校的外语教学质量就是一个遗憾。例如,关于高职院校外语教学质量与本科高校外语教学质量的异同问题。从外语教学质量的概念出发,高职院校外语教学质量与本科高校外语教学质量同属于高校外语教学质量,都可以描述为外语教学为适应经济社会发展和个人需要而必须达到的能力目标总和,即外语交际能力、外语应用能力和自主学习能力等三种能力的实现程度,理论上都包括三个维度构成,即:交际质量、语用质量和自主学习质量。本书通过严格的实证分析,发现高职院校外语教学质量不完全是由这三个维度构成,而是一个双维度八因子结构,这一特殊内部结构的存在,导致影响高职院校外语教学质量因素以及作用机制的不同。而本科高校外语教学质量与高职院校外语教学质量因为学校类型、教学目标以及人才培养规格等多方面的不同,外语教学质量的内涵也不尽一样,其影响因素及其影响机理也存在差异,如何获得对这些差异的认识仍然需要做严格的实证研究。

　　未来可以在本研究的基础上,从外语学科的角度出发进行深化研究;在样本选择方面可以考虑分层随机抽样的方式,使抽取的样本数有效代表样本所属的总体,增强结论的可靠性;在变量的选择上,充分考虑其作为中介变量或者调节变量的适切性,并根据研究需要纳入调节变量尝试进行深入分析,以期对外语教学质量的影响机理作更深层次的探究;在研究对象的选择上可以考虑以普通本科高校为研究对象开展外语教学质量研究,以此提高本书研究结论的外部性。

参考文献

外文文献（均采用国家标准 2015 版）

专著及论文集

[1] ANDERSON G J，WALBERG H J. The assessment of learning environments：A manual for the Learning Environment Inventory and the My Class Inventory[M]. University of Illinois at Chicago Circle，1978.

[2] BACHMAN L F，PALMER A S. Language testing in practice：Designing and developing useful language tests[M]. Oxford University Press，1996.

[3] BACHMAN L F，PALMER A S. Language testing in practice：Designing and developing useful language tests[M]. Oxford University Press，1996.

[4] BACHMAN L F. Fundamental Considerations in Language Testing[M]. Oxford：Oxford University Press，1990.

[5] BENSON P. Teaching and researching：Autonomy in language learning[M]. Routledge，2013.

[6] BIALYSTOK E. Bilingualism in Development：language，literacy and cognition[M].Cambridge：Cambridge University Press，2001.

[7] BROWN H D. Principles of language learning and teaching[M].4th ed.Englew Cliffs NJ：Prentice-Hall，2000.

[8] BURKE J.Competency Based Education and Training[M].London：The Falmer Press，1989.

[9] CARROLL B J.Testing Communicative Performance：An Interim Study [M]. Oxford：Pergmamon Press，1980：48－71.

［10］CENTRA J A. The student instructional report: Its development and uses ［M］. Educational Testing Service, 1972.

［11］CHOMSKY N. Reflections on language ［M］. London: Temple Smith, 1976.

［12］COHN E, MILLMAN S D, CHEW I K. Input-output analysis in public education［M］. Cambridge, MA: Ballinger, 1975.

［13］DEVELLIS R F. Scale Development Theory and applications［M］. London: SAGE, 1991.

［14］ELLIS R. The Study of Second Language Acquisition［M］. Shanghai: Shanghai Foreign Language Education Press. 1999.

［15］GREEN D. What is Quality in Education［M］. Society for Research into Education & Open University Press. 1994: 3 − 21

［16］FRASER B J, FISHER D L, MCROBBIE C J. Development, validation and use of personal and class forms of a new classroom environment instrument［C］// Annual meeting of the American educational research association, New York. 1996.

［17］GARDNER R C. Social psychology and second language learning: the role of attitudes and motivation［M］. London: Edward Arnold. 1985.

［18］GAY L R. Educational Research Competencies for Analysis and Application ［M］. New York: Macmillan, 1992.

［19］GENESSE F, UPSHUR J A. A Classroom-based Evaluation in Second Language Education［M］. Cambridge : Cambridge University Press. 1996.

［20］GREEN D. What is Quality in Education［M］. The Society for Research into Education, 1994.

［21］HARMER J. The practice of English language teaching［M］. New York: Longman, 2001.

［22］HAIR J F, BLACK W C, BABIN B J, et al. Multivariate data analysis［M］. Upper Saddle River, NJ: Prentice hall, 1998.

［23］HAIR J F, BLACK W C, BABIN B J, et al. Multivariate Data Analysis: A Global Perspective［M］. Upper Saddle River, NJ: Pearson Education, 2010.

［24］HALLIDAY M A K. Early language learning: A sociolinguistic approach ［C］// IXth International Congress of Anthropological and Ethnological Sciences, Chicago. 1973.

[25] HARRIS R, GUTHRIE H, HOBART B, et. al. Competency-based Education and Training: Between a Rock and a Whirlpool, South Melbourne [M]. Macmillan Education Australia PTY Ltd., 1995.

[26] HUDSON T, BROWN J D, DETMER E. Developing prototypic measures of cross-cultural pragmatics[M]. Natl Foreign Lg Resource Ctr, 1995.

[27] HYMES D. Foundation of Scciolinguistics: An Ethnographic Approach: Philadelphia[M]. University of Pennsylvania Press, 1974.

[28] INGRAM D, WYLIE E. Introduction to the Australian second language proficiency ratings (ASLPR)[M]. Brisbane CAE, 1982.

[29] JEFFERSON G. Transcription Notation. In J. Atkinson & J. Heritags(eds), Structures of Social Interaction[M]. New York: Cambridge University Press, 1984.

[30] KRASHEN S D. Principles and practice in second language acquisition[M]. New York: Pergamon on Press Ltd., 1982.

[31] KRASHEN S D. Inquiries & insights: second language teaching: immersion & bilingual education, literacy[M]. Alemany Press, 1985.

[32] KRASHEN S D. The input hypothesis: Issues and implications[M]. Addison-Wesley Longman Ltd., 1985.

[33] LISTON D P, ZEICHNER K M. Reflective teaching: An introduction [M]. Routledge, 2013.

[34] LITTLE D. Autonomy in language learning: Some theoretical and practical considerations[M]//Teaching modern languages. Routledge, 2002.

[35] LITTLEWOOD W. Communicative language teaching: An introduction [M]. Cambridge University Press, 1981.

[36] MOOS R H, TRICKETT E J. Classroom Environment Scale. Palo Alto [M]. CA: Consulting Psychologists Press, 1987.

[37] MOOS R H. Evaluating educational environments[M]. Jossey-Bass Inc Pub, 1979.

[38] NUNAN D. Language teaching methodology[M]. New York: prentice hall, 1991.

[39] NUNNALLY J C. Psychometric Theory [M]. 2nd ed. New York: McGraw-Hill, 1978.

[40] RICHARDS J C, RODGERS T S. Approaches and methods in language

teaching[M].(Second Edition) Cambridge: Cambridge University Press.2001.

[41] RICHARDS J C, FARRELL T S C. Professional development for language teachers: Strategies for teacher learning[M]. Ernst Klett Sprachen, 2005.

[42] RICHARDS J C. Beyond training: Perspectives on language teacher education[M]. Cambridge University Press, 1998.

[43] ELLIS R. Second Language Acquisition: Motivation[M].Shanghai :Shanghai Foreign Language Press,1997.

[44] SCHUMANN J H.The pidginization process: a model for second language acquisition[M]. Rowley,MA: Newbury House,1978.

[45] STERN H. Fundamental Concepts of Language Teaching[M].Shanghai: Shanghai Foreign Languages Education Press,2003.

[46] SWAIN M. Three functions of output in second language learning(C). In G. Cook, & B. Seidlhofer (Eds.), Principle and practice in applied linguistics: Studies in honour of H. G. Widdowson (pp. 125 - 144). Oxford: Oxford University Press.1995.

[47] TYLER R W. A rationale for program evaluation[M]//Evaluation models. Springer: Dordrecht,1983.

[48] WALLACE M J. Action research for language teachers[M]. Ernst Klett Sprachen, 2006.

[49] WALLACE M J. Training Foreign Language Teachers: a reflective approach[M]. Cambridge: Cambridge University Press, 1991.

[50] WALSH S. Asking the right questions: Teacher talk and leaner output [C]//LATEFL 1999 Edinburgh Conference Selections. 1999.

[51] WEINER B. Human motivation: Metaphors, theories, and research[M]. Sage, 1992.

[52] WHITEHEAD A N, SHERBURNE D W. Process and reality[M]. New York, NY: Macmillan, 1957.

[53] ZIMMERMAN B J, SCHUNK D H. Motivation and self-regulated learning: Theory, research, and applications[M]. Routledge, 2012.

期刊及论文

[1] ASTIN A W. Student involvement: A developmental theory for higher education[J].Journal of college student personnel, 1984: 297 -308.

[2] BACHMAN L F. What is the construct? The dialectic of abilities and contexts in defining constructs in language assessment [J]. Language testing reconsidered, 2007: 41 - 71.

[3] BARDOVI-HARLIG K, GRIFFIN R. L2 pragmatic awareness: Evidence from the ESL classroom[J]. System, 2005, 33(3): 401 - 415.

[4] BARON R M, KENNY D A. The moderator-mediator variable distinction in social psychological research: Conceptual, strategic and statistical considerations [J]. Journal of Personality and Social Psychology, 1986, (51): 1173 - 1182.

[5] BENSON P. Concepts of autonomy in language learning[J]. Autonomy in language learning, 1996: 27 - 34.

[6] BENSON P. The philosophy and politics of learner autonomy[J]. Autonomy and independence in language learning, 1997(07): 18 - 34.

[7] BENTLER P M, BONETT D G. Significance tests and goodness of fit in the analysis of covariance structures[J]. Psychological bulletin, 1980, 88(3): 588.

[8] BERGMANN H. Quality of education and the demand for education—Evidence from developing countries[J]. International Review of Education, 1996, 42 (6): 581 - 604.

[9] BERNAUS M, GARDNER R C. Teacher motivation strategies, student perceptions, student motivation, and English achievement[J]. The Modern Language Journal, 2008, 92(3): 387 - 401.

[10] BLACK P, WILIAM D. Assessment and classroom learning[J]. Assessment in Education: principles, policy & practice, 1998, 5(1): 7 - 74.

[11] BOLLEN K A. A new incremental fit index for general structural equation models[J]. Sociological Methods & Research, 1989, 17(3): 303 - 316.

[12] BROSH H. Perceived characteristics of the effective language teacher[J]. Foreign Language Annals, 1996, 29(2): 128.

[13] BROWN J D, HUDSON T. The alternatives in language assessment[J]. TESOL quarterly, 1998, 32(4): 653 - 675.

[14] CANALE M. From Communicative Competence to Communicative Language Pedagogy[A]. Richards J C and Schmidt R. W. Language and Communication [C]. London: Longman. 1983.

[15] CELCE - MURCIA M, DÖRNYEI Z, THURRELL S. Communicative

competence：A pedagogically motivated model with content specifications[J].Issues in Applied linguistics,1995, 6(2)：5 - 35.

[16] CENTRA J A、POTTER D A. School and Teacher Effects：An Interrelational Model[J]. Review of Educational Research，1980，50(2)：273 - 291.

[17] CHEN G M、STAROSTA W J.The development and validation of the intercultural sensitivity scale[J]. Human Communication,2000，(3)：1 - 15.

[18] CORDER S P.Language distance and magnitude of learning task[J].Studies in Second Language Acquisition,1979,2(1)：27 - 36.

[19] CROABACH L J.Evaluatioa for Course Improvement[J]. New Curricula，1964：233 - 234.

[20] CRONBACH L J. Coefficient alpha and the internal structure of tests[J]. psychometrika，1951，16(3)：297 - 334.

[21] DICKINSON L. Autonomy and motivation a literature review[J]. System，1995，23(2)：165 - 174.

[22] DÖRNYEI Z、CSIZÉR K. Ten commandments for motivating language learners：Results of an empirical study[J]. Language teaching research，1998，2(3)：203 - 229.

[23] DORNYEI Z.Motivation in second and foreign language learning [J]. Language Teaching，1998(31)：117 - 135.

[24] EBBUTT D. Educational action research：Some general concerns and specific quibbles[J]. Issues in educational research，1985：152 - 174.

[25] ELLIS R、HE X. The roles of modified input and output in the incidental acquisition of word meanings[J]. Studies in second language acquisition，1999，21(2)：285 - 301.

[26] FILLMORE L W. Second language learning in children：A model of language learning in social context[J]. Language processing in bilingual children，1991：49 - 69.

[27] FIRTH A、WAGNER J. Second/foreign language learning as a social accomplishment：Elaborations on a reconceptualized SLA[J]. The Modern Language Journal，2007，91(s1)：800 - 819.

[28] FORNELL C、LARCKER D F. Structural equation models with unobservable variables and measurement error：Algebra and statistics [J]. Journal of

marketing research，1981：382 - 388.

[29] FRASER B J. Assessment of Learning Environments：Manual for Learning Environment Inventory（LEI）and My Class Inventory（MCI）. Third Version[J]. 1982.79 - 98.

[30] FREEMAN D. The hidden side of the work：Teacher knowledge and learning to teach. A perspective from North American educational research on teacher education in English language teaching[J]. Language teaching，2002，35(1)：1 - 13.

[31] GARDNER R C，LALONDE R N，MOORCROFT R. The role of attitudes and motivation in second language learning：Correlational and experimental considerations[J]. Language learning，1985，35(2)：207 -227.

[32] GARDNER R C，LAMBERT W E. Motivational variables in second-language acquisition[J]. Canadian Journal of Psychology/Revue canadienne de psychologie，1959，13(4)：266.

[33] GARDNER R C. Motivation and attitudes in second language learning [J].//In Alex Barber（ed.），Encyclopedia of Language and Linguistics. Elsevier. 2005：348 - 355.

[34] GLASMAN N S，BINIAMINOV I. Input-output analyses of colleges[J]. Review of Educational Research，1981，51(4)：509 - 539.

[35] GUGLIELMINO L M. Reliability and validity of the self-directed learning readiness scale and the learning preference assessment[J]. HB Long & Associates，Expanding Horizions in Self-Directed learning，1997：209 - 222.

[36] GUILLOTEAUX M J，DÖRNYEI Z. Motivating language learners：A classroom-oriented investigation of the effects of motivational strategies on student motivation[J]. TESOL quarterly，2008，42(1)：55 - 77.

[37] HAIR J F，ANDERSON R E，TATHAM R L，et al. Multivariate data analysis. 1998[J]. Upper Saddle River，1998：182 - 183.

[38] HALLIDAY M A，HASAN R. Language，context，and text：Aspects of language in a social-semiotic perspective[J]. Tesol Quaterly，1980，21(2)：353 - 359.

[39] HARGREAVES A. Mixed emotions：Teachers' perceptions of their interactions with students[J].Teaching and Teacher Education，2000，16(8)：811 - 826.

[40] HARMAN G. The management of quality assurance：a review of international practice[J]. Education Quarterly，1998，52(4)：345 -364.

[41] HAYES A F. Beyond Baron and Kenny: Statistical mediation analysis in the new millennium[J]. Communication monographs, 2009, 76(4): 408 – 420.

[42] HERMANN G. Attitudes and Success in Children's Learning of English as a Second Language: The Motivational vs. the Resultative Hypothesis[J]. English Language Teaching Journal, 1980, 34(4): 247 –254.

[43] HILL K K, BICER A, CAPRARO R M. Effect of teachers' professional development from MathForward™ on students' math achievement[J]. International Journal of Research in Education and Science, 2017, 3(1): 67 – 74.

[44] HORWITZ E K, HORWITZ M B, COPE J. Foreign language classroom anxiety[J]. The Modern language journal, 1986, 70(2): 125 –132.

[45] HYMES D H. On communicative competence [A]//In Pride, J. B. &·Holmes, J. (eds.) Sociolinguistics: Selected Readings [C]. Harmondsworth: Penguin, 1972: 269 – 293.

[46] INGRAM D E. An Introduction to the Australian Second Language Proficiency Ratings[J].Competency Based Education,1979 :57.

[47] KAISER H F, RICE J. Little jiffy, mark Ⅳ[J]. Educational and psychological measurement,1974, 34(1): 111 – 117.

[48] KASPER G, ROSE K R. Pragmatic Development in a Second Language [J]. Language Learning: A Journal of Research in Language Studies, 2002;52 – 60.

[49] KASPER G, ROSE K R. The role of instruction in learning second language pragmatics[J]. Language Learning, 2002, 52(s1): 237 –273.

[50] KELLEY T L. The selection of upper and lower groups for the validation of test items[J]. Journal of educational psychology, 1939, 30(1): 17.

[51] KRASHEN S D, TERRELL T D. The natural approach: Language acquisition in the classroom[J]. Modern Language Journal,1983;76 – 82.

[52] KRASHEN S D. The monitor model for adult second language performance[J]. Viewpoints on English as a second language, 1977: 152 – 161.

[53] KRASHEN S, SCARCELLA R. On routines and patterns in language acquisition and performance[J]. Language learning, 1978, 28(02): 283 – 300.

[54] KUMARAVADIVELU B. Toward a postmethod pedagogy[J]. TESOL quarterly, 2001, 35(04): 537 – 560.

[55] LANGE D L. Implications of theory and research for the development of

principles for teaching and learning culture in second language classrooms[J]. Culture as the core: Perspectives on culture in second language learning, 2003: 271 - 325.

[56] LIM D. Quality assurance in education in developing countries[J]. Assessment & Evaluation in Education, 1999, 24(4): 379 - 390.

[57] LINDFORS J W. The classroom: A good environment for language learning[J]. Enriching Esol Pedagogy: Readings and Activities for Engagement, Reflection, and Inquiry, 2002: 303.

[58] LITTLEWOOD W. Self-access: why do we want it and what can it do[J]. Autonomy & independence in language learning, 1997: 79 - 92.

[59] MACKEY A. Input, interaction, and second language development: An empirical study of question formation in ESL[J]. Studies in second language acquisition, 1999, 21(4): 557 - 587.

[60] MACKINNON D P, LOCKWOOD C M, HOFFMAN J M, et al. A comparison of methods to test mediation and other intervening variable effects[J]. Psychological methods, 2002, 7(1): 83.

[61] MATSUMURA L C, SLATER S C, JUNKER B, et al. Measuring Reading Comprehension and Mathematics Instruction in Urban Middle Colleges: A Pilot Study of the Instructional Quality Assessment. CSE Technical Report 681[J]. National Center for Research on aluation, Standards, and Student Testing (CRESST), 2006.

[62] MOOD A M. Macro-analysis of the American educational system[J]. Operations Research, 1969, 17(5): 770 - 784.

[63] MOOS R H. A typology of junior high and high school classrooms[J]. American Educational Research Journal, 1978, 15(1): 53 - 66.

[64] NOBUYOSHI J, ELLIS R. Focused communication tasks and second language acquisition[J]. ELT journal, 1993, 47(3): 203 - 210.

[65] NORTH B, SCHNEIDER G. Scaling descriptors for language proficiency scales [J].Language Testing, 1998 (15): 217 - 262.

[66] PEACOCK M. Pre-service ESL teachers' beliefs about second language learning: A longitudinal study[J]. System, 2001, 29(2): 177 -195.

[67] PICA T. Communication with second language learners: What does it reveal about the social and linguistic processes of second language learning [J].

Georgetown University round table on languages and linguistics, 1992: 435 - 464.

[68] PONTON M, SCHUETTE C. The learner autonomy profile: A discussion of scale combination to measure autonomous learning[J]. International Journal of Self-Directed Learning®, 2008: 55.

[69] PORTALLA T, CHEN G M. The development and validation of the intercultural effectiveness scale[J]. Intercultural Communication Studies, 2010, 19(3): 21 - 37.

[70] RIMM-KAUFMAN S E, SAWYER B E. Primary-grade teachers' self-efficacy beliefs, attitudes toward teaching, and discipline and teaching practice priorities in relation to the "responsive classroom" approach[J]. The Elementary School Journal, 2004, 104(4): 321 - 341.

[71] ROEVER C, WANG S, BROPHY S. Learner background factors and learning of second language pragmatics [J]. International Review of Applied Linguistics in Language Teaching, 2014, 52(4): 377 - 401.

[72] ROEVER C. Validation of a web-based test of ESL pragmalinguistics[J]. Language Testing, 2006, 23(2): 229 - 256.

[73] ROSE K R. On the effects of instruction in second language pragmatics[J]. System, 2005, 33(3): 385 - 399.

[74] RUBEN B D, KEALEY D J. Behavioral assessment of communication competency and the prediction of cross-cultural adaptation[J]. International Journal of Intercultural Relations, 1979, 3(1): 15 - 47.

[75] RYAN R M, CONNELL J P, DECI E L. A motivational analysis of self-determination and self-regulation in education[J]. Research on motivation in education: The classroom milieu, 1985,(2): 13 - 51.

[76] SATO C J. Ethnic Styles in Classroom Discourse[J]. TESOL, 1982, 103 - 107.

[77] SCHACTER J, THUM Y M. Paying for high-and low-quality teaching[J]. Economics of Education Review, 2004, 23(4): 411 - 430.

[78] SCHMIDT R, BORAIE D, KASSABGY O. Foreign language motivation: Internal structure and external connections[J]. University of Hawai'i Working Papers in English as a Second Language 14 (02), 1996,156 - 176.

[79] SHULMAN L. Knowledge and teaching: Foundations of the new reform

[J]. Harvard educational review, 1987, 57(1): 1 - 23.

[80] SINICROPE C, NORRIS J, WATANABE Y. Understanding and assessing intercultural competence: A summary of theory, research, and practice (technical report for the foreign language program evaluation project)[J]. University of Hawai'I Second Langauge Studies Paper, 2007,26 (01):115 - 175.

[81] SOBEL M E. Asymptotic confidence intervals for indirect effects in structural equation models[J]. Sociological methodology, 1982, 13: 290 - 312.

[82] SPRATT M, HUMPHREYS G, CHAN V. Autonomy and motivation: Which comes first? [J]. Language teaching research, 2002, 6(3): 245 - 266.

[83] THOMAS J. Crosscultural pragmatic failure[J].Applied Linguistics,1983, 4(2):91 - 112.

[84] TREMBLAY P F, GARDNER R C. Expanding the motivation construct in language learning[J].The Modern Language Journal, 1995, 79(4): 505 - 518.

[85] WALLACE M R. Making sense of the links: Professional development, teacher practices, and student achievement[J]. Teachers College Record, 2009, 111 (2): 573 - 596.

[86] YOON K S, DUNCAN T, LEE S W Y, et al. Reviewing the Evidence on How Teacher Professional Development Affects Student Achievement. Issues & Answers. REL 2007 - No. 033 [J]. Regional Educational Laboratory Southwest (NJ1), 2007.

[87] YOUN S J. Validity argument for assessing L2 pragmatics in interaction using mixed methods[J]. Language Testing, 2015, 32(2): 199 - 225.

[88] ZIMMERMAN B J, MARTINEZ-PONS M. Construct validation of a strategy model of student self-regulated learning[J]. Journal of educational psychology, 1988, 80(3): 284.

电子文献

[1] ABOUT the *SIR* Ⅱ ™ Student Instructional Report[EB/OL]. https://www.ets.org/sir_ii/about.

[2] DRESSING T, Pehl T, Schmieder C.[M/OL]. Manual (on) Transcription. Transcription Conventions, Software, Guides and Practical Hints for Qualitative Researchers 2nd edition. Retrieved. http:// www. audiotranskription.de /english/ transcription-practicalguide. htm. 2010 - 04 - 13.

［3］FANTINI A F. A Central Concern Developing Intercultural Competency ［EB/OL］. http//www sit edu/publications/docs/Competence. htm. 2000－06－27.

［4］ILO and WTO Secretariat issue joint study on trade and employment ［EB/OL］. https：//www.wto. org/english/news_e/news07_e/ilo_feb07_e.htm. 2007－02－19.

［5］WYLIE. An Overview of the International Second Language Proficiency Ratings (ISLPR) ［C/OL］. http：// www. griffith. edu. au/center/call/content4. html. 1999－12－25.

中文文献

专著及论文集

［1］爱德华·萨里斯.全面质量教育［M］.何瑞薇译.上海：华东师范大学出版社,2005.

［2］北京师范大学职业与成人教育研究所编.职业教育与成人教育研究新进展［M］.北京：北京师范大学出版社,2012.

［3］伯顿·克拉克.高等教育系统［M］.王承绪等译.杭州：杭州大学出版社,1994.

［4］伯顿·克拉克主编.高等教育新论——多学科的研究［M］.王承绪等译.杭州：浙江教育出版社,2001.

［5］陈玉琨.高等教育质量保障体系概论［M］.北京：北京师范大学出版社,2004.

［6］戴庆厦.社会语言学教程［M］.北京：中央民族出版社,1993.

［7］何自然.语用学概论［M］.长沙：湖南教育出版社,1988.

［8］何自然.语用学与英语学习［M］.上海：上海外语教育出版社,1997.

［9］姜大源.当代世界职业教育发展趋势研究［M］.北京：电子工业出版社,2012.

［10］苟费尔,布林克曼.质性研究访谈［M］.范丽恒译.北京：世界图书出版公司北京公司,2013.

［11］科尔宾,施特劳斯.质性研究的基础:形成扎根理论的程序与方法［M］.朱光明译.重庆：重庆大学出版社,2015.

［12］联合国教科文组织国际教育发展委员会编著.学会生存:教育世界的今天与明天［M］.上海师范大学外国教育研究室译.上海：上海译文出版社,1979.

［13］刘晓欢主编.职业教育质量研究专论［M］.天津：天津大学出版社,2013.

［14］鲁子问,张荣干.中国外语能力需求调查与战略建议［M］.北京：北京大学出

版社,2012.

[15] 马庆发主编.中国职业教育研究新进展[M].上海:华东师范大学出版,2012.

[16] 麦可思研究院编著.2016年中国高职高专就业报告[M].北京:社会科学文献出版社,2016.

[17] 欧阳河等著.职业教育基本问题研究[M].北京:教育科学出版社,2006.

[18] 皮连生.学与教的心理学[M].上海:华东师范大学出版社,1997.

[19] 秦晓晴.外语教学问卷调查法[M].北京:外语教学与研究出版社,2009.

[20] 施良方,崔允漷.教学理论:课堂教学的原理、策略与研究[M].华东师范大学出版社,1999.

[21] 石伟平,徐国庆.职业教育课程开发技术[M].上海:上海教育出版社,2006.

[22] 王承绪,徐辉.发展战略:经费、教学科研、质量——中英高等教育学术讨论会论文集[C].杭州:杭州大学出版社,1993.

[23] 王文斌,徐浩主编.中国外语教育年度报告[M].北京:外语教学与研究出版社,2017.

[24] 吴雪萍.基础与应用:高等职业教育政策研究[M].杭州:浙江教育出版社,2007.

[25] 肖化移.高等职业教育的质量与标准[M].上海:华东师范大学出版社,2006.

[26] 杨惠中,朱正才,方绪军.中国语言能力等级共同量表研究:理论、方法与实证研究[M].上海:上海外语教育出版社,2012.

[27] 叶澜等.教师角色与教师发展新探[M].北京:教育科学出版社,2001.

[28] 俞启定,和震.中国职业教育发展史[M].北京:高等教育出版社,2012.

[29] 张国扬,朱亚夫.外语教育语言学[M].南宁:广西教育出版社,1996.

期刊及论文

[1] 白培康,廖海洪.提高专业外语教学质量方法的探讨[J].中北大学学报:社会科学版,2001(02):53—54.

[2] 蔡基刚,廖雷朝.国家外语能力需求与大学外语教育规划[J].云南师范大学报,2014(01):15—21.

[3] 蔡基刚.高等教育国际化背景下的外语教学评价体系调整[J].外语电化教学,2013(01):3.

[4] 蔡基刚.为什么要对传统的大学英语教学模式进行彻底改革[J].中国大学教

学,2003(11):25.

[5] 曹大文.教学质量保障体系及其建设[J].中国高教研究,2002(09):49.

[6] 陈葆,陈艳辉.城乡大学生英语基础与四级成绩的相关研究[J].中国成人教育,2005(06):101.

[7] 陈金萍,高洁,代思师.浅谈教师素质与外语课堂教学[J].大学教育,2013(24):93—94.

[8] 陈婷,文燕.高职高专英语自主学习与形成性评价相关性研究[J].广西政法管理干部学院学报,2009,24(1):127—128.

[9] 陈新仁.基于社会建构论的语用能力观[J].外语研究,2014(06):1.

[10] 程会林.形成性评价提高高职生英语自主学习能力的实证研究[D].重庆师范大学,2013.

[11] 戴曼纯.外语能力的界定及其应用[J].外语教学与研究,2002(06):412—413.

[12] 戴炜栋,张雪梅.英语专业教学测试、英语专业教学发展及教学质量监控体系[J].外语测试与教学,2011(01):25.

[13] 戴炜栋.立足国情,科学规划,推动我国外语教育的可持续发展[J].外语界,2009(05):8.

[14] 戴炜栋.我国外语专业教育60年回顾与展望[J].中国外语,2009(05):10—13.

[15] 戴运财,戴炜栋.从输入到输出的习得过程及其心理机制分析[J].外语界,2010(01):23—30.

[16] 戴忠信.论外语教学研究的"教育学范式"[J].中国外语,2005(6):47—50.

[17] 邓志辉.自主学习与"后方法"视域下的外语教师角色转型[J].江苏外语教学研究,2016(05):11.

[18] 董奇.研究变量操作定义的设计[J].教育科学研究,1991(03):21—24.

[19] 高超.基于ISO9000标准的高职英语教学质量评价体系初探[J].中国成人教育,2015(22):176—178.

[20] 顾明远.高等教育的多样化与质量的多样性[J].中国高等教育,2001(09):17—18.

[21] 顾秀梅,陈彩珍."一带一路"背景下高职院校外语教育策略[J].中国职业技术教育,2017(01):64—65.

[22] 桂诗春.关于我国外语教学若干问题的思考[J].外语教学与研究,2010

（04）：275—281.

[23] 桂诗春.开展应用语言学研究,努力提高外语教学质量[J].外国语,1979（01）：57.

[24] 郭瑞卿,温耀峰.外语教学中自主学习能力的培养[J].中国高教研究,2004（07）：92—93.

[25] 郭胜伟,张稚鲲,谢松.大学生自主学习能力的培养与评价[J].江苏高教,2012（02）：85—87.

[26] 哈斯巴根.教师评价视角下的高校课堂教学质量结构方程模型[J].高校教育管理,2013（04）：105—110.

[27] 韩富春,许春雨,宋建成.关于多元化教学过程与教学质量评价的思考[J].中国电力教育,2008（13）：15—16.

[28] 韩宇萌.输出驱动—输入促成理论下大学英语口语教学模式研究[D].哈尔滨师范大学,2016.

[29] 何莲珍,傅莹,方富民,等.中国非英语专业大学生自主学习能力的培养路径之探索[J].中国外语,2011,8（05）：18—24.

[30] 和震.论能力与能力本位职业教育[J].教育科学,2003（04）：48.

[31] 贺晓蓉,赵明华,贺小华.高校外语教师在自主学习过程中的作用研究[J].宁夏大学学报:人文社会科学版,2009（02）：176.

[32] 洪岗.英语语用能力调查及其对外语教学的启示[J].外语教学与研究,1991（04）：52—55.

[33] 胡杰辉.外语自主学习能力评价——基于二维模型的量表设计[J].外语界,2011（04）：12—17.

[34] 胡壮麟.中国外语教育六十年有感[J].中国外语,2009（05）：8—9.

[35] 华维芬.试论外语学习动机与学习者自主[J].外语研究,2009（01）：57—62.

[36] 黄建伟.强化教学管理提高成人外语教学质量[J].中国成人教育,2009（01）：156.

[37] 黄日强.能力本位职业教育的特征[J].外国教育研究,2000（05）：56—58.

[38] 姜大源.生存与发展——能力本位的现代职教思想的基点[J].职教论坛,1996（02）：9.

[39] 焦瑶光.浅议教学评价与教学过程的关系[J].西北师大学报:社会科学版,1990（02）：69—72.

[40] 柯江宁.从教育心理学看外语教师在课堂教学中的多重角色[J].南京政治

学院学报,2003(02):119—120.

[41] 孔企平.关于评价与教学过程有机结合的探索[J].全球教育展望,2014(12):18—24.

[42] 劳凯声.教育研究的问题意识[J].教育研究,2014(08):5.

[43] 黎平辉.教学过程重建与教师教学个性生成[J].全球教育展望,2014,43(07):14—22.

[44] 李金红.大学外语教师有效教学实证研究[J]学理论,2010(33):291—292.

[45] 李莉.自主学习与外语课堂教学的融合[D].山东大学,2005.

[46] 李群燕.非英语专业大学生英语学习动机与跨文化交际能力相关性的调查[D].云南师范大学,2009.

[47] 李宇明.语言学习异同论[J].世界汉语教学,1993(01):1.

[48] 李志.试论学习动机在课堂教学中的作用及评定[J].教育探索,2002(01):43—44.

[49] 刘贵芹.高度重视大学英语教学改革,努力提升大学英语教学质量[J].外语教学与研究,2012(02):281—282.

[50] 刘建达.中国学生英语语用能力的测试[J].外语教学与研究,2006(04):259—265.

[51] 刘利平,黄朝晖.建立能力本位的高职英语教学模式[J].中国高等教育,2009(06):50.

[52] 刘美玲.跨文化语言教学法在大学外语教学中的应用[J].宜宾学院学报,2005(07):103.

[53] 刘润清.英语教师论一堂课的五个境界[J].英语教师,2010(12):4.

[54] 刘绍中.语境与语用能力[J].外国语,1997(03):25—26.

[55] 刘筱婷.英语语用能力与学习动机的相关性研究[D].燕山大学,2013.

[56] 刘研.在课堂教学中提高学生的交际能力[D].西北师范大学,2003.

[57] 刘泽华.大学英语分层教学管理与质量保证体系的研究与实践[J].高等工程教育研究,2008(S1):27.

[58] 卢加伟.语用教学对学习者二语语用能力发展的作用[J].解放军外国语学院学报,2013(01):67—71.

[59] 鲁玮.学习动机对英语教学的影响[J].广东财经职业学院学报,2007(04):86—88.

[60] 鲁子问.外语教育规划:提高外语教育效率的可能途径[J].教育研究与实

验,2006(05):41.

[61] 路甬祥.学科交叉与交叉科学的意义[J].中国科学院院刊,2005(01):58.

[62] 吕良环.论外语自主学习能力之培养[D].华东师范大学,2005.

[63] 倪传斌,王志刚,王际平,等.外国留学生的汉语语言态度调查[J].语言教学与研究,2004 (04):56.

[64] 倪清泉.大学英语学习动机,学习策略与自主学习能力的相关性实证研究[J].外语界,2010 (03):30—35.

[65] 潘懋元.高等教育大众化的教育质量观[J].中国高等教育,2000(01):6—10.

[66] 庞维国.自主学习的测评方法[J].心理科学,2003,26(05):882—884.

[67] 庞维国.论学生的自主学习[J].华东师范大学学报,2001(02):78—83.

[68] 彭青龙.论《英语类专业本科教学质量国家标准》的特点及其与学校标准的关系[J].外语教学与研究,2016(01):116.

[69] 秦晓晴,文秋芳.非英语专业大学生学习动机的内在结构[J].外语教学与研究,2002,34 (01):51—58.

[70] 任庆梅.大学英语有效课堂环境构建与评价量表实证检测[J].教育研究,2016,37(04):105—111.

[71] 芮燕萍.大学英语教师专业发展状况实证研究——以教师反思与教学实践为例[D].上海外国语大学,2011.

[72] 桑元峰.从国际化人才培养视角探索外语教学质量监控[J].外语界,2014(05):83.

[73] 沈鞠明,高永晨.基于知行合一模式的中国大学生跨文化交际能力测评量表构建研究[J].中国外语,2015(04):14—21.

[74] 石伟平.能力本位职业教育的历史与国际背景研究[J].外国教育资料,1998(06):19.

[75] 史玉娟,李彤.学习动机对非英语专业大学英语教学的影响[J].辽宁商务职业学院学报,2003(01):64—65.

[76] 束定芳.继续推进和深化大学英语教学改革[J].外语教学与研究,2014(03):446.

[77] 宋红波.档案袋评价与英语自主学习能力培养的关系——一项基于课外自选阅读的实证研究[J].天津外国语大学学报,2014(02):42—48.

[78] 孙守超.学习动机与课堂教学[J].枣庄师专学报,1992(01):98—101.

[79] 孙毅.高等学校商务英语专业本科教学质量国家标准的地方性解读:国标与校标的对照[J].外语界,2016(02):51.

[80] 孙玉华.提高外语教学质量为我国经济建设培养合格人才——浅谈近年来大外俄语系教学改革[J].外语与外语教学,1992(06):30.

[81] 孙云梅.大学综合英语课堂环境调查与研究[J].外语教学与研究,2010(06):438—444.

[82] 汤闻励.动机因素影响英语口语学习的调查与分析[J].外语教学,2005(02):65—68.

[83] 田恩舜.试论高等教育质量保证中的三种力量[J].高教探索,2005(03):17.

[84] 汪家扬,李俊峰.深化大学英语教学改革,进一步提高大学英语教学质量[J].外语界,1995(02):34—39.

[85] 王蓓蕾,安琳.大学英语课堂教学评价标准探微——从"外教社杯"全国大学英语教学大赛评分标准说起[J].外语界,2012(03):42—50.

[86] 王登文.大学英语网络自主学习形成性评估设计[J].中国成人教育,2006(09):166.

[87] 王汉英,张红梅.学生对 EFL 课堂交际模式的认知对大学英语教学质量影响[J].高等工程教育研究,2008(S1):38.

[88] 王嘉毅.教学质量及其保障与监控[J].高等教育研究,2002(01):74.

[89] 王洁.新学习环境下英语专业学生英语语用能力和学习动机的相关研究[D].兰州交通大学,2016.

[90] 王立非,叶兴国,严明,彭青龙,许德金.商务英语专业本科教学质量国家标准要点解读[J].外语教学与研究,2015(02):301—302.

[91] 王立国.基于教师专业发展的教师素质标准研究[D].西北师范大学,2007.

[92] 王利娜.自我效能感,学习动机与大学生英语自主学习关系的实证研究[J].广西师范大学学报:哲学社会科学版,2014(03):195—200.

[93] 王美美.通过课堂显性语用教学培养大学生的语用能力[D].河北师范大学,2007.

[94] 王秋香,徐霜雪.学习动机对大学生英语自主学习影响的研究[J].南昌航空大学学报:社会科学版,2015(03):105—111.

[95] 王瑞芝,刘芝琳.影响提高外语教学质量的几个因素[J].清华大学教育研究,2003(S1):5—8.

[96] 王守仁.继续推进和深化大学英语教学改革,全面提高教学质量[J].中国大

学教学,2006(07)7—59.

[97]王守仁.以提高我国高等学校教学质量为出发点,推进大学英语教学改革[J].外语界,2006(05):5.

[98]王淑玲,廉勇.王国辉外语学习动机与课堂教学[J].承德石油高等专科学校学报,2010(02):92—94.

[99]王湘霁.英语专业研究生英语学习动机与跨文化交际能力相关性实证研究[D].首都师范大学,2012.

[100]王永军,李景银.与专业课同步,提高专业外语教学质量[J].高等工程教育究,1996(01):2—8.

[101]王宇欢.浙江省高校外籍教师英语口语课教学现状调查[D].浙江师范大学,2007.

[102]温忠麟,侯杰泰,马什,等.结构方程模型检验:拟合指数与卡方准则[J].心理学报,2004,36(02):186—194.

[103]温忠麟,张雷,侯杰泰,等.中介效应检验程序及其应用[J].心理学报,2004,36(05):614—620.

[104]文秋芳.输出驱动—输入促成假设构建大学外语课堂教学理论的尝试[J].中国外语教育,2014(02):3—12.

[105]吴雪萍.构建职业教育质量保障体系的国际经验及其启示[J].教育发展研究,2014(07):49—54.

[106]吴一安.优秀外语教师专业素质探究[J].外语教学与研究,2005,37(03):199—205.

[107]夏纪梅.影响大学英语教学质量的相关因素[J].外语界,2000(04):2—6.

[108]肖平平,肖新英,许燕.农业地区的大学外语教学质量与生源的关系分析[J].农业考古,2007(06):404.

[109]谢家树.大学生学习自主性量表的初步编制及试测[D].湖南师范大学,2002.

[110]徐惠仁.浅谈教师教学过程性评价的价值与策略[J].上海教育科研,2012(07):69—71.

[111]徐锦芬,彭仁忠,吴卫平.非英语专业大学生自主性英语学习能力调查与分析[J].外语教学与研究,2004,36(01):64—68.

[112]徐艳红.独立学院大学生英语学习动机与自主学习能力相关性的研究[D].湖南师范大学,2008.

[113] 闫增丽,张丽梅.输出驱动—输入促成假设下的外语教学实践探索—项提高英语语言输出质量的实证研究[J].长白山大学学报,2015(04):74—76.

[114] 颜静兰.外语教师跨文化交际能力的"缺口"与"补漏"[J].上海师范大学学报:哲学社会科学版,2014(01):138—145.

[115] 杨德洪.学习动机对大学英语口语教学的影响[J].成都大学学报:社会科学版,2005(F09):71.

[116] 杨明.构建以质量为核心的高校外语教学管理体系[J].西安邮电学院学报,2010(03):165—168.

[117] 杨泉良.职业教育教学质量的能力标准[J].淮北职业技术学院学报,2014(01):66.

[118] 易红.外语教学质量的影响因素及其提高途径[J].新疆大学学报:哲学社会科学版,2003(S1):120—122.

[119] 余小兰.自主学习与外语教师素质培养策略[J].中国高教研究,2005(02):92—93.

[120] 俞理明,袁平华.应用语言学还是教育语言学——对二语习得研究学科属性的思考[J].现代外语,2004(03):282—293.

[121] 张可任.谈外语院校的培养目标与提高教学质量的关系[J].外国语文教学,1980(02):2.

[122] 张丽丽.外语教学过程中的动态评价研究[J].宿州学院学报,2007(05):160—162.

[123] 张林华,赵林彤,唐小绘.高校外语课堂教学低效问题及对策[J].教育学术月刊,2010(10):111.

[124] 张森,张明芳.构建动态多维的外语教学评价体系[J].河北科技大学学报:社会科学版,2009(02):115—116.

[125] 张天霞.基于新教学模式的自主学习能力实证研究[J].天津外国语学院学报,2009(04):75—80.

[126] 张卫东,杨莉.跨文化交际能力体系的构建——基于外语教育视角和实证研究方法[J].外语界,2012(02):8—15.

[127] 张应强.高等教育质量观与高等教育大众化进程[J].江苏高教,2001(05):10.

[128] 张玉华.语言教育学漫谈[J].解放军外语学院学报,1998(05):9—14.

[129] 赵伟舟,景慧丽,王惠珍.基于多层次综合评价系统的教学质量评价系统

的设计[J].计算机与数字工程,2016(10):1880—1883.

[130] 赵中建.ISO9000 质量认证体系适用于学校吗?——关于教育领域引进质量体系认证的思考[J].上海教育,001(11):11.

[131] 钟华,白谦慧,樊葳葳.中国大学生跨文化交际能力自测量表构建的先导研究[J].外语界,2013(03):47—56.

[132] 钟美荪.实施本科教学质量国家标准,推进外语类专业教学改革与发展[J].外语界,2015(02):2—6.

[133] 仲伟合.英语类专业本科教学质量国家标准指导下的英语类专业创新发展[J].外语界,2015(03):7.

[134] 周娟.学习动机对大学英语学习的影响的初步探析[J]. 郧阳师范高等专科学校学报,2012(02):122—125.

[135] 周维杰.过程教学法对翻译教学质量的影响[J].扬州大学学报:高教研究版,2008(06):90—93.

[136] 朱荫成.分析提高大学英语教学质量的有效途径[J].广西大学学报:哲学社会科学版,2007(S2):182.

[137] 朱万忠,韩萍.加强专业英语师资培训课程建设,提高大学英语后续教学质量[J].外语界,2002(04):42.

[138] 朱彦. 提高外语课堂教学有效性的关键因素——兼析第三届"外教社杯"全国高校外语教学大赛的优秀教学个案[J].外语界,2013(02):50—58.

[139] 庄文中.师教学语言的功能、语言环境和基本要求[J].语言文字应用,1994(03):54—58.

电子文献

[1] 打造一带一路职业教育共同体[EB/OL].http://edu.people.com.cn/n1c1006—29340234.html 2016-6-15.

[2] 国家中长期教育改革和发展规划纲要(2010—2020 年)[EB/OL]. http://old. moe. gov. cn/publicfiles /business/htmlfiles/moe/info_ list/ 201407/xxgk _171904.html.2010-07-29.

[3] 教育部关于印发《推进共建"一带一路"教育行动》的通知[EB/OL]. http://www. moe. edu. cn/srcsite/A20/s7068/201608/t20160811 _ 274679. html 2016-7-15.

[4] 刘延东强调建设高素质专业化教师队伍——为办好人民满意的教育夯实根基[EB-OL]. http://paper. people. com. cn/rmrb/htm/lnw. D110000renmrb _

20170908_1-04.htm.2017-9-08/.

　　[5]人才培养水平是衡量高教质量的首要标准——二论学习贯彻全面提高高等教育质量工作会议精神[EB/OL]. http://old.moe.gov.cn//publicfiles/ business/htmlfiles/moe/s6414/201203/132995.html 2012-3-26.

　　[6]中国的对外援助(2014)白皮书[EB/OL].http://www.scio.gov.cn/zfbps/ndhf/ 2014/ document/ 1375013 /1375013_1.htm 2014-7-10.

附录 1 外语教学质量调查问卷（预试版）

编号：

尊敬的老师：

　　您好！因研究需要，笔者设计本问卷，皆在了解您对本校外语教学现状和外语教学质量的指标结构等方面的看法，请根据您的经验在相应的数字下划"√"。本研究是否成功，端赖您的支持，恳请惠予协助！谢谢！

2015 年 10 月

第一部分：高职院校外语教学现状

Ⅰ教师队伍现状		很不同意	不同意	较不同意	中性	有点同意	同意	非常同意
FA 1	学校重视外语教师培训	1	2	3	4	5	6	7
FA 2	外语教师教学任务繁重	1	2	3	4	5	6	7
FA 3	外语教师的工作压力大	1	2	3	4	5	6	7
FA 4	外语教师角色定位模糊	1	2	3	4	5	6	7
FA 5	外语教师科研能力欠缺	1	2	3	4	5	6	7
FA 6	教师听说能力有待提高	1	2	3	4	5	6	7
FA 7	教师读写能力有待提高	1	2	3	4	5	6	7
FA 8	教师外语能力急需提高	1	2	3	4	5	6	7

续　表

Ⅱ 教学环境现状	很不同意	不同意	较不同意	中性	有点同意	同意	非常同意
EN 1　硬件设施较少采用外语标示	1	2	3	4	5	6	7
EN 2　学校营造外语文化环境	1	2	3	4	5	6	7
EN 3　外语教学缺少支持与服务环境	1	2	3	4	5	6	7
EN 4　国家政策层面重视外语教学	1	2	3	4	5	6	7
EN 5　高职院校外语教学面临危机	1	2	3	4	5	6	7
Ⅲ 教学管理现状	**很不同意**	**不同意**	**较不同意**	**中性**	**有点同意**	**同意**	**非常同意**
MA 1　外语教师参与教学管理	1	2	3	4	5	6	7
MA 2　管理与成绩无直接关系	1	2	3	4	5	6	7
MA 3　外语教学管理制度缺位	1	2	3	4	5	6	7
MA 4　外语教学评价模式落后	1	2	3	4	5	6	7
MA 5　外语课程设置随意性大	1	2	3	4	5	6	7
MA 6　外语教学管理确实重要	1	2	3	4	5	6	7
Ⅳ 生源状况现状	**很不同意**	**不同意**	**较不同意**	**中性**	**有点同意**	**同意**	**非常同意**
RE 1　理论基础知识不足	1	2	3	4	5	6	7
RE 2　外语学习方法欠缺	1	2	3	4	5	6	7
RE 3　外语学习动机缺乏	1	2	3	4	5	6	7
RE 4　外语听说能力较弱	1	2	3	4	5	6	7
RE 5　外语应用能力薄弱	1	2	3	4	5	6	7
RE 6　自主学习能力较弱	1	2	3	4	5	6	7
Ⅴ 社会服务现状	**很不同意**	**不同意**	**较不同意**	**中性**	**有点同意**	**同意**	**非常同意**
SN 1　教学标准与社会要求脱节	1	2	3	4	5	6	7
SN 2　课程体系与工作环节脱节	1	2	3	4	5	6	7
SN 3　人才规格与社会需求脱节	1	2	3	4	5	6	7

第二部分：外语教学质量的维度

Ⅰ 交际质量	很不同意	不同意	较不同意	中性	有点同意	同意	非常同意
FLC 1 基本语言知识掌握的程度	1	2	3	4	5	6	7
FLC 2 具有强烈的跨文化交际意识	1	2	3	4	5	6	7
FLC 3 善于运用外语交际策略	1	2	3	4	5	6	7

Ⅱ 语用质量	很不同意	不同意	较不同意	中性	有点同意	同意	非常同意
FLP 1 注意语言行为的社会性	1	2	3	4	5	6	7
FLP 2 能根据地位状况选择用语	1	2	3	4	5	6	7
FLP 3 能根据熟悉程度选择用语	1	2	3	4	5	6	7

Ⅲ 自主学习质量	很不同意	不同意	较不同意	中性	有点同意	同意	非常同意
AUL 1 外语学习目标的自我规划	1	2	3	4	5	6	7
AUL 2 具有持久的外语学习信念	1	2	3	4	5	6	7
AUL 3 自我监控外语学习过程	1	2	3	4	5	6	7
AUL 4 具有适合自主学习的环境	1	2	3	4	5	6	7
AUL 5 探索适合自己的学习方法	1	2	3	4	5	6	7
AUL 6 能对学习结果进行自我评价	1	2	3	4	5	6	7

第三部分：外语教学质量的影响因素

Ⅰ 外语教师发展	很不同意	不同意	较不同意	中性	有点同意	同意	非常同意
TD 1 教师自身的外语水平满足教学需要	1	2	3	4	5	6	7
TD 2 教师不定时到企业挂职锻炼	1	2	3	4	5	6	7
TD 3 教师了解职教外语教学规律	1	2	3	4	5	6	7

Ⅱ 外语学习环境	很不同意	不同意	较不同意	中性	有点同意	同意	非常同意
LE 1 教师按照工作任务组织教学	1	2	3	4	5	6	7
LE 2 重视企业文化在课堂教学中的渗透	1	2	3	4	5	6	7
LE 3 关注异域文化情景	1	2	3	4	5	6	7
LE 4 引导、协调和激发学生学习外语	1	2	3	4	5	6	7

续　表

Ⅱ 外语学习环境		很不同意	不同意	较不同意	中性	有点同意	同意	非常同意
LE 5	根据学生差异因材施教	1	2	3	4	5	6	7
LE 6	教师本人注重个性化教学	1	2	3	4	5	6	7
Ⅲ 课堂教学过程		很不同意	不同意	较不同意	中性	有点同意	同意	非常同意
TP 1	教师准确输入教学内容	1	2	3	4	5	6	7
TP 2	在职业行动导向下安排外语教学	1	2	3	4	5		7
TP 3	在行业背景下输出语言任务	1	2	3	4	5		7
TP 4	对照教学计划检查教学开展情况	1	2	3	4	5		7
TP 5	多路径反馈教师教学状况	1	2	3	4	5	6	7
Ⅳ 教学质量评价		很不同意	不同意	较不同意	中性	有点同意	同意	非常同意
QA 1	教师关注课程建设和运行	1	2	3	4	5	6	7
QA 2	善于利用计算机辅助教学	1	2	3	4	5	6	7
QA 3	多渠道与学生进行讯息交换	1	2	3	4	5	6	7
QA 4	以学生为中心调整教学方法	1	2	3	4	5	6	7
QA 5	学生的学习效果达到教学目标	1	2	3	4	5	6	7
QA 6	教学任务与工作任务对接顺利	1	2	3	4	5	6	7
QA 7	给学生布置过多的课外作业	1	2	3	4	5	6	7
Ⅴ 外语学习动机		很不同意	不同意	较不同意	中性	有点同意	同意	非常同意
LM 1	学生对外语有强烈的学习兴趣	1	2	3	4	5	6	7
LM 2	外部压力推动学生学习外语	1	2	3	4	5	6	7
LM 3	学生怀疑个人的外语学习能力	1	2	3	4	5	6	7
LM 4	以提高人文素养为目的学习外语	1	2	3	4	5	6	7
LM 5	学生的外语学习目标具有超前性	1	2	3	4	5	6	7

第三部分:个人背景

性别:① 男　　② 女	单位名称:
职称:① 助教　② 讲师　③ 副高 　　④ 正高	年龄:① 20—30　② 31—40　③ 41—50 　　④ 51—60

附录 2　外语教学质量调查问卷（正式版）

编号：

尊敬的老师：

　　您好！因研究需要,笔者设计本问卷,皆在了解您对本校外语教学现状、外语教学评价质量的指标结构以及外语教学评价质量的影响因素等方面的情况,请根据您的经验在相应的数字下划"√"。本研究是否成功,端赖您的支持,恳请惠予协助！谢谢！

2015 年 12 月

第一部分:高职院校外语教学现状

Ⅰ 教师队伍现状		很不同意	不同意	较不同意	中性	有点同意	同意	非常同意
FA 1	学校重视外语教师培训	1	2	3	4	5	6	7
FA 2	外语教师教学任务繁重	1	2	3	4	5	6	7
FA 3	外语教师的工作压力大	1	2	3	4	5	6	7
FA 4	外语教师角色定位模糊	1	2	3	4	5	6	7
FA 5	外语教师科研能力欠缺	1	2	3	4	5	6	7
FA 6	教师外语能力急需提高	1	2	3	4	5	6	7

续　表

Ⅱ 教学环境现状		很不同意	不同意	较不同意	中性	有点同意	同意	非常同意
EN 1	硬件设施较少采用外语标示	1	2	3	4	5	6	7
EN 2	学校营造外语文化环境	1	2	3	4	5	6	7
EN 3	外语教学缺少支持与服务环境	1	2	3	4	5	6	7
EN 4	国家政策层面重视外语教学	1	2	3	4	5	6	7
EN 5	高职院校外语教学面临危机	1	2	3	4	5	6	7
Ⅲ 教学管理现状		很不同意	不同意	较不同意	中性	有点同意	同意	非常同意
MA 1	外语教师参与教学管理	1	2	3	4	5	6	7
MA 2	管理与成绩无直接关系	1	2	3	4	5	6	7
MA 3	外语教学管理制度缺位	1	2	3	4	5	6	7
MA 4	外语教学评价模式落后	1	2	3	4	5	6	7
Ⅳ 生源状况现状		很不同意	不同意	较不同意	中性	有点同意	同意	非常同意
RE 1	理论基础知识不足	1	2	3	4	5	6	7
RE 2	外语学习方法欠缺	1	2	3	4	5	6	7
RE 3	外语学习动机缺乏	1	2	3	4	5	6	7
RE 4	外语听说能力较弱	1	2	3	4	5	6	7
RE 5	外语应用能力薄弱	1	2	3	4	5	6	7
RE 6	自主学习能力较弱	1	2	3	4	5	6	7
Ⅴ 社会服务现状		很不同意	不同意	较不同意	中性	有点同意	同意	非常同意
SN 1	教学标准与社会要求脱节	1	2	3	4	5	6	7
SN 2	课程体系与工作环节脱节	1	2	3	4	5	6	7
SN 3	人才规格与社会需求脱节	1	2	3	4	5	6	7

第二部分:外语教学质量的维度

	Ⅰ 交际及语用质量	很不同意	不同意	较不同意	中性	有点同意	同意	非常同意
FLC 1	基本语言知识掌握的程度	1	2	3	4	5	6	7
FLC 2	具有强烈的跨文化交际意识	1	2	3	4	5	6	7
FLC 3	善于运用外语交际策略	1	2	3	4	5	6	7
FLP 1	注意语言行为的社会性	1	2	3	4	5	6	7

	Ⅱ 自主学习质量	很不同意	不同意	较不同意	中性	有点同意	同意	非常同意
AUL 1	外语学习目标的自我规划	1	2	3	4	5	6	7
AUL 2	具有持久的外语学习信念	1	2	3	4	5	6	7
AUL 3	自我监控外语学习过程	1	2	3	4	5	6	7
AUL 4	具有适合自主学习的环境	1	2	3	4	5	6	7

第三部分:外语教学质量的影响因素

	Ⅰ 外语教师发展	很不同意	不同意	较不同意	中性	有点同意	同意	非常同意
TD 1	教师自身的外语水平满足教学需要	1	2	3	4	5	6	7
TD 2	教师不定时到企业挂职锻炼	1	2	3	4	5	6	7
TD 3	教师了解职教外语教学规律	1	2	3	4	5	6	7

	Ⅱ 外语学习环境	很不同意	不同意	较不同意	中性	有点同意	同意	非常同意
LE 1	教师按照工作任务组织教学	1	2	3	4	5	6	7
LE 2	重视企业文化在课堂教学中的渗透	1	2	3	4	5	6	7
LE 3	关注异域文化情景	1	2	3	4	5	6	7
LE 4	引导、协调和激发学生学习外语	1	2	3	4	5	6	7

续　表

Ⅲ　课堂教学过程		很不同意	不同意	较不同意	中性	有点同意	同意	非常同意
TP 1	教师准确输入教学内容	1	2	3	4	5	6	7
TP 2	在职业行动导向下安排外语教学	1	2	3	4	5	6	7
TP 3	在行业背景下输出语言任务	1	2	3	4	5	6	7
TP 4	路径反馈教师教学状况	1	2	3	4	5	6	7
Ⅳ　教学质量评价		很不同意	不同意	较不同意	中性	有点同意	同意	非常同意
QA 1	教师关注课程建设和运行	1	2	3	4	5	6	7
QA 2	善于利用计算机辅助教学	1	2	3	4	5	6	7
QA 3	多渠道与学生进行讯息交换	1	2	3	4	5	6	7
QA 4	以学生为中心调整教学方法	1	2	3	4	5	6	7
QA 5	学生的学习效果达到教学目标	1	2	3	4	5	6	7
QA 6	教学任务与工作任务对接顺利	1	2	3	4	5	6	7
Ⅴ　外语学习动机		很不同意	不同意	较不同意	中性	有点同意	同意	非常同意
LM 1	学生对外语有强烈的学习兴趣	1	2	3	4	5	6	7
LM 2	外部压力推动学生学习外语	1	2	3	4	5	6	7
LM 3	学生怀疑个人的外语学习能力	1	2	3	4	5	6	7
LM 4	以提高人文素养为目的学习外语	1	2	3	4	5	6	7
LM 5	学生的外语学习目标具有超前性	1	2	3	4	5	6	7

第四部分：个人背景

性别：① 男　　② 女	单位名称：
职称：① 助教　② 讲师　③ 副高 　　　④ 正高	年龄：① 20—30　② 31—40　③ 41—50 　　　④ 51—60

附录 3　正态分布检测及其项目分析表

附表 3.1　探索式因子分析的正态分布检测和项目分析表

附表 3.1.1　正态分布检测结果

测量条款	最小值	最大值	平均值	标准偏差	偏度		峰度	
					偏度值	标准误	峰度值	标准误
FLC1	1.00	7.00	5.1093	1.06524	−0.425	0.111	0.607	0.221
FLC2	1.00	7.00	5.1299	0.99047	−0.378	0.111	0.604	0.221
FLC3	1.00	7.00	5.1773	1.00695	−0.459	0.111	1.029	0.221
FLP1	1.00	7.00	5.0804	1.06587	−0.593	0.111	1.135	0.221
FLP2	1.00	7.00	4.8247	1.18888	−0.287	0.111	0.212	0.221
FLP3	1.00	7.00	5.0866	1.05270	−0.366	0.111	0.802	0.221
AUL1	1.00	7.00	4.9155	1.07712	−0.329	0.111	0.925	0.221
AUL2	1.00	7.00	5.0433	1.11719	−0.469	0.111	0.871	0.221
AUL3	1.00	7.00	5.0351	1.16101	−0.243	0.111	0.438	0.221
AUL4	1.00	7.00	5.0474	1.07748	−0.313	0.111	0.618	0.221
AUL5	1.00	7.00	5.1361	0.68185	−0.609	0.111	8.900	0.221
AUL6	1.00	7.00	5.0021	0.67878	−0.003	0.111	5.564	0.221

附表 3.1.2　维度 27 及 73 分位数汇总

		SUMFLC	SUMFLP	SUMAUL
N	有效	485	485	485
	缺失	0	0	0
百分位数	27	14.000	14.000	28.000
	73	17.000	17.000	33.000

附表 3.1.3　交际质量（FLC）分组统计结果

观测指标	分群	数字	平均值	标准偏差	标准误差均值
FLC1：	1.00	163	4.172	0.900	0.070
	2.00	164	6.104	0.633	0.049
FLC2：	1.00	163	4.178	0.777	0.061
	2.00	164	5.927	0.612	0.048
FLC3：	1.00	163	4.313	0.879	0.069
	2.00	164	6.043	0.677	0.053

附表 3.1.4　交际质量（FLC）独立样本检验结果

	列文方差相等性检验		平均值相等性的 t 检验					95％置信区间	
	F	显著性	t	自由度	p	平均差	标准误	下限	上线
FLC1：已假设方差齐性；	12.145	0.001	−22.468	325	0.000	−1.932	0.086	−2.101	−1.763
未假设方差齐性			−22.445	290.562	0.000	−1.932	0.086	−2.101	−1.762
FLC2：已假设方差齐性；	3.908	0.049	−22.610	325	0.000	−1.749	0.077	−1.901	−1.597
未假设方差齐性			−22.594	307.318	0.000	−1.749	0.077	−1.901	−1.597
FLC3：已假设方差齐性；	13.749	0.000	−19.950	325	0.000	−1.730	0.087	−1.900	−1.559
未假设方差齐性			−19.934	304.296	0.000	−1.730	0.087	−1.901	−1.559

附表 3.1.5　自主学习质量（AUL）分组统计结果

观测指标	分组	数字	平均值	标准偏差	标准误差均值
AUL1	1.00	156	3.994	0.831	0.067
	2.00	143	5.972	0.721	0.060
AUL2	1.00	156	3.897	0.866	0.069
	2.00	143	6.238	0.593	0.050

续　表

观测指标	分组	数字	平均值	标准偏差	标准误差均值
AUL3	1.00	156	3.955	0.845	0.068
	2.00	143	6.308	0.596	0.050
AUL4	1.00	156	4.083	0.901	0.072
	2.00	143	6.161	0.613	0.051
AUL5	1.00	156	4.840	0.791	0.063
	2.00	143	5.448	0.678	0.057
AUL6	1.00	156	4.667	0.666	0.053
	2.00	143	5.392	0.779	0.065

附表 3.1.6　自主学习质量（AUL）独立样本检验结果

	列文方差相等性检验		平均值相等性的 t 检验					95%置信区间	
	F	显著性	t	自由度	p	平均差	标准误	下限	上线
AUL1:已假设方差齐性;	0.005	0.943	−21.898	297	0.000	−1.978	0.090	−2.156	−1.801
未假设方差齐性			−22.032	296.144	0.000	−1.978	0.090	−2.155	−1.802
AUL2:已假设方差齐性;	1.231	0.268	−27.017	297	0.000	−2.340	0.087	−2.511	−2.170
未假设方差齐性			−27.447	275.368	0.000	−2.340	0.085	−2.508	−2.172
AUL3:已假设方差齐性;	0.360	0.549	−27.587	297	0.000	−2.353	0.085	−2.520	−2.185
未假设方差齐性			−27.994	279.166	0.000	−2.353	0.084	−2.518	−2.187
AUL4:已假设方差齐性;	4.470	0.035	−23.101	297	0.000	−2.078	0.090	−2.254	−1.901
未假设方差齐性			−23.474	274.509	0.000	−2.078	0.089	−2.252	−1.903

续　表

	列文方差相等性检验		平均值相等性的 t 检验					95%置信区间	
	F	显著性	t	自由度	p	平均差	标准误	下限	上线
AUL5：已假设方差齐性；未假设方差齐性	6.530	0.011	−7.101	297	0.000	−0.608	0.086	−0.776	−0.439
			−7.148	295.714	0.000	−0.608	0.085	−0.775	−0.440
AUL6：已假设方差齐性；未假设方差齐性	7.242	0.008	−8.675	297	0.000	−0.725	0.084	−0.889	−0.560
			−8.617	280.617	0.000	−0.725	0.084	−0.891	−0.559

附表 3.1.7　交际质量（FLP）分组统计结果

观测指标	分群	数字	平均值	标准偏差	标准误差均值
FLP1	1.00	192	4.302	0.972	0.070
	2.00	143	6.035	0.676	0.057
FLP2	1.00	192	3.854	0.943	0.068
	2.00	143	6.014	0.760	0.064
FLP3	1.00	192	4.323	0.927	0.067
	2.00	143	6.105	0.699	0.058

附表 3.1.8　交际质量（FLP）独立样本检验结果

	列文方差相等性检验		平均值相等性的 t 检验					95%置信区间	
	F	显著性	t	自由度	p	平均差	标准误	下限	上线
FLP1：已假设/未假设方差齐性	29.481	0.000	−18.278	333	0.000	−1.733	0.095	−1.919	−1.546
			−19.238	331.526	0.000	−1.733	0.090	−1.910	−1.556
FLP2：已假设/未假设方差齐性	4.562	0.033	−22.482	333	0.000	−2.160	0.096	−2.349	−1.971
			−23.195	330.924	0.000	−2.160	0.093	−2.343	−1.977

续　表

	列文方差相等性检验		平均值相等性的 t 检验					95% 置信区间	
	F	显著性	t	自由度	p	平均差	标准误	下限	上线
FLC3：已假设/未假设方差齐性	15.849	0.000	−19.269	333	0.000	−1.782	0.092	−1.964	−1.600
			−20.061	332.936	0.000	−1.782	0.089	−1.957	−1.607

附表 3.2　验证式因子分析的正态分布检测和项目分析表

附表 3.2.1　数据正态分布检测结果

测量条款	最小值	最大值	平均值	标准偏差	偏度		峰度	
					偏度值	标准误	峰度值	标准误
FLC1	1.00	7.00	5.085	1.044	−0.366	0.100	0.528	0.200
FLC2	1.00	7.00	5.119	0.979	−0.283	0.100	0.398	0.200
FLC3	1.00	7.00	5.182	0.990	−0.392	0.100	0.882	0.200
FLP1	1.00	7.00	5.043	1.071	−0.481	0.100	0.959	0.200
AUL1	1.00	7.00	4.906	1.112	−0.327	0.100	0.809	0.200
AUL2	1.00	7.00	5.033	1.101	−0.467	0.100	0.955	0.200
AUL3	1.00	7.00	5.002	1.141	−0.207	0.100	0.519	0.200
AUL4	1.00	7.00	5.048	1.081	−0.336	0.100	0.665	0.200

附表 3.2.2　27 及 73 分位数汇总

		交际及语用质量	自主学习质量
N	有效	598	598
	缺失	0	0
百分位数	27	19.0000	18.0000
	73	22.0000	22.0000

附表 3.2.3　交际及语用质量观测指标分组统计结果

观测指标	分群	数字	平均值	标准差	误差值
FLC1：	1	216	4.245	0.884	0.060
	2	220	5.950	0.717	0.048
FLC2：	1	216	4.310	0.802	0.055
	2	220	5.873	0.691	0.047
FLC3：	1	216	4.389	0.844	0.057
	2	220	5.927	0.743	0.050
FLP1：	1	216	4.269	0.956	0.065
	2	220	5.809	0.849	0.057

附表 3.2.4　交际及语用质量观测指标独立样本检验结果

	列文方差相等性检验		平均值相等性的 t 检验					95％置信区间	
	F	显著性	t	自由度	p	平均差	标准误	下限	上线
FLC1：已/ 未假设方差	11.9	0.001	-22.138	434.000	0.000	-1.705	0.077	-1.856	-1.553
			-22.096	413.107	0.000	-1.705	0.077	-1.856	-1.553
FLC2：已/ 未假设方差	5.54	0.019	-21.816	434.000	0.000	-1.563	0.072	-1.703	-1.422
			-21.786	422.303	0.000	-1.563	0.072	-1.704	-1.422
FLC3：已/ 未假设方差	8.00	0.005	-20.207	434.000	0.000	-1.538	0.076	-1.688	-1.389
		0.001	-20.183	424.961	0.000	-1.538	0.076	-1.688	-1.389
FLP1：已/ 未假设方差	2.84	0.092	-17.798	434.000	0.000	-1.541	0.087	-1.711	-1.370
			-17.779	426.137	0.000	-1.541	0.087	-1.711	-1.370

附表 3.2.5　自主学习质量观测指标（AUL）分组统计结果

观测指标	分组	数字	平均值	标准偏差	标准误差均值
AUL1	1.00	197	3.944	0.852	0.061
	2.00	190	5.995	0.716	0.052
AUL2	1.00	197	3.909	0.840	0.060
	2.00	190	6.153	0.620	0.045

观测指标	分组	数字	平均值	标准偏差	标准误差均值
AUL3	1.00	197	3.964	0.823	0.059
	2.00	190	6.195	0.682	0.049
AUL4	1.00	197	4.076	0.897	0.064
	2.00	190	6.089	0.688	0.050

附表 3.2.6　自主学习质量观测指标（AUL）独立样本检验结果

	列文方差相等性检验		平均值相等性的 t 检验					95％置信区间	
	F	显著性	t	自由度	p	平均差	标准误	下限	上线
AUL1：已/未假设方差齐性	0.552	0.458	−25.575	385.000	0.000	−2.051	0.080	−2.208	−1.893
			−25.655	377.982	0.000	−2.051	0.080	−2.208	−1.893
AUL2：已/未假设方差齐性	0.822	0.365	−29.815	385.000	0.000	−2.244	0.075	−2.392	−2.096
			−29.975	360.513	0.000	−2.244	0.075	−2.391	−2.097
AUL3：已/未假设方差齐性	3.265	0.072	−28.980	385.000	0.000	−2.230	0.077	−2.382	−2.079
			−29.078	376.453	0.000	−2.230	0.077	−2.381	−2.079
AUL4：已/未假设方差齐性	2.697	0.101	−24.703	385.000	0.000	−2.013	0.082	−2.174	−1.853
	0.552	0.458	−24.820	366.528	0.000	−2.013	0.081	−2.173	−1.854

附表 3.2.7　单维度检验（Bartlett 的球形系数均显著，P＝0.000）

维度	指标	KMO	载荷	初始特征值			提取载荷平方和		
				总计	方差百分比	累积%	总计	方差百分比	累积%
交际	FLC1	0.783	0.813	2.440	60.997	76.712	3.068	76.712	76.712
及	FLC3		0.811	0.637	15.925	87.733			
语用	FLC2		0.786	0.483	12.071	95.785			
质量	FLP1		0.710	0.440	11.006	100.000			

续　表

维度	指标	KMO	载荷	初始特征值			提取载荷平方和		
				总计	方差百分比	累积%	总计	方差百分比	累积%
自主学习质量	AUL1	0.821	0.927	3.068	76.712	71.776	4.307	71.776	71.776
	AUL2		0.903	0.441	11.021	81.623			
	AUL3		0.847	0.322	8.052	88.844			
	AUL4		0.822	0.169	4.215	93.475			

附录 4　模型交叉效度参数估计全等表

附表 4.1　交际及语用质量模型交叉效度参数估计全等表

Modelname(模型名称)				
Measurement Weights	Structural Weights	Structural Covariances	Structural Residuals	Structural Residuals
a1_1＝a1_2	a1_1＝a1_2	a2_1＝a2_2	a2_1＝a2_2	a1_1＝a1_2
a2_1＝a2_2	a2_1＝a2_2	a3_1＝a3_2	a3_1＝a3_2	a2_1＝a2_2
a3_1＝a3_2	a3_1＝a3_2	a4_1＝a4_2	a4_1＝a4_2	a3_1＝a3_2
a4_1＝a4_2	a4_1＝a4_2	a5_1＝a5_2	a5_1＝a5_2	a4_1＝a4_2
a5_1＝a5_2	a5_1＝a5_2	a6_1＝a6_2	a6_1＝a6_2	a5_1＝a5_2
a6_1＝a6_2	a6_1＝a6_2	a7_1＝a7_2	a7_1＝a7_2	a6_1＝a6_2
a7_1＝a7_2	a7_1＝a7_2	a8_1＝a8_2	a8_1＝a8_2	a7_1＝a7_2
a8_1＝a8_2	a8_1＝a8_2	a9_1＝a9_2	a9_1＝a9_2	a8_1＝a8_2
a9_1＝a9_2	a9_1＝a9_2	a10_1＝a10_2	a10_1＝a10_2	a9_1＝a9_2
a10_1＝a10_2	a10_1＝a10_2	a11_1＝a11_2	a11_1＝a11_2	a10_1＝a10_2
a11_1＝a11_2	a11_1＝a11_2	a12_1＝a12_2	a12_1＝a12_2	a11_1＝a11_2
a12_1＝a12_2	a12_1＝a12_2	a13_1＝a13_2	a13_1＝a13_2	a12_1＝a12_2
a13_1＝a13_2	a13_1＝a13_2	a14_1＝a14_2	a14_1＝a14_2	a13_1＝a13_2
a14_1＝a14_2	a14_1＝a14_2	a15_1＝a15_2	a15_1＝a15_2	a14_1＝a14_2
a15_1＝a15_2	a15_1＝a15_2	a16_1＝a16_2	a16_1＝a16_2	a15_1＝a15_2
a16_1＝a16_2	a16_1＝a16_2	a17_1＝a17_2	a17_1＝a17_2	a16_1＝a16_2
a17_1＝a17_2	a17_1＝a17_2	b1_1＝b1_2	b1_1＝b1_2	a17_1＝a17_2
	b1_1＝b1_2	b2_1＝b2_2	b2_1＝b2_2	b1_1＝b1_2
	b2_1＝b2_2	b3_1＝b3_2	b3_1＝b3_2	b2_1＝b2_2
	b3_1＝b3_2	b4_1＝b4_2	b4_1＝b4_2	a3_1＝b3_2

参数估计

续　表

| | Modelname（模型名称） | | | |
Measurement Weights	Structural Weights	Structural Covariances	Structural Residuals	Structural Residuals
	b4_1＝b4_2	b5_1＝b5_2	b5_1＝b5_2	b4_1＝b4_2
	b5_1＝b5_2	b6_1＝b6_2	b6_1＝b6_2	b5_1＝b5_2
	b6_1＝b6_2	b7_1＝b7_2	b7_1＝b7_2	b6_1＝b6_2
	b7_1＝b7_2	b8_1＝b8_2	b8_1＝b8_2	b7_1＝b7_2
	b8_1＝b8_2	b9_1＝b9_2	b9_1＝b9_2	b8_1＝b8_2
	b9_1＝b9_2	ccc1_1＝ccc1_2	ccc1_1＝ccc1_2	b9_1＝b9_2
		ccc2_1＝ccc2_2	ccc2_1＝ccc2_2	ccc1_1＝ccc1_2
		ccc3_1＝ccc3_2	ccc3_1＝ccc3_2	ccc2_1＝ccc2_2
		vvv1_1＝vvv1_2	vvv1_1＝vvv1_2	ccc3_1＝ccc3_2
		vvv2_1＝vvv2_2	vvv2_1＝vvv2_2	vvv1_1＝vvv1_2
		vvv3_1＝vvv3	vvv3_1＝vvv3_2	vvv2_1＝vvv2_2
参数估计			vv1_1＝vv1_2	vvv3_1＝vvv3_2
			vv2_1＝vv2_2	vv1_1＝vv1_2
			vv3_1＝vv3_2	vv2_1＝vv2_2
				vv3_1＝vv3_2
				v1_1＝v1_2
				v2_1＝v2_2
				v3_1＝v3_2
				v4_1＝v4_2
				v5_1＝v5_2
				v6_1＝v6_2
				v7_1＝v7_2
				v8_1＝v8_2
				v9_1＝v9_2
				v10_1＝v10_2
				v11_1＝v11_2
				v12_1＝v12_2
				v13_1＝v13_2
				v14_1＝v14_2

Modelname(模型名称)				
Measurement Weights	Structural Weights	Structural Covariances	Structural Residuals	Structural Residuals
				v15_1＝v15_2
				v16_1＝v16_2
				v17_1＝v17_2
				v18_1＝v18_2
				v19_1＝v19_2
				v20_1＝v20_2
				v21_1＝v21_2
				v22_1＝v22_2
				v23_1＝v23_2

参数估计

附表 4.2　自主学习质量模型交叉效度参数估计全等表

Modelname(模型名称)				
Measurement Weights	Structural Weights	Structural Covariances	Structural Residuals	Structural Residuals
a1_1＝a1_2	a1_1＝a1_2	a2_1＝a2_2	a2_1＝a2_2	a1_1＝a1_2
a2_1＝a2_2	a2_1＝a2_2	a3_1＝a3_2	a3_1＝a3_2	a2_1＝a2_2
a3_1＝a3_2	a3_1＝a3_2	a4_1＝a4_2	a4_1＝a4_2	a3_1＝a3_2
a4_1＝a4_2	a4_1＝a4_2	a5_1＝a5_2	a5_1＝a5_2	a4_1＝a4_2
a5_1＝a5_2	a5_1＝a5_2	a6_1＝a6_2	a6_1＝a6_2	a5_1＝a5_2
a6_1＝a6_2	a6_1＝a6_2	a7_1＝a7_2	a7_1＝a7_2	a6_1＝a6_2
a7_1＝a7_2	a7_1＝a7_2	a8_1＝a8_2	a8_1＝a8_2	a7_1＝a7_2
a8_1＝a8_2	a8_1＝a8_2	a9_1＝a9_2	a9_1＝a9_2	a8_1＝a8_2
a9_1＝a9_2	a9_1＝a9_2	a10_1＝a10_2	a10_1＝a10_2	a9_1＝a9_2
a10_1＝a10_2	a10_1＝a10_2	a11_1＝a11_2	a11_1＝a11_2	a10_1＝a10_2
a11_1＝a11_2	a11_1＝a11_2	a12_1＝a12_2	a12_1＝a12_2	a11_1＝a11_2
a12_1＝a12_2	a12_1＝a12_2	a13_1＝a13_2	a13_1＝a13_2	a12_1＝a12_2
a13_1＝a13_2	a13_1＝a13_2	a14_1＝a14_2	a14_1＝a14_2	a13_1＝a13_2
a14_1＝a14_2	a14_1＝a14_2	a15_1＝a15_2	a15_1＝a15_2	a14_1＝a14_2
a15_1＝a15_2	a15_1＝a15_2	a16_1＝a16_2	a16_1＝a16_2	a15_1＝a15_2

参数估计

Modelname（模型名称）				
Measurement Weights	Structural Weights	Structural Covariances	Structural Residuals	Structural Residuals
a16_1＝a16_2	a16_1＝a16_2	a17_1＝a17_2	a17_1＝a17_2	a16_1＝a16_2
a17_1＝a17_2	a17_1＝a17_2	b1_1＝b1_2	b1_1＝b1_2	a17_1＝a17_2
	b1_1＝b1_2	b2_1＝b2_2	b2_1＝b2_2	b1_1＝b1_2
	b2_1＝b2_2	b3_1＝b3_2	b3_1＝b3_2	b2_1＝b2_2
	b3_1＝b3_2	b4_1＝b4_2	b4_1＝b4_2	b3_1＝b3_2
	b4_1＝b4_2	b5_1＝b5_2	b5_1＝b5_2	b4_1＝b4_2
	b5_1＝b5_2	b6_1＝b6_2	b6_1＝b6_2	b5_1＝b5_2
	b6_1＝b6_2	b7_1＝b7_2	b7_1＝b7_2	b6_1＝b6_2
	b7_1＝b7_2	b8_1＝b8_2	b8_1＝b8_2	b7_1＝b7_2
	b8_1＝b8_2	b9_1＝b9_2	b9_1＝b9_2	b8_1＝b8_2
	b9_1＝b9_2	ccc1_1＝ccc1_2	ccc1_1＝ccc1_2	b9_1＝b9_2
		ccc2_1＝ccc2_2	ccc2_1＝ccc2_2	ccc1_1＝ccc1_2
		ccc3_1＝ccc3_2	ccc3_1＝ccc3_2	ccc2_1＝ccc2_2
		vvv1_1＝vvv1_2	vvv1_1＝vvv1_2	ccc3_1＝ccc3_2
		vvv2_1＝vvv2_2	vvv2_1＝vvv2_2	vvv1_1＝vvv1_2
		vvv3_1＝vvv3	vvv3_1＝vvv3_2	vvv2_1＝vvv2_2
			vv1_1＝vv1_2	vvv3_1＝vvv3_2
			vv2_1＝vv2_2	vv1_1＝vv1_2
			vv3_1＝vv3_2	vv2_1＝vv2_2
				vv3_1＝vv3_2
				v1_1＝v1_2
				v2_1＝v2_2
				v3_1＝v3_2
				v4_1＝v4_2
				v5_1＝v5_2
				v6_1＝v6_2
				v7_1＝v7_2
				v8_1＝v8_2
				v9_1＝v9_2

参数估计

Modelname(模型名称)				
Measurement Weights	Structural Weights	Structural Covariances	Structural Residuals	Structural Residuals
参数估计				v10_1＝v10_2
				v11_1＝v11_2
				v12_1＝v12_2
				v13_1＝v13_2
				v14_1＝v14_2
				v15_1＝v15_2
				v16_1＝v16_2
				v17_1＝v17_2
				v18_1＝v18_2
				v19_1＝v19_2
				v20_1＝v20_2
				v21_1＝v21_2
				v22_1＝v22_2
				v23_1＝v23_2

附录 5　外语教学质量的维度开放式编码体系

节点						
名称	材料来源	参考点	创建日期	创建人	修改日期	修改人
听力能力	10	25	2015/8/16 19:14	XMM	2015/8/18 16:52	XMM
听懂生活信息	3	5	2015/8/1 22:30		2015/8/12 8:44	XMM
听懂日常生活中的交谈	2	2	2015/7/6 23:49	XMM	2015/7/6 22:24	
听懂语速稍缓慢的材料	2	2	2015/7/7 0:18		2015/7/9 12:34	XMM
听懂题材较熟悉的讲座	1	1	2015/7/7 0:19		2015/8/31 11:31	
听懂操作指令	3	8	2015/8/1 22:31		2015/8/15 23:11	
能抓住操作过程的要点	2	2	2015/7/6 0:23		2015/7/10 17:37	XMM
能听懂岗位常用的指令	2	2	2015/7/6 0:24		2015/8/28 11:27	
能听懂简易的操作说明	2	2	2015/7/6 0:26		2015/7/11 14:39	XMM
能听懂常用物品的介绍	1	1	2015/7/6 0:26		2015/7/14 4:34	
口语表达	12	31	2015/8/16 19:18		2015/8/18 16:52	XMM
能简单描述日常生活	3	5	2015/8/3 12:04		2015/8/5 9:56	XMM
简短的对话交流	2	2	2015/7/8 10:28		2015/8/30 1:05	XMM
简单的事件叙述	1	1	2015/7/8 10:28		2015/7/13 10:37	XMM
对熟悉话题简短发言	1	2	2015/8/3 12:05		2015/8/12 8:44	
准备好后简短发言	1	1	2015/7/8 10:30		2015/8/31 11:31	
就未来工作简单讨论	5	5	2015/8/3 12:05		2015/8/7 19:08	
就学习进行简短讨论	1	1	2015/7/8 10:30		2015/7/17 14:33	XMM
就未来工作简单讨论	1	1	2015/7/8 10:31		2015/8/30 1:05	XMM
就熟悉话题简短讨论	2	2	2015/7/8 10:32		2015/8/26 3:41	
阅读能力	9	15	2015/8/16 19:18	XMM	2015/8/31 11:30	XMM
能理解主旨大意	6	6	2015/8/5 21:06		2015/8/12 8:44	XMM
读懂熟悉话题的文章主旨大意	3	3	2015/7/6 4:04		2015/8/19 7:03	XMM
读懂语言难度中等文章的大意	1	1	2015/7/6 4:05		2015/8/24 11:27	XMM
能借助词典掌握报刊文章大意	1	1	2015/7/6 4:07		2015/8/26 3:42	XMM
能读懂关键信息	2	2	2015/8/5 21:06		2015/8/31 11:30	XMM
能理解常见题材的细节	1	1	2015/7/6 4:08	XMM	2015/8/29 23:53	XMM
能读懂简单的专业资料	1	1	2015/7/6 4:09		2015/8/26 3:42	
写作技能	8	22	2015/8/16 19:18	XMM	2015/8/21 22:37	XMM
能简单描述观点	4	6	2015/8/7 11:28	XMM	2015/8/12 8:43	XMM
简单描述经历	1	1	2015/7/5 14:16		2015/8/26 3:42	XMM
简单描述情感	1	1	2015/7/5 14:17		2015/8/19 7:03	XMM
简单描述事件	2	2	2015/7/6 14:18		2015/7/6 23:53	XMM
能作简短的讨论	2	3	2015/8/7 11:29	XMM	2015/8/29 23:54	XMM
解释较为全面	1	1	2015/7/5 14:19		2015/8/31 11:30	XMM
话语较为通顺	1	1	2015/7/5 14:21		2015/8/22 13:01	XMM
能写常见应用文	4	6	2015/8/14 12:48		2015/8/15 23:06	XMM
结构基本完整	3	3	2015/7/5 14:22	XMM	2015/7/13 3:20	XMM
文章中心明确	1	1	2015/7/5 14:22		2015/8/28 11:27	XMM

节点

名称	材料来源	参考点	创建日期	创建人	修改日期	修改人
语言技能	14	86	2015/8/19 9:20	XNM	2015/8/21 22:36	XNM
掌握语言知识	11	30	2015/8/9 9:31	XNM	2015/8/12 8:43	XNM
其它学科知识	5	6	2015/7/6 23:21	XNM	2015/8/30 1:06	XNM
语法结构正确	5	7	2015/7/5 14:25	XNM	2015/8/22 13:01	XNM
一定的词汇量	5	7	2015/7/5 14:25	XNM	2015/7/13 3:47	XNM
了解语音知识	2	2	2015/7/5 14:26	XNM	2015/8/27 18:48	XNM
语言应用实践	11	20	2015/8/9 9:32	XNM	2015/8/17 23:41	XNM
语言的意义	2	2	2015/7/4 17:32	XNM	2015/8/27 18:49	XNM
语言的形式	1	1	2015/7/5 14:27	XNM	2015/8/31 11:30	XNM
培养交际能力	10	20	2015/7/5 4:58	XNM	2015/8/22 13:02	XNM
交际策略	9	15	2015/8/19 9:20	XNM	2015/8/23 12:29	XNM
基于任务的交际成就策略	4	6	2015/8/9 9:33	XNM	2015/8/27 18:49	XNM
了解交际任务的内容	1	1	2015/7/8 14:35	XNM	2015/8/22 13:02	XNM
熟悉完成任务的流程	1	1	2015/7/8 14:35	XNM	2015/8/29 23:54	XNM
语言及非语言的策略	1	1	2015/7/8 14:35	XNM	2015/8/27 18:50	XNM
基于任务的交际减缩策略	3	5	2015/8/9 9:34	XNM	2015/8/31 11:30	XNM
对不熟悉任务的分析	1	2	2015/7/7 4:31	XNM	2015/8/28 11:27	XNM
交际回避策略的应用	1	1	2015/7/7 4:33	XNM	2015/8/22 13:01	XNM
生理和心理机制	3	9	2015/8/19 9:20	XNM	2015/8/30 1:07	XNM
生理机制	2	4	2015/8/10 17:34	XNM	2015/8/29 23:55	XNM
发音部位正确	1	1	2015/7/9 23:18	XNM	2015/8/26 3:43	XNM
气流控制恰当	1	1	2015/7/9 23:19	XNM	2015/8/27 18:51	XNM
模仿能力较强	1	1	2015/7/9 23:20	XNM	2015/8/25 2:58	XNM
心理机制	1	1	2015/8/10 17:35	XNM	2015/8/31 11:29	XNM
记单词能力强	1	1	2015/7/7 1:23	XNM	2015/8/21 1:51	XNM
理解意思迅速	1	1	2015/7/7 1:24	XNM	2015/8/29 23:54	XNM
表达较为自然	1	1	2015/7/7 1:25	XNM	2015/8/30 1:07	XNM
社会规范敏感度	14	73	2015/8/21 19:21	XNM	2015/8/25 4:15	XNM
了解异国风俗习惯	6	11	2015/8/11 12:17	XNM	2015/8/21 1:52	XNM
了解不同国家的习俗	1	1	2015/7/10 11:27	XNM	2015/8/25 2:58	XNM
了解不同地域的习俗	1	1	2015/7/10 11:28	XNM	2015/8/28 11:27	XNM
了解不同民族的习俗	1	1	2015/7/10 11:28	XNM	2015/8/30 1:08	XNM
了解法律道德规范	3	5	2015/8/11 12:17	XNM	2015/8/31 11:29	XNM
了解不同国家的法律规范	3	3	2015/7/7 23:30	XNM	2015/8/30 1:08	XNM
了解不同国家的道德规范	2	2	2015/7/7 23:31	XNM	2015/8/21 1:52	XNM
了解社会特殊需求	13	53	2015/8/17 12:23	XNM	2015/8/26 3:46	XNM
外贸专用外语	3	3	2015/8/14 12:56	XNM	2015/8/25 2:58	XNM
外贸专用词汇	4	4	2015/7/7 23:32	XNM	2015/8/22 13:00	XNM
外贸英语函电	3	3	2015/7/7 23:32	XNM	2015/8/21 1:52	XNM
外贸英语单证	3	3	2015/7/7 23:32	XNM	2015/8/26 3:46	XNM
特殊用途外语	6	10	2015/7/6 23:19	XNM	2015/8/21 1:52	XNM
纺织用途外语	2	2	2015/7/8 13:37	XNM	2015/8/22 13:00	XNM
交通用途外语	2	2	2015/7/8 13:49	XNM	2015/8/22 13:02	XNM
机械用途外语	2	2	2015/7/8 13:49	XNM	2015/8/21 1:52	XNM
外语政策支持	4	10	2015/7/5 5:11	XNM	2015/8/30 1:08	XNM

节点

名称	材料来源	参考点	创建日期	创建人	修改日期	修改人
语言变体敏感度	4	13	2015/8/21 19:22	XNM	2015/8/27 12:24	XNM
熟悉英语的地域特征	3	10	2015/8/11 12:18	XNM	2015/8/30 1:09	XNM
美国黑人英语	2	2	2015/7/10 2:54	XNM	2015/8/26 11:26	XNM
英国伦敦英语	2	2	2015/7/10 2:55	XNM	2015/8/21 1:53	XNM
澳大利亚英语	2	2	2015/7/10 2:56	XNM	2015/8/30 1:09	XNM
印度英语	2	2	2015/7/10 2:56	XNM	2015/8/21 1:53	XNM
熟悉标准英语特征	1	2	2015/8/11 12:18	XNM	2015/8/29 23:55	XNM
标准美国美语	1	1	2015/7/10 2:55	XNM	2015/8/30 1:09	XNM
标准英国英语	1	1	2015/7/10 2:56	XNM	2015/8/21 1:53	XNM
语域差异敏感度	7	18	2015/8/21 19:22	XNM	2015/8/25 4:15	XNM
不同交际场合	3	6	2015/8/11 12:19	XNM	2015/8/26 3:46	XNM
办公场合	1	1	2015/7/13 23:06	XNM	2015/8/21 1:53	XNM
课堂场合	1	1	2015/7/13 23:07	XNM	2015/8/26 3:46	XNM
家庭场合	1	1	2015/7/13 23:07	XNM	2015/8/28 11:26	XNM
不同行业领域	7	12	2015/8/17 12:27	XNM	2015/8/26 3:46	XNM
情景	9	17	2015/8/23 14:23	XNM	2015/8/28 22:14	XNM
语言环境	5	6	2015/8/13 22:10	XNM	2015/8/30 1:09	XNM
物理环境	2	2	2015/7/14 3:13	XNM	2015/8/21 1:53	XNM
心理环境	1	1	2015/7/14 3:14	XNM	2015/8/26 3:48	XNM
工作情景	6	9	2015/8/17 12:26	XNM	2015/8/29 23:55	XNM
工作项目	3	3	2015/7/14 3:15	XNM	2015/8/26 3:47	XNM
工作过程	3	4	2015/7/14 3:16	XNM	2015/8/30 1:09	XNM
过程	9	27	2015/8/23 14:23	XNM	2015/8/25 23:34	XNM
基于工作过程	8	19	2015/8/17 12:27	XNM	2015/8/26 3:49	XNM
产品的生产过程	4	5	2015/7/13 22:14	XNM	2015/8/28 11:26	XNM
岗位之间的联系	2	2	2015/7/13 22:14	XNM	2015/8/28 11:28	XNM
岗位的工作流程	2	2	2015/7/13 22:15	XNM	2015/8/21 1:54	XNM
输入输出过程	2	8	2015/8/17 12:29	XNM	2015/8/30 1:10	XNM
确定输出目标	2	2	2015/7/9 12:18	XNM	2015/8/31 11:28	XNM
明确输出任务	2	2	2015/7/9 12:19	XNM	2015/8/26 3:46	XNM
制定输入策略	2	2	2015/7/9 12:19	XNM	2015/8/28 11:26	XNM
产出	2	3	2015/8/23 14:23	XNM	2015/8/27 18:46	XNM
可理解性产出	2	3	2015/8/13 22:11	XNM	2015/8/26 3:50	XNM
基于逻辑思维能力培养的产出	1	1	2015/7/9 12:24	XNM	2015/8/21 1:54	XNM
基于批判思维能力培养的产出	1	1	2015/7/19 12:24	XNM	2015/8/30 1:10	XNM
语境	3	6	2015/8/25 23:06	XNM	2015/8/28 13:15	XNM
语言的上下文	3	6	2015/8/13 22:11	XNM	2015/8/31 11:28	XNM
情景语境	1	1	2015/7/13 8:52	XNM	2015/8/21 1:54	XNM
语言语境	2	4	2015/7/13 8:52	XNM	2015/8/25 2:59	XNM
语篇	2	8	2015/8/25 23:07	XNM	2015/8/29 11:24	XNM
语言控制能力	1	3	2015/8/13 22:12	XNM	2015/8/30 1:10	XNM
修辞手段	1	1	2015/7/15 19:00	XNM	2015/8/26 3:50	XNM
语法手段	1	1	2015/7/15 19:01	XNM	2015/8/21 1:54	XNM
词汇手段	1	1	2015/7/15 19:01	XNM	2015/8/22 13:02	XNM
话题掌控能力	1	4	2015/8/14 12:32	XNM	2015/8/29 23:55	XNM
聚焦问题	1	1	2015/7/14 21:03	XNM	2015/8/29 23:55	XNM
逻辑关系	1	1	2015/7/14 21:03	XNM	2015/8/21 1:55	XNM
话语策略	1	1	2015/7/14 21:04	XNM	2015/8/22 13:00	XNM
行为	1	4	2015/8/25 23:07	XNM	2015/8/27 18:47	XNM
语言信息处理	1	1	2015/8/13 22:13	XNM	2015/8/25 2:58	XNM
言语实施行为	1	1	2015/8/14 12:34	XNM	2015/8/30 1:10	XNM
言内行为	1	1	2015/7/16 2:07	XNM	2015/8/31 11:28	XNM
言外行为	1	1	2015/7/16 2:07	XNM	2015/8/21 1:55	XNM
言后行为	1	1	2015/7/16 2:07	XNM	2015/8/29 23:56	XNM
生源	7	16	2015/8/27 2:08	XNM	2015/8/29 11:25	XNM
考生来源	1	3	2015/8/15 12:03	XNM	2015/8/26 3:50	XNM
考生家庭状况	1	1	2015/7/17 2:15	XNM	2015/8/31 11:28	XNM
经济发展水平	1	1	2015/7/17 2:16	XNM	2015/8/21 1:55	XNM
对外开放程度	1	1	2015/7/17 2:16	XNM	2015/8/29 23:56	XNM

节点

名称	材料来源	参考点	创建日期	创建人	修改日期	修改人
考生素养	3	4	2015/8/15 12:04	XNM	2015/8/30 1:10	XNM
综合素质	2	2	2015/7/6 12:12	XNM	2015/8/31 11:27	XNM
外语基础	3	3	2015/7/19 10:31	XNM	2015/8/26 3:50	XNM
智力水平	1	1	2015/7/19 10:32	XNM	2015/8/25 2:59	XNM
道德素质	1	1	2015/7/19 10:34	XNM	2015/8/21 1:55	XNM
入校成绩	1	3	2015/7/19 10:35	XNM	2015/8/22 13:00	XNM
个体差异	8	18	2015/8/27 2:08	XNM	2015/8/27 18:49	XNM
学习兴趣	4	7	2015/8/15 12:05	XNM	2015/8/28 11:25	XNM
没有学习兴趣	1	3	2015/7/23 20:37	XNM	2015/8/25 2:57	XNM
难得学	1	1	2015/8/18 13:22	XNM	2015/8/25 1:55	XNM
学习兴趣浓厚	3	3	2015/8/18 13:19	XNM	2015/8/26 3:50	XNM
学生性别	2	3	2015/8/15 12:05	XNM	2015/8/31 11:27	XNM
男生不喜欢	2	2	2015/7/25 7:39	XNM	2015/8/22 13:00	XNM
女生较喜欢	1	1	2015/7/25 7:39	XNM	2015/8/28 11:25	XNM
分层教学	10	26	2015/8/27 2:09	XNM	2015/8/30 21:26	XNM
能力目标分层教学	5	10	2015/8/15 12:05	XNM	2015/8/31 11:27	XNM
根据学习能力分层教学	1	1	2015/7/27 17:42	XNM	2015/8/28 11:25	XNM
根据性格特征分层教学	1	1	2015/7/27 17:42	XNM	2015/8/30 1:11	XNM
根据适应能力分层教学	2	2	2015/7/27 17:43	XNM	2015/8/25 2:59	XNM
班内分层目标教学	7	11	2015/8/14 12:37	XNM	2015/8/28 11:25	XNM
小班化教学	2	2	2015/7/19 17:13	XNM	2015/8/31 11:27	XNM
阶段性考核	1	1	2015/7/19 17:14	XNM	2015/8/21 1:56	XNM
发展性评价	1	1	2015/7/19 17:21	XNM	2015/8/25 2:57	XNM
学习策略	5	5	2015/8/28 12:20	XNM	2015/8/29 23:46	XNM
主动性	3	3	2015/8/15 17:07	XNM	2015/8/21 1:56	XNM
有效性	1	1	2015/8/15 17:07	XNM	2015/8/31 11:26	XNM
程序性	1	1	2015/8/14 12:38	XNM	2015/8/31 11:24	XNM
能力评价	6	24	2015/8/28 12:21	XNM	2015/8/30 9:46	XNM
信息处理的能力	1	4	2015/8/17 7:08	XNM	2015/8/26 3:50	XNM
获取信息	1	1	2015/7/23 17:25	XNM	2015/8/31 11:26	XNM
理解信息	1	1	2015/7/23 17:25	XNM	2015/8/21 1:56	XNM
利用信息	1	1	2015/7/23 17:26	XNM	2015/8/31 11:24	XNM
有效沟通的能力	2	6	2015/8/17 7:09	XNM	2015/8/29 23:51	XNM
自我表达	2	2	2015/7/23 17:33	XNM	2015/8/31 11:24	XNM
善于倾听	2	2	2015/7/23 17:33	XNM	2015/8/29 23:51	XNM
争辩能力	1	1	2015/7/23 17:33	XNM	2015/8/29 23:56	XNM
自我超越的能力	4	10	2015/8/17 7:09	XNM	2015/8/26 3:49	XNM
不断追求	3	3	2015/7/20 20:35	XNM	2015/8/25 2:57	XNM
承担责任	3	3	2015/7/20 20:36	XNM	2015/8/31 11:24	XNM
创新创造	3	3	2015/7/20 20:36	XNM	2015/8/31 11:26	XNM
学习结果评价	8	20	2015/8/28 12:22	XNM	2015/8/29 23:46	XNM
价值评判	2	5	2015/8/17 7:10	XNM	2015/8/30 1:11	XNM
学习反思	1	1	2015/7/25 3:38	XNM	2015/8/21 1:56	XNM
学习改进	1	1	2015/7/25 3:38	XNM	2015/8/31 11:23	XNM
效率评价	8	12	2015/8/14 12:52	XNM	2015/8/29 23:56	XNM
学习方法评价	5	6	2015/7/27 13:40	XNM	2015/8/21 1:56	XNM
学习过程评价	3	4	2015/7/27 13:41	XNM	2015/8/31 11:24	XNM
自立性	2	2	2015/8/30 22:22	XNM	2015/8/31 12:25	XNM
独立思考	2	2	2015/8/19 17:10	XNM	2015/8/26 3:49	XNM
不人云亦云	1	1	2015/7/28 22:46	XNM	2015/8/29 23:52	XNM
不迷信权威	1	1	2015/7/28 22:47	XNM	2015/8/31 11:25	XNM
有独到见解	1	1	2015/7/28 22:47	XNM	2015/8/29 23:56	XNM